A Magia de

Aleister Crowley

Um Manual dos Rituais de Thelema

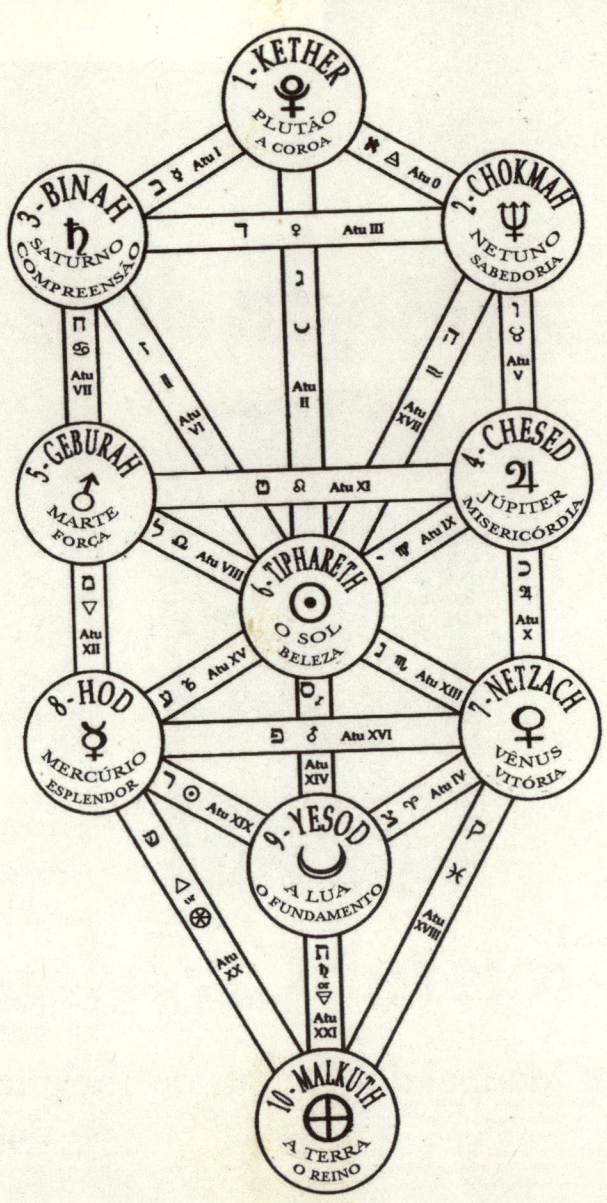

A Árvore da Vida (Fonte: Crowley: *Magick Without Tears*, *777 Revised*, e *The Book of Thoth*; reproduzida por Hymenaeus Beta, copyright © 1993 O.T.O.)

Lon Milo DuQuette

A Magia de

Aleister Crowley

Um Manual dos Rituais de Thelema

Tradução:
Carlos Raposo

MADRAS®

Publicado originalmente em inglês sob o título *The Magick of Aleister Crowley*, por Red Wheel/Weiser, LLC.
© 1993, 2003 Lon Milo DuQuette
Direitos de edição e tradução para o Brasil.
Tradução autorizada do inglês.
© 2019, Madras Editora Ltda.

Editor:
Wagner Veneziani Costa

Produção e Capa:
Equipe Técnica Madras

Tradução:
Carlos Raposo

Revisão:
Wilson Ryoji Imoto
Silvia Massimini Felix
Nancy H. Dias
Natalia Gela

Dados Internacionais de Catalogação na Publicação (CIP)
(Câmara Brasileira do Livro, SP, Brasil)

DuQuette, Lon Milo, 1948- . A Magia de Aleister Crowley: Um Manual dos Rituais de Thelema / Lon Milo DuQuette ; [tradução Carlos Raposo].
São Paulo : Madras, 2019.
Título original: The magick of Aleister
Crowley : a handbook of the rituals of Thelema
Bibliografia.
ISBN 978-85-370-0263-6
1. Magia 2. Ocultismo 3. Crowley, Aleister, 1875-1947 I. Título.
07-6308 CDD-133.43
3-ed.

Índices para catálogo sistemático:
1. Mágica : Rituais de Thelema : Ocultismo 133.43

Proibida a reprodução total ou parcial desta obra, de qualquer forma ou por qualquer meio eletrônico, mecânico, inclusive por meio de processos xerográficos, incluindo ainda o uso da internet, sem a permissão expressa da Madras Editora, na pessoa de seu editor (Lei nº 9.610, de 19.2.98).

Todos os direitos desta edição, em língua portuguesa, reservados pela

MADRAS EDITORA LTDA.
Rua Paulo Gonçalves, 88 — Santana
CEP: 02403-020 — São Paulo — SP
Caixa Postal: 12299 — CEP: 02013-970 — SP
Tel.: (11) 6281-5555/6959-1127 — Fax: (11) 6959-3090
www.madras.com.br

Para minha esposa há 35 anos,
Santa Constance da Fonte,
Nossa Senhora do Impulso Perpétuo,
esta obra é dedicada com amor.
*
"Não há obrigação que possa unir o dividido, senão o amor"
– LIBER AL VEL LEGIS, I. 41.

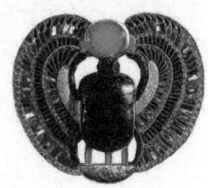

AGRADECIMENTOS

Primeiro, desejo agradecer a Hymenaeus Beta, Fráter Superior da Ordo Templi Orientis, por me permitir o acesso ao arquivo de materiais da Ordem e por seu fraternal encorajamento, conselho e crítica.

Meus agradecimentos também vão para Sóror Meral, do Colégio de Thelema; Christopher S. Hyatt, da Fundação Israel Regardie; James Wasserman; Clive Harper, Fráter E.A.O.A., Rick Potter, erudito em latim; David Coe, D.G., Bill Heidrick; Paul J. Maska, por suas excelentes fotografias, e a Ed Sentowski, por sua composição artística.

Dá-me profundo prazer agradecer aos ritualistas thelêmicos dedicados e talentosos da Loja Heru-ra-ha da O.T.O., e da Loja 93 da O.T.O., com as quais tenho trabalhado e aprendido por mais de 15 anos; especialmente a LeRoy Lauer, Doug James, Karen James, Steve Abbott, Judy Abbott, Jim Kababick, David P. Wilson e Constance DuQuette.

Finalmente, "... àqueles sobre cujos olhos o véu da vida caiu...", Grady Louis McMurtry (Califa Hymenaeus Alfa X°), Francis I. Regardie, Gerald Yorke e o "profeta da estrela adorável", Aleister Crowley, ofereço meus perpétuos agradecimentos.

O material citado no início de cada capítulo vem das obras de Aleister Crowley. Caso você queira explorar essas passagens mais adiante, a seguinte lista de referência será interessante:

Capítulo Zero: O Poeta, de *The Stone of the Philosophers*, *Konx Om Pax*. Originalmente publicado em 1907 em uma edição limitada de 500 cópias. Primeira edição em fac-símile, com introdução publicada em 1990 pela Teitan Press, Inc. Chicago, IL. © 1990 Martin P. Starr, p. 108.

Capítulo Um: *Magick in Theory and Practice* (Nova York: Magickal Childe, 1990), p. xii. Essa obra foi originalmente publicada em Paris por Lecram Press, em 1929.

Capítulo Dois: "The Pentagram", de *Thumbs Up! Five Poems*, por Aleister Crowley, p. 2. Esse livro foi publicado privadamente pela O.T.O. em 1942 "para distribuição livre entre os soldados e operários das Forças de Liberdade".

Capítulo Três: essa citação é de um comentário em Classe A de *O Livro da Lei* (reimpresso em sua totalidade nesta obra).

Capítulo Quatro: *The Equinox*. Vol. nº I (Londres: 1909, reimpresso por York Beach, ME: Samuel Weiser, 1992), p. 17.

Capítulo Cinco: *Liber LXV*, em *The Holy Books of Thelema* (York Beach, ME: Samuel Weiser, 1990), p. 59.

Capítulo Seis: *Liber DCCXII vel Ararita*, em *The Holy Books of Thelema* (York Beach, ME: Samuel Weiser, 1990), p. 217-218.

Capítulo Sete: *Capítulo 108* em *Liber Aleph* (York Beach, ME: Samuel Weiser, 1991), p. 108.

Capítulo Oito: *Magick in Theory and Practice* (Nova York: Magickal Childe, 1990), p. 11.

Capítulos Nove e Dez: essas citações são de *Liber AL vel Legis, III, xxxviii* (reimpresso em sua totalidade nesta obra).

Capítulo 12: *Liber LXI vel Causae*, em *The Holy Books of Thelema* (York Beach, ME: Samuel Weiser, 1990), p. xii.

Capítulo 13: *Magick in Theory and Practice* (Nova York: Magickal Childe, 1990), p. 174.

ÍNDICE

Prefácio 11
Introdução 13
Capítulo Zero: Perguntas Frequentes sobre Aleister Crowley 17
Capítulo Um: A Magia da Vontade 27
Capítulo Dois: A Evolução da Fórmula Mágica 31
Capítulo Três: O Livro da Lei 41
Capítulo Quatro: Os Rituais do Pentagrama 67
Capítulo Cinco: Os Rituais Thelêmicos do Pentagrama 89
Capítulo Seis: Os Rituais do Hexagrama 119
Capítulo Sete: Os Rituais Thelêmicos do Hexagrama 129
Capítulo Oito: Conhecimento e Conversação do
Santo Anjo Guardião 137
Capítulo Nove: Os Ritos Solares 177
Capítulo Dez: Misticismo Thelêmico 189
Capítulo Onze: Os Ritos de Elêusis 203
Capítulo Doze: Ordens Thelêmicas 223
Capítulo Treze: A Religião de Thelema 231
Bibliografia 251

Prefácio

Faze o que tu queres, há de ser o todo da Lei

Aleister Crowley possuía muito conhecimento de Magia para entender de imediato os problemas dos estudantes normais. Frequentemente, ele pedia aos jovens colegas para ajudá-lo a tornar seus ensinamentos mais acessíveis, explicando que "isso é o tipo de coisa que não posso fazer por mim mesmo, por desconhecer o escopo da mente do 'leitor gentil'".

Como outros "leitores gentis", que por conta própria têm se aprofundado no sistema de Crowley, o Irmão DuQuette descobriu muitas lacunas e ciladas do sistema pelo consagrado método de cair nelas, arrastar-se para fora e tentar novamente, até conseguir superá-las. A presente obra incorpora muito dos resultados de seu trabalho pessoal.

O que para a ciência é verdade, é mantido como verdadeiro para o Iluminismo científico. DuQuette é o primeiro a permitir que algumas de suas descobertas possam ser replicadas por futuros experimentadores, embora outras sejam interpretações pessoais e subjetivas. Entretanto, mesmo estas últimas são inestimáveis como sugestão a outras linhas de investigação e como exemplos do tipo de personalização que permite que o magista faça o seu próprio sistema.

DuQuette também se aproxima de pesquisas recentes de outros estudantes que serão publicadas em uma futura edição em volume único do *Book Four* [Livro Quatro] de Crowley. Ao falar sobre o epônimo mítico de Lon Milo DuQuette, Crowley escreveu na Parte II de seu *Book Four* que "Milo começa carregando um bezerro recém-nascido; e dia a dia, como este se tornará um touro, sua força vai se descobrindo o suficiente". Não nos afastamos muito da metáfora se sugerirmos que a presente obra será útil para muitos estudantes como um guia introdutório para aquelas partes da *magnum opus* de Crowley que tratam de Magia cerimonial.

O Ocultismo frequentemente dá a seus detratores uma ampla margem a críticas por fazer insuportáveis clamores sobre poderes vagamente definidos e inteiramente compassados por teorias sem sentido. Como Israel Regardie fez antes dele, DuQuette evita isso ao escrever a partir de sua própria experiência, com um afastamento saudável do senso comum e com um reanimador senso de humor.

Amor é a lei, amor sob vontade.

– Hymenaeus Beta
Frater Superior, O.T.O.

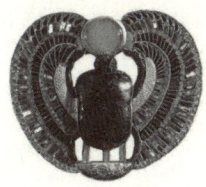

Introdução

Faze o que tu queres, há de ser o todo da Lei

- LIBER AL VEL LEGIS I. 40

A *Magia de Aleister Crowley: um Manual dos Rituais de Thelema*.

Espere um instante! Isso soa, de modo suspeito, como aquele livro publicado em 1993, chamado *The Magick of Thelema: A Handbook of the Rituals of Aleister Crowley* [A Magia de Thelema: um Manual dos Rituais de Aleister Crowley].

Você está certo! Entretanto, será este o mesmo livro?

Bem... sim e não.

"Sim", porque todo o material (sem uns poucos erros tipográficos) encontrado em *The Magick of Thelema* está incluído nesta obra.

"Não", porque a presente obra foi aumentada e atualizada com novo material (incluindo esta introdução, um capítulo com Perguntas Frequentes sobre Aleister Crowley e outro sobre os Ritos de Elêusis, de Crowley).

Talvez, a mais importante mudança seja o próprio título: acredito que *A Magia de Aleister Crowley* expressa, de modo mais acurado, a essência daquilo que se encontra entre as capas e, enquanto é certo que você não pode julgar um livro por sua capa, também será verdade que você não o lerá caso não a compreenda. Embora seja triste, devo informar que nos últimos dez anos a primeira coisa que frequentemente escuto quando dou a alguém uma cópia do *The Magick of Thelema* é algo do tipo: "A Magia de *Thelma*? Quem é *Thelma*?". Desde então, explico às pessoas que não se trata de Thelma, mas *Thelema*, a palavra grega para "vontade" e, enquanto os olhos delas brilham completamente, tento lhes explicar coisas como a evolução da fórmula mágica e sobre uma filosofia que coloca o indivíduo no centro do Universo.

Por outro lado, o nome Aleister Crowley provoca reações muito mais animadas.

"Meu Deus! Ele não era uma espécie de adorador do Diabo?", ou: "Dentro do lado negro da força estamos nós?"

Parece que todo o mundo que já escutou alguma vez o nome Aleister Crowley tem uma opinião formada a respeito dele (frequentemente, bem negativa). Apesar disso, quase todos estão intrigados e querem escutar um pouco mais. É provável que neste exato momento você esteja lendo essas palavras não por causa de um ardente desejo de conhecer mais sobre Thelema, mas porque quer saber mais a respeito de Aleister Crowley e suas obras.

Isso não surpreende. Crowley é mais famoso hoje do que jamais foi em qualquer época de sua vida. Enquanto viveu, foi respeitado por um grupo bem reduzido de estudantes e patrocinadores – uma estranha mistura de livres-pensadores, de boêmios espiritualistas e de *intelligentsia* excêntrica. Sua reputação pública foi quase inteiramente moldada por uma série de artigos difamatórios recheados de meias-verdades, distorções e mentiras concernentes às suas filosofias e atividades. Na época de sua morte, em 1947, seus discípulos sérios haviam diminuído até quase a extinção e, com eles, tanto a vida quanto as obras desse notável homem pareciam condenadas ao esquecimento.

Apesar de todas intenções e propósitos, por exatamente 20 anos, Crowley descansaria em plena obscuridade. Então, um milagre de proporção dionisíaca aconteceu. Quase literalmente, ele foi soerguido da morte pela mais famosa entidade viva do planeta... os Beatles!

Foi há vinte anos

Sgt. Pepper's Lonely Hearts Club Band, não sem discussão, foi a mais esperada obra de arte musical da história humana e sua capa magnificamente colorida representou, durante algum tempo, o mais considerado dos trabalhos de arte visual moderna do mundo. Desenhada pelo artista popular Peter Blake, a capa consistia em uma colagem ordenada das 62 "pessoas de que gostamos", segundo os Beatles. Na linha de cima, espremido entre o homem santo hindu Swami Sri Yukteswar Giri[1] e Mae West, emerge a inconfundível face de Aleister Crowley.

Os fanáticos pelos Beatles (que eram e *são* uma legião) dissecaram cada palavra de cada pedaço daquele álbum histórico na esperança de descobrir mensagens políticas secretas ou verdades espirituais. Também gastaram

---

1. Sri Yukteswar foi o guru de Paramahansa Yogananda. Ao lado de Lahiri Mahasayaa (guru de Sri Yukteswar) e Babaji (guru de Lahiri Mahasayaa), todos os quatro santos aparecem na capa do álbum.

incontáveis horas tentando identificar cada rosto presente na capa e refletir sobre o porquê de os Beatles terem relacionado aquele personagem entre as "pessoas de que eles gostavam". Era fácil imaginar por que incluiriam homens santos, *hipsters** e heróis – amigos pessoais e estrelas de cinema. Todo mundo na colagem parecia ser alguém que qualquer um de nós poderia gostar – todos, exceto Aleister Crowley. De todas as 62 "pessoas de que gostamos", Aleister Crowley era o único com reputação claramente má. Alguns de nós quiseram conhecer mais sobre esse homem.

Não estou sugerindo que os Beatles contribuíram conscientemente para ressuscitar o interesse mundial em Aleister Crowley. Verdadeiramente, acredito que um ou mais deles (mais precisamente John Lennon) simplesmente conheciam o suficiente sobre Crowley para garantir sua inclusão ali. Apesar de tudo, desde 1967, o interesse a respeito de Crowley tem crescido rapidamente. Na atualidade, existem nada menos que sete biografias publicadas (três delas nos últimos três anos). As obras escritas por Crowley, as quais eram, na metade dos anos de 1970, poucas e quase impossíveis de ser encontradas, estão agora à disposição em qualquer lugar e em vários idiomas.

O mais surpreendente é, talvez, o fato de a Magia [*magick*] de Aleister Crowley – sua Filosofia Thelêmica (seu programa de Iluminação Científica) – ser adotada por milhares de pessoas de todos os modos de vida, por toda parte do mundo. Até o público inglês, cuja opinião sobre Crowley, mesmo ainda quando em vida, era tão terrivelmente equivocada, hoje está despertando para o tesouro nacional que representa esse seu filho. Em 2002, a BBC realizou uma votação da qual participaram 30 mil ingleses, sendo-lhes perguntado sobre o nome do "Maior dos Ingleses". Na 73ª posição mais votada dos cem maiores ingleses de todos os tempos, entre o rei Henrique V e Robert Bruce, estava o "famoso poeta, autor e filósofo Aleister Crowley".[2]

Amor é a lei, amor sob vontade.

LON MILO DUQUETTE

---

* N.E.: *Hipster é um indivíduo que rejeita qualquer coisa que seja tendência ou incorporada na natureza, em vez disso abraça formas alternativas de expressão.*
2. Artigo do *London Guardian*.

Capítulo Zero

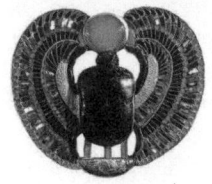

Perguntas Frequentes sobre Aleister Crowley

> *Enterrem-me em um lugar sem nome!*
> *Vim de Deus para o mundo salvar.*
> *Dar-lhes saber do mais alto valor:*
> *Devoção, liberdade e amor.*
> *Destruam-me, pois desprezei*
> *Religião, Núpcias e Lei.*
> *Meu jazer é em um lugar sem nome,*
> *Possa a terra meu rubor tragar!*
>
> – Aleister Crowley[3]

Aleister Crowley está morto. Morreu de causas naturais em 1º de dezembro de 1947, com 72 anos de idade, em sua residência, em Netherwood, Hastings. Seu corpo foi descoberto pelo proprietário do local, que relatou ter escutado, alguns momentos antes de descobri-lo, o velho homem voltar e caminhar pelo corredor do segundo piso daquele prédio. Não havia ninguém com ele quando o fim chegou; portanto, são claramente falsas quaisquer informações sobre suas últimas palavras terem sido "estou perplexo".

---

3. "The Poet", de "The Stone of the Philosophers", *Konx Om Pax*, originalmente publicado em 1907, em edição limitada de 500 cópias. Primeira edição em fac-símile, com introdução de Martin P. Starr, publicada em 1990 (Chicago: The Teitan Press, Inc.), p. 108.

Ao contrário do que dizem muitos relatos, Crowley não morreu como um lunático delirante. Ele foi brilhante e sagaz até o final. De fato, duas de suas obras mais extraordinárias, *The Book of Thoth* [O Livro de Thoth] e *Magick Without Tears* [Magia sem Lágrimas], foram escritas nos anos que antecederam sua morte. Seus últimos dias não foram passados em abandono e em abjeta pobreza. A modesta residência em Hastings era uma encantadora e respeitável pensão.

As distorções dos fatos que envolvem sua morte são menores quando comparadas àquelas que ainda cercam os eventos de sua vida. No entanto, não é o propósito deste trabalho refutar sistematicamente as montanhas de informações erradas que ainda denigrem a reputação desse extraordinário homem. Isso já foi admiravelmente feito em uma variedade de boas pesquisas biográficas, incluindo as seguintes obras que não hesito em recomendar:

A Magic Life, The Biography of Aleister Crowley [Uma Vida Mágica, a Biografia de Aleister Crowley], por Martin Booth, Londres: Holder & Stoughton, 2000.

Do What Thou Wilt, A Life of Aleister Crowley [Faze o que Queres, uma Vida de Aleister Crowley], por Lawrence Sutin, Nova York: St, Martin's Press, 2000.

Perdurabo, The Life of Aleister Crowley [Perdurabo: a Vida de Aleister Crowley], por Richard Kaczynski, Ph.D., Scottsdale, AZ: New Falcon Publications, 2003.

O foco desses livros é a importância das obras rituais de Aleister Crowley; mesmo assim, eu seria negligente em minha responsabilidade para com os estudantes iniciantes se não fizesse um esforço inicial no sentido de desenganar o leitor que porventura tenha dado crédito às adulterações e às mentiras claramente grosseiras que continuam a ser perpetuadas por extremistas religiosos e por jornalistas de tabloides.

A seguir, seguem algumas perguntas frequentes sobre Aleister Crowley. Minhas respostas são o resultado de 30 anos de pesquisa sobre cada aspecto de sua vida; entrevistas com indivíduos – tanto daqui quanto do exterior, que conheciam e trabalharam com ele, incluindo o major G. L. McMurtry e o dr. Francis (Israel) Regardie –, o exame dos documentos históricos nos arquivos da Ordo Templi Orientis, a pesquisa na George Arents Research Library, na Bird Library, na Universidade de Siracusa, na Universidade do Texas, Austin, e a coleção de Gerald Yorke, atualmente guardada no Instituto Warburg da Universidade de Londres.

Perguntas Frequentes sobre Aleister Crowley

- **Aleister Crowley era satanista ou adorador do Diabo?**

Não. Ainda que citado indevidamente (e fora do contexto) de modo a sugerir algo diferente, Crowley certamente não era um satanista ou um adorador do Diabo.[4] Contudo, não há dúvida quanto a ele ter se aproveitado de sua reputação sinistra. Tanto é verdade que amava chocar o *chocável* e ficava muito feliz quando uma pessoa qualquer o temia, desde que essa fosse ignorante e supersticiosa o suficiente para acreditar em um diabo bicho-papão. Mas para fazê-lo um satanista (conforme a mais comum definição dada durante a vida de Crowley), deve-se reconhecer a realidade do ponto de vista mundial da espiritualidade judaico-cristão-muçulmana – que adota o conceito de um Diabo *mal* oposto a um Deus que é o *bem*. Como Crowley repudiava a doutrina judaico-cristão-muçulmana (incluindo a crença na existência do "Diabo" deles), não há fundamento, seja qual for, para acusá-lo de satanista.

"O Diabo não existe. Ele é um nome falso inventado pelos Irmãos Negros para, na confusão ignorante deles, designar a Unidade em dispersão. Um Diabo que possui unidade seria um Deus."[5]

Existe muito, é verdade, nas imagens dos escritos de Crowley, que é obscuro e, em um primeiro relance, bastante apavorante. No entanto, se víssemos essas obras objetivamente, não acharíamos nelas nada mais assustador do que as imagens encontradas na Bíblia ou em qualquer outro exemplar da literatura religiosa, oriental ou ocidental.

Especialmente, Crowley desprezava a hipocrisia e os aspectos restritivos das religiões estabelecidas, notadamente o Cristianismo, e não se negou a declarar que sua filosofia era anticristã. Entretanto, um cuidadoso exame dos escritos dele revela sua profunda compreensão e respeito pelo impulso espiritual puro, o âmago de todas as religiões, incluindo o Cristianismo. As alusões em seus escritos a Satã, a Lúcifer, ao Diabo, e assim por diante, são pertinentes nos documentos autorreferenciados de Thelema. Eles apenas podem ser entendidos e avaliados nesse contexto e devem apenas ser incômodos ou ofensivos para aqueles indivíduos que por alguma razão se encontram relutantes ou incapazes de fazer um breve e honesto dever de casa.

---

4. Existem aqueles, é claro, que consideram Martin Luther, John Lennon, Mister Ed e o Papa como satanistas, além de considerarem salão de bailes e bingo formas de adoração do Diabo.
5. Aleister Crowley com Mary Desti e Leila Waddell, *Magick: Book Four, Liber ABA, Part III* [Magia: Livro Quatro, Liber ABA, Parte III] (York Beach, ME: Weiser Books, segunda edição em um volume, revisada e ampliada, 1997), p. 277.

- **Era um magista negro?**

No início do Capítulo Oito, você encontrará uma citação de Crowley que define o termo "magia negra" em seu mais estrito contexto. Contudo, a definição comum de um mago negro se refere a alguém que deliberadamente utiliza poderes mágicos para prejudicar os outros. Crowley era obrigado por múltiplos juramentos mágicos a devotar todas as energias – intelectuais, artísticas, mágicas e espirituais – à completa emancipação da raça humana. Toda a carreira mágica dele, sua vida inteira na verdade, foi dedicada a esse propósito. Muito certamente, ele não se ajusta àquela definição de mago negro. Como disse antes, porém aos relutantes ou incapazes de fazer um breve e objetivo dever de casa, muitas das operações mágicas registradas por Crowley em seus diários e livros poderão parecer, superficialmente, obras de magia negra.

Por exemplo, caso você não tenha lido o suficiente das obras de Crowley para aprender que demônios goéticos são "porções do cérebro humano"[6] ou que o "Inferno" no qual o mago mergulha para conquistar e comandar aqueles "demônios" é nossa própria mente subconsciente, ou que as maldições e restrições usadas pelo mago em uma forma particular de magia negra são meramente técnicas para isolar, ou concentrar, e direcionar nossas próprias habilidades mentais – então, há uma pequena chance de convencê-lo de que esses exercícios não são magia negra e de que aqueles indivíduos que tentam melhorar a si por meio dessas práticas espirituais não são magos negros.

- **Por que chamava a si mesmo de Besta 666?**

O pai de Crowley era um pregador secular da Irmandade de Plymouth, uma seita fundamentalista protestante. Sua mãe também era membro devota (Crowley diz "fanática") da igreja. Juntos, fizeram o máximo para educar o jovem Alic nas doutrinas da fé. Entretanto, o rapaz era travesso e teimoso, e sua mãe equiparou seu comportamento à rebeldia do próprio Diabo. Em um momento de irritação, ela o chamou de "Besta 666". Ele adorou e, à medida que crescia, aproveitava para se identificar com o nome e número, na forma de representações de todas as coisas que com alegria faziam oposição às restrições espirituais, intelectuais, emocionais e sexuais que, mediante religiões opressivas, escravizavam a alma humana.

Como um jovem, apenas iniciando seus estudos sobre o misticismo hebreu e cristão, Crowley descobriu que o número 666, longe de estar associado ao mal, era sagrado, especialmente relacionado ao Sol e, no corpo

---

6. Samuel Liddell and Macgregor Mathers, trad., *The Goetia: The Lesser Key of Solomon the King* [A Goetia: A Chave Menor do Rei Salomão], editado, anotado, introduzido e ampliado por Aleister Crowley. Versão mais recente editada por Hymenaeus Beta (York Beach, ME: Samuel Weiser, Inc., 1995), p. 17.

humano, ao chacra (ou centro psíquico) do coração, também chamado de centro *crístico*.

Para compreender por que 666 é o número mágico do Sol, primeiro devemos nos dirigir ao diagrama cabalístico da Árvore da Vida (veja-o no início deste livro) e descobrir que a esfera do Sol corresponde à sexta Sephirah, Tiphareth. Um *kamea* (ou quadrado mágico) do Sol é composto de 36 quadrados (6 x 6). Os números de 1 a 36 são ali dispostos de tal modo que cada linha e cada coluna têm a mesma soma. Esse número é 111 e a soma de todos os quadrados é 666.

Da mesma forma, Crowley extrairia da literatura cristã outras "blasfêmias" para nelas expressar a dinâmica dos conceitos do novo Éon (por exemplo, Prostituta de Babalon, Sangue dos Santos, Cálice das Abominações, etc.), sendo o termo "Besta 666" apenas outro exemplo dos conceitos usados por Crowley, que no passado representavam temores *não sagrados* de um *futuro* maléfico, redimindo-os de modo que *atualmente* representem os mistérios *sagrados* da nova era emergente. Isso é bem simples (e não satânico).

Crowley explicou o porquê de ele chamar a si mesmo de Besta 666 quando testemunhou em uma corte em um processo ocorrido em 1934. Gostaria de ter espaço aqui para reproduzir o testemunho completo.

6	32	3	34	35	1	111
7	11	27	28	8	30	111
19	14	16	15	23	24	111
18	20	22	21	17	13	111
25	29	10	9	26	12	111
36	5	33	4	2	31	111
111	111	111	111	111	111	**666**

"Você assumiu para si próprio a designação de 'Besta 666'?"
"Sim."
"Você se chama de 'Mestre Therion'?"
"Sim."
"O que 'Therion' significa?"
"Grande besta selvagem."
"Esses títulos dão a clara impressão de suas práticas e perspectiva de vida?"

"Isso depende do significado deles."
"A Grande Besta Selvagem e a Besta 666 são do Apocalipse?"
"Isso apenas significa luz do Sol; 666 é o número do Sol. Você pode me chamar de 'Pequena Luz do Sol.'"[7]

- **Ele defendia ou realizava sacrifícios humanos?**

Crowley cobriu muitos de seus ensinamentos com um fino véu de estímulo sensacionalista. Fazendo isso, primeiro ele se assegurou de que suas obras seriam compreendidas e apreciadas apenas por poucos indivíduos capazes disso; segundo, suas obras continuariam gerando interesse, sendo publicadas tanto para proveito de admiradores quanto de inimigos, mesmo bem depois da morte dele.

Mas ele não – eu repito – *não* executou ou defendeu o sacrifício humano. Entretanto, foi frequentemente culpado do crime por julgamento infeliz.

Do mesmo modo como todos nós, Crowley teve muitas falhas e defeitos. O maior de todos eles, em minha opinião, foi sua inabilidade para compreender que nem todo o mundo era tão educado e esperto quanto ele. É evidente, mesmo em suas primeiras obras, que constantemente ele superestimava o nível de sofisticação de seus leitores e possuía um perverso deleite em aterrorizar aqueles que eram muito preguiçosos, muito carolas ou bastante lentos para compreendê-lo. Mesmo quando é óbvio que está fazendo o melhor para ser claro e compreensível, suas infindáveis alusões à literatura clássica, às doutrinas esotéricas e aos mitos e civilizações antigas levam o estudante mediano à biblioteca da universidade mais próxima para descobrir sobre o que esse homem está falando.

Mais difícil ainda é descobrir o que se está tentando falar quando ele, *intencionalmente*, vela o verdadeiro significado de suas palavras, de modo que apenas iniciados possuidores da específica informação saibam sobre o que está sendo dito.

Tal é o caso quando ele escrevia sobre magia sexual. Antes de qualquer coisa, Crowley se sentia obrigado por vários juramentos a não revelar abertamente certos segredos de magia sexual. Depois, na época em que redigia sobre esses temas, alguém que escrevesse explicitamente a respeito de assuntos sexuais realmente podia ser preso.

Lamentavelmente, na Parte 3, Capítulo 12 de *Magick: Book Four, Liber ABA*[8] [Magia: Livro Quatro, Liber ABA], na qual Crowley discute teorias e técnicas de magia sexual, parece que ele não se satisfez em ser meramente sutil, pois deixou o seu estilo para ser mal interpretado escandalosamente.

---

7. Crowley v. Constable and Co. Limited e outros – informalmente conhecido como "Black Magic Libel Case". 10 de abril de 1934.
8. *Magick*, p. 204-210.

Quem sabe, naquele tempo, para apenas alguns iniciados sobre a face da Terra, o Capítulo 12 se mostrasse um ensaio informativo (e hilário em algumas passagens) sobre a teoria e prática de magia sexual. Entre outras tolas armadilhas, as palavras "sangue", "morte" e "matar" são usadas no lugar de "sêmen", "êxtase" e "ejaculação". Ao indigno, o capítulo inteiro se parece com um grande manual de instruções sobre sacrifício humano ou animal. Grande piada!

Ninguém riu.

Crowley intitulou o capítulo de "Of the Bloody Sacrifice, and of Matters Cognate" [Do Sacrifício de Sangue e de Matérias Correlatas], mas tenho certeza de que ele pensou que todos entenderiam seu artifício literário quando alcançassem o final do capítulo e lessem sua última sentença: "Provavelmente você estará entrando em apuros quanto a este capítulo, a não ser que tenha compreendido verdadeiramente seu significado".

A nota de rodapé para essa advertência é ainda mais clara:

> Conforme um provérbio tradicional, sempre que um adepto dá a impressão de ter feito uma declaração direta e compreensível, ela significará algo inteiramente diferente. Todavia, a Verdade é claramente exposta em Suas Palavras: é a simplicidade Dela que confunde o indigno. Escolhi as expressões deste Capítulo de modo a enganar aqueles magos que permitem que interesses egoísticos obscureçam a inteligência deles, mas também para dar indícios úteis àqueles obrigados pelos apropriados Juramentos a devotar seus poderes a fins legítimos.[9]

Não ocorreu a Crowley, suponho, que poucas pessoas sequer leriam seus comentários firmes, pois o leitor médio estaria muito assustado pelo sétimo parágrafo:

> Para o trabalho espiritual mais elevado, deve-se, consequentemente, escolher a vítima que possuir a força maior e mais pura. Uma criança masculina, de inocência perfeita e alta inteligência, é a vítima mais adequada e satisfatória... [E no rodapé:] Nos Registros Mágicos de Frater Perdurabo consta que Ele fez este particular sacrifício em uma média de aproximadamente 150 vezes a cada ano entre 1912 E.V. e 1928 E.V.[10]

Deveria ser óbvio, para qualquer um que cuidadosamente lesse o capítulo e seu rodapé, que a única coisa confessada por Crowley era uma grande quantidade de ejaculações que não resultaram no nascimento de uma criança. Entretanto, em 1923, quando escreveu a "confissão" anterior, tamanha candura impressa não poderia ser publicada. Ironicamente, falar sobre sacrifício humano e outros assuntos poderia chocar.

---

9. *Magick*, p. 210.
10. *Magick*, p. 206.

A respeito desse enunciado, Martha Kuntzel, uma discípula de Crowley e membro de alto grau da O.T.O. alemã, anteviu a chegada de problemas e ficou compreensivelmente preocupada sobre a possibilidade de ele ser mal interpretado. Insistiu com Crowley para que a seguinte "interpretação iniciática" de seu enunciado escandaloso fosse adicionada "por causa dos Irmãos mais jovens".

> Trata-se do sacrifício de si mesmo, espiritualmente. A inteligência e inocência da criança masculina são a perfeita compreensão do Mago, seu único objetivo, sem cobiça de resultado. Ela deve ser masculina, pois o que sacrifica não é sangue material, mas seu poder criativo.[11]

Infelizmente, gente alegre o bastante para acreditar que Aleister Crowley pessoalmente assassinou 2.550 bebês não presta muita atenção à "interpretação iniciática" de Kuntzel. Para tornar os temas ainda mais graves, Crowley pesarosamente nos lembra: **"Porém, o sacrifício de sangue, embora muito perigoso, é mais eficaz,** e para quase todos os propósitos o sacrifício humano é o melhor".[12]

Muitíssimo obrigado, sr. Crowley! Tenho certeza de que não sou o último autor a se sentir forçado a tentar explicar o seu sinuoso senso de humor para seus leitores ou leitoras, colegas ou à própria mãe.

- **Ele defendia ou realizava sacrifícios de animais?**

Crowley não defendia nem realizava sacrifícios de animais com propósitos mágicos ou religiosos. Salvo ter cedido ao desejo pelas aventuras da caça, como era normal para qualquer esportista britânico, e além de consumir moluscos e ostras vivas, Crowley confessou três outros "assassinatos": 1) Quando em criança, matou um gato para testar a validade do enunciado "um gato tem sete vidas". 2) Quando era um jovem rapaz, enquanto tentava se "passar por nativo" na Índia, pagou pelo sacrifício de um bode a um templo de Shiva. 3) Antes de jantar pernas de rã, enquanto acampava na América, realizou uma breve dramatização pouco antes de temperar a vítima para a frigideira.

De qualquer modo, mesmo que existam referências nos Livros Santos de Thelema que se pareçam com esse tipo de prática, sejam quais forem, sacrifício animal não faz parte da Magia de Aleister Crowley.

- **Ele era viciado em drogas?**

A crença inicial de Crowley de que drogas não poderiam causar dano ao mago possuidor de uma vontade pura o suficiente foi contrariada pelo exemplo de sua própria vida. As lutas de Crowley com heroína e cocaína

---

11. *Magick*, p. 207 (nota de rodapé).
12. *Magick*, p. 207.

são fabulosas. Certamente, foi viciado em drogas durante vários estágios de sua vida. Ele também superou bravamente o vício por longos períodos de tempo e, finalmente, apenas precisou prescrevê-la para diminuir os efeitos de uma asma bem severa e para estender sua vida.

. **Ele era homossexual?**

Então... e se ele fosse?
(Desculpe. Não pude ajudar!)
Na verdade, Crowley era bissexual, e eu acredito que ficaria absolutamente assustado com as atitudes do século XIX com relação à sexualidade.

• **Ele foi um traidor da Inglaterra e/ou um espião da Alemanha?**

As acusações de que Crowley era um traidor da Inglaterra e, talvez, até mesmo espião alemão derivam de vários editoriais de jornais em que ele escrevia na cidade de Nova York antes da entrada da América na guerra no lado da Inglaterra.

Deve ser lembrado que os Estados Unidos estavam bem próximos de entrar na Primeira Guerra Mundial no lado da Alemanha. O grande contingente populacional alemão na América e outros interesses industriais poderosos estavam vencendo a batalha das relações públicas na imprensa. Caso a Inglaterra resistisse, alguma coisa tinha de ser feita para mudar a opinião pública americana para a causa inglesa. Crowley convenceu o editor do principal jornal de propaganda alemã em língua inglesa de que era um simpatizante da Alemanha. Foi-lhe dado um emprego no jornal e ele começou a escrever editoriais escandalosamente bizarros. Ele equiparava o kaiser Willhelm com Parsifal e Jesus Cristo. Proclamava o direito de a Alemanha dominar o mundo. E ia ainda mais longe, ao escrever que a Alemanha tinha o direito de empregar submarinos de guerra irrestritamente contra as embarcações civis do mundo.

Posso acrescentar que nenhuma dessas coisas repercutiu tanto militarmente quanto na política externa da Alemanha daquela época. Porém, isso não importa. Logo os editoriais, insanos e sedentos de sangue, de Crowley criaram uma histeria anti-Alemanha que eventualmente arrastou os Estados Unidos ao conflito no lado da Inglaterra.

Suas aventuras na Segunda Guerra Mundial também são interessantes. O trecho a seguir é de meu *Understanding Aleister Crowley Thoth Tarot* [Compreendendo o Tarô de Thoth de Aleister Crowley].[13]

> Durante a Segunda Guerra Mundial, atendendo à requisição do amigo Ian Fleming, oficial da Inteligência Naval,[14] Crowley forneceu a Winston Churchill valiosos *insights* a respeito de superstições e pro-

---

13. Lon Milo DuQuette, *Understanding Aleister Crowley's Thoth Tarot* (York Beach, ME: Red Wheel/Weiser, 2003), p. 9.
14. Ian (Lancaster) Fleming (1908-1964) – pseudônimo, Atticus – jornalista britânico, agente do serviço secreto, escritor, cuja criação mais famosa foi o super-herói James Bond, Agente 007. Crowley e Fleming foram amigos. Cópias da correspondência entre eles ainda

pensões mágicas dos líderes do Terceiro Reich. Ele também sugeriu ao primeiro-ministro, caso se possa crer nos relatos, que explorasse a paranoia mágica do inimigo se deixando fotografar, tanto quanto possível, dando o sinal dos dois dedos, o gesto do "V-de-Vitória". Esse sinal é uma versão do sinal mágico de Apophis-Typhon, um poderoso símbolo de destruição e aniquilação que, conforme a tradição mágica, é capaz de derrotar as energias solares representadas pela suástica.

As agências britânicas de inteligência nem confirmam nem desmentem que Aleister Crowley (ou qualquer outro para esse assunto) estivesse em serviço. Durante sua vida, declarou de modo determinado sua lealdade patriótica à Inglaterra. Há muitas evidências sugerindo que ele era patriota e nada prova o contrário.

- **É perigoso estudar Aleister Crowley?**

De nenhuma maneira Aleister Crowley foi perfeito. Não era bom com as pessoas e frequentemente renunciava àqueles que mais o amavam. Suas explorações evidentes da sexualidade humana e das drogas (sempre registradas e analisadas meticulosamente) são fascinantes de ser estudadas, mas nunca com a intenção de ser imitadas despreocupadamente. Jamais encontrei alguém que o conhecesse e que não desaprovasse alguns aspectos de seu caráter ou comportamento.

Mas, ele está morto. Apenas suas obras permanecem para nós como forma de medir esse homem, e elas atualmente estão mais acessíveis ao público em geral do que em qualquer outra época durante a vida dele. Sua influência no mundo moderno da arte, literatura, religião e filosofia é hoje amplamente reconhecida mesmo por seus mais veementes críticos. Minha esperança é que este livro possa auxiliar a trazer a maravilha de sua genialidade a uma nova geração de buscadores, e até mesmo para uma audiência mais ampla de estudantes.

Contudo, é perigoso para algumas pessoas estudar Aleister Crowley? Imagino que tenho de dizer sim. Para aqueles que acreditam em um Deus de bondade que se debruça sobre a realidade de um Demônio igualmente perverso; para os supersticiosos, os ignorantes, os preguiçosos, os imaturos, os desequilibrados, os doentes mentais, os paranoicos, os covardes; para qualquer um que, por alguma razão, não possa ou não queira assumir responsabilidade por suas próprias ações, suas próprias vidas, suas próprias almas; para essas pessoas, Aleister Crowley ainda é um homem perigoso.

existem, algumas das quais discutem temas relacionados à propaganda ocultista e sobre o interrogatório de Rudolf Hess.

Capítulo Um

A Magia da Vontade

*Magia é a Ciência e Arte de causar mudança
em conformidade com a Vontade!*

— *Magick in Theory and Practice*

A definição de Magia apresentada acima pode ser ilusória tanto em sua simplicidade quanto em sua complexidade. Claro, a palavra-chave é *Vontade*, Qelhma[15] em grego e, de acordo com essa definição, qualquer ação da vontade é um ato de Magia: escovar os dentes, passear com o cachorro ou pagar impostos.

Em contraposição, qualquer ação desprovida de vontade não é um ato mágico: pegar um cigarro; pedir pelo quarto martini; ou qualquer *hábito ou comportamento reativo que afaste do momento o foco da vida de alguém* poderia entrar na categoria de ato não mágico.

Tentemos quanto pudermos, não há escapatória a este simples fato: todos somos magistas e também somos praticantes competentes ou incompetentes de nosso ofício.

A grande maioria dos magistas bem-sucedidos nem mesmo percebe (nem deveria se importar) que são magistas ou que existe um nome para o que fazem tão bem. Apenas seguem pela vida, esforçando-se para causar mudanças em conformidade com as vontades deles e pronto. Fazem de seus estilos de vida uma ciência e executam-na com grande arte. Trabalham

---

15. Thelema; pela Cabala grega, a palavra soma 93, do mesmo modo que Αγαπη (Ágape), Amor.

bastante, mas para eles a atividade não é um fardo, mas um ofício de amor e uma expressão contínua do propósito da existência deles.

Obviamente, a maioria de nós não está nessa categoria afortunada de seres humanos, a não ser com grande esforço. Nossa Magia reside em algum lugar entre a competência e a incompetência. Ocasionalmente, tornamo-nos conscientes do que é nossa vontade (ou do que poderia ser) e tentamos trabalhar a Magia. Entretanto, isso não acontece frequentemente, e encontramos a nós mesmos simplesmente respondendo a uma cadeia sem-fim de reações a eventos externos e a circunstâncias sobre as quais temos pouco ou nenhum controle.

Sem medo, frustração ou aquilo que pode ser chamado de fadiga espiritual, muitos de nós se voltam às religiões, cujos defensores estão mais do que felizes em nos dizer, em termos precisos, exatamente onde está o nosso lugar no Universo.

As religiões pelas quais os ocidentais são mais atraídos (Cristianismo com suas muitas seitas, Judaísmo e Islamismo) postulam um Ser Supremo que personifica e manifesta a ordem do Universo. O mecanismo dessa ordem é frequentemente chamado de "Vontade de Deus". Pela rendição da vontade individual à Vontade de Deus, o devoto religioso pode, teoricamente, harmonizar sua vida com a da divindade. *Seja feita a Tua e não a minha vontade*.

No sentido de conhecermos a Vontade de Deus, essas religiões oferecem, para nosso grande conforto (e frequentemente a partir de fontes antigas e "infalíveis"), regras, mandamentos e injunções na forma de escrituras sortidas para guiar pensamentos e comportamentos de seus fiéis. Como salvaguarda adicional de que aquelas escrituras serão "corretamente" interpretadas, um sacerdócio, de alguma forma ou de outra, invariavelmente se desenvolve e assume a função de um mediador visível entre o adorador e a divindade.[16] Àqueles que de modo obediente se conformam à fórmula imposta e entregam suas vontades à prescrita Vontade de Deus, um grande fardo é tirado de seus ombros. Eles não mais sentem a necessidade da experiência espiritual direta, e a fé na infalibilidade dos dogmatistas faz até mesmo desnecessária a investigação intelectual. A recompensa para tais colaboradores espirituais é o conforto presunçoso de saber que aqueles que não se submeteram à fórmula sofrerão depois da morte, enquanto os que se sujeitaram não padecerão.

A Magia também postula uma ordem universal – chamando-a de Deus, Natureza, Ser Supremo, Grande Arquiteto do Universo, Tao ou apenas de o-modo-como-as-coisas-são. Porém, o magista sabe que a vontade pura de todo homem e de toda mulher já está em perfeita harmonia com a Vontade

---

16. Isso não deve ser compreendido como uma vã condenação da "Santa Escritura". Na verdade, a *Magia de Thelema* é firmemente baseada em seu Livro Santo, *Liber AL vel Legis*. Esse texto é único entre tal tipo de escritura, pois é proibido que qualquer pessoa interprete seu significado, evitando, portanto, as ciladas da doutrina, do sacerdócio e do dogma.

divina; de fato, elas são uma única e mesma vontade. A Grande Obra do magista é se empenhar no sentido de remover os obstáculos que impedem a perfeita realização daquela vontade e, então, agir para exercê-la.

Percebemos o mundo à nossa volta como uma vasta ordem cósmica (ou, pelo menos, como um caos gloriosamente sistematizado). Galáxias, estrelas, planetas, átomos, elétrons e outras partículas subatômicas, todas parecem ter encontrado seus nichos no grande esquema das coisas, comportando-se em conformidade. Realizando nossas vontades verdadeiras, encontraremos nossos lugares... nossas órbitas. Executando nossas vontades verdadeiras, teremos a inércia de todo o Universo nos auxiliando.

O magista não quer, necessariamente, que o fardo da existência seja retirado de seus ombros; o que deseja é compreender por que e como o carrega.

Capítulo Dois

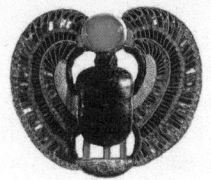

A Evolução da Fórmula Mágica

Quando dos Alentos Iniciais, na aurora do nascer terrestre,
O Homem regia os animais, sobre a Terra era o Mestre.
Ele fez de uma casca vazia cerne de uma árvore luminar;
Nela pôs a terra que havia, e o Homem foi o Senhor do Mar.
Controlou o vapor e muito mais, ele usou a força da flama;
Dirigiu as hostes celestiais, e foi o Homem Senhor da Chama.
Em seus tronos abissais sentados, os éons em coro a declarar
Os demônios são derrotados, pois o Homem é o Senhor do Ar.
Ergue-te, Ó Homem, em teu vigor! Do reino és dono por méritos,
Altos deuses o firmam em clamor, ele é o Senhor de seus espíritos.

— O Pentagrama

Uma fórmula mágica é um enunciado de como um fato ou teoria cosmológica é percebido.

Pode ser tão simples quanto um axioma:

Ama teu próximo como a ti mesmo. Uma maçã por dia mantém o médico afastado.

Pode ser um enunciado ou um conjunto de símbolos que revelam o mecanismo de uma lei natural:

Tanto em cima quanto embaixo. Tudo é sofrimento. Amor é a lei, amor sob vontade.

$E = MC^2$. *YHVH. INRI. AUM.*
Pode ser uma simples palavra que dá início a uma era inteira:
TAO; ANATTA; ΙΑΩ; Θελημα

A fórmula mágica se desenvolve a partir de outra mais antiga, do mesmo modo como aumenta a habilidade humana de perceber a si mesmo e o Universo. Uma mudança na consciência torna necessária uma alteração na fórmula mágica. Isso não significa que a velha fórmula nunca mais funcione, mas apenas que a nova se revela muito melhor. Uma fórmula obsoleta do passado não é, necessariamente, descartada por completo, embora seja frequentemente corrigida ou ajustada para melhor se harmonizar com a nova, expandindo a compreensão da natureza ou lei espiritual.

Usando um exemplo aparentemente não mágico, um antigo carpinteiro ou artífice, ao procurar determinar a área de um pequeno círculo, poderá venerar o grande magista que lhe revelou que a área poderia ser determinada pela medição do raio do círculo, e depois multiplicando esse número por ele mesmo, para em seguida multiplicá-lo pelo número sagrado 3. Para os cálculos grosseiros requeridos por nossos ancestrais, essa fórmula rudimentar era bastante adequada. Contudo, para projetos maiores e mais complexos (tais como templos, pirâmides, etc.), eram necessários cálculos mais precisos e o mundo, então, teve de esperar pela "magia" do π. Depois que essa nova pequena informação se tornou de conhecimento geral, o mundo nunca mais foi o mesmo.

Mesmo que essa analogia seja bastante rudimentar, estou confiante de que o leitor possa ver como ela se aplica à percepção, que está sempre evoluindo, de nós mesmos e do nosso espaço no Universo.

A Fórmula da Nova Era

Grandes períodos espirituais (eras ou éons) são caracterizados por suas fórmulas mágicas. Isso é muito importante e fundamental para a compreensão da Magia de modo geral e da Magia Thelêmica em particular, pois o planeta bem recentemente (falando de modo relativo) entrou em um novo período, uma nova era, um novo éon.

Sim, coincide com o que astrólogos e compositores musicais chamam de Era de Aquário,[17] citada por milhões de outros como, simplesmente, a Nova Era. Entretanto, seria um equívoco perceber esse novo éon apenas como outro tique-taque de um grande relógio cósmico. A Era de Aquário, apesar de profundamente significativa, é apenas um dos aspectos de uma era espiritual muito maior. (Tais éons mágicos não coincidem, necessariamente,

---

17. O Grande Ano Astrológico dura aproximadamente 26 mil anos e é dividido em 12 períodos de cerca de 2.166 anos, cada etapa corresponde a um dos 12 signos do zodíaco. Uma vez que o Sol não volta anualmente a seu exato ponto de partida, ele parece regressar lentamente por meio do zodíaco em uma velocidade de um signo cada 2.166 anos. É por isso que a Era de Aquário segue a de Peixes, que por sua vez segue a de Áries, etc.

com os períodos astrológicos e, segundo Crowley,[18] podem ser de qualquer tamanho.) Se entendida como algo pessoal, maior a perspectiva mágica que ela terá, especialmente se, em vez de considerarmos as eras como meramente épocas astrológicas, nós as víssemos como deuses.

Crowley reconhecia nos três principais deuses do Egito, Ísis, Osíris e Hórus, as fórmulas características dos três últimos éons.

O éon atual é o de Hórus, que sucedeu ao éon de Osíris, que sucedeu ao éon de Ísis. Cada éon é caracterizado pelo nível de entendimento acerca da natureza e do *eu* que prevalece contemporaneamente e que dita a variedade da expressão mágica e religiosa que domina esses períodos.

Aqui será necessário rever o mito de Ísis, Osíris e Hórus, pois isso é de vital importância para a compreensão tanto da evolução da fórmula mágica quanto da Magia de Thelema. Por favor, tenha em mente que isso é apenas um breve resumo de um relato que abarca mais de 4 mil anos de mudança.

. O Mito de Osíris

O CRIADOR, Temu, foi o primeiro a surgir (de um caos aquoso) no monte sagrado. Sobre essa sólida fundação de matéria, ele se masturbou, criando duas crianças, irmão e irmã, Shu e Tefnet. Por sua vez, ambos criaram Geb (o Deus-terra) e Nut[19] (a Deusa-céu), que se uniram e geraram Osíris, Ísis,[20] Seth[21] e Nephthys. Essas nove divindades constituíram a enéade de Heliópolis, que continuamente aparece ao longo dos textos sagrados.

Osíris se tornou o rei do Egito, apoiado por sua irmã-esposa Ísis. O reino dourado deles tirou o povo do Egito das profundezas da condição subumana de anarquia e canibalismo. Eles iniciaram o cultivo sistemático da terra em harmonia com o ciclo da cheia do rio Nilo, em uma administração que trouxe prosperidade e felicidade.

Seth, irmão de Osíris, gradativamente foi se tornando cada vez mais invejoso do sucesso de seu irmão e conspirou para assassiná-lo. Secretamente, ele possuía uma arca ornamentada, construída com as medidas exatas do corpo de Osíris. Assim, Seth promoveu uma festa magnífica para seu irmão e anunciou que recompensaria com a arca qualquer um que coubesse perfeitamente dentro dela. Naquilo que pode ser descrito como um ato de divina tolice, voluntariamente Osíris se ofereceu à tarefa. Tão logo ele se aninhava confortavelmente no interior da arca, ocupando-a de

---

18. *Magical and Philosophical Commentaries on* THE BOOK OF THE LAW [Comentários Mágicos e Filosóficos sobre O LIVRO DA LEI], (Montreal; 93 Publishing, 1974), p. 271.
19. Soletrada como "Nuit" no *Liber AL vel Legis*, capítulo I, verso I.
20. Posteriormente identificada como a Grande Deusa Deméter.
21. Ou Set, depois identificado com Apophis e com Typhon, o demônio-deus grego.

modo perfeito, ela foi imediatamente lacrada com uma tampa pregada pelos 72 conspiradores de Seth, sendo o esquife atirado nas correntezas do Nilo.

Imediatamente, ao saber do assassinato, Ísis saiu em busca do corpo. Ela o achou em Biblos, embutido em uma árvore que havia sido derrubada e usada como coluna no palácio do rei por causa de seu maravilhoso aroma. Assim, Ísis implorou ao rei local pela devolução do corpo de seu marido, sendo-lhe permitido recuperá-lo.

Ao retornar em um barco, Ísis deitou-se sobre o corpo e beijou-o até seu *phallus* ficar milagrosamente ereto. Ela montou sobre seu marido morto e assim a criança Hórus foi concebida. (Hórus ou Hoor também tem um irmão, Hoor-Paar-Kraat, chamado pelos gregos de Harpócrates. Veremos mais sobre isso depois.)

Seth, descobrindo onde Ísis havia escondido o corpo, roubou-o e desmembrou-o, espalhando 14 partes dele por todo o país.

Ísis saiu em nova busca e com sucesso recuperou todas as partes de Osíris, exceto uma,[22] para depois as reunir magicamente, concedendo a Osíris, portanto, imortalidade e domínio da vida pós-morte. A partir de então, aos indivíduos devotos que com fé se unem ao sistema da fórmula mágica do culto de Osíris, na forma como delineada no *Livro dos Mortos*, seria assegurada a mesma continuidade da existência após a morte.

As imagens desse simples drama estão profundamente presentes na consciência coletiva da raça humana. Nós a vemos recontada quase literalmente pelos gregos como a lenda de Deméter e Perséfone, e Orfeu e Eurídice. Até IAO, o grande Deus dos gnósticos, por meio das letras de seu nome, anuncia a fórmula mágica de vida, morte e ressurreição: **Í**sis (Natureza) é arruinada por **A**pophis (as forças da destruição e decadência), mas é ciclicamente ressuscitada em **O**síris.

O que mais surpreende a mente ocidental são as semelhanças entre o relato de Osíris e o mito central do Cristianismo: por intermédio da traição, um jovem sábio salvador é assassinado... e pregado em Sua morte; a árvore com a qual o corpo é afixado; o devoto em luto que suplica pelo retorno de Seu corpo, para que lhe seja dado o devido funeral; a ressurreição do Deus que também prove a fórmula para a salvação eterna do mundo, etc. Tudo bastante osiriano.

Contudo, estou me adiantando. Para compreender onde estamos, primeiro devemos entender onde estivemos, de modo que antes examinaremos as condições que caracterizaram os últimos dois éons.

---

22. O falo sagrado, jogado ao Nilo por Seth e devorado por três peixes, jamais foi recuperado.

O Éon de Ísis

A Fórmula da Grande Deusa: é difícil especular precisamente quando começou o éon da fórmula de Ísis, pois suas fundações estão enterradas na nebulosidade da pré-história. Entretanto, podemos com relativa confiança apontar seu zênite aproximadamente em 2400 a.C.[23]

Essa foi a Era da Grande Deusa, e em nenhum outro lugar Ela foi adorada com mais conspicuidade do que na cidade de Uruk, na Suméria, onde o magnífico templo de Innana (Ishtar) dominava a civilização da primeira grande cidade. Entretanto, focar exclusivamente a Suméria poderia ser um grave erro nosso, pois, sem dúvida, o culto da Grande Deusa era verdadeiramente universal. Ela era adorada por inúmeras culturas sob uma miríade de nomes e formas. Poderia também ser um equívoco nosso concluir que a fórmula mágica desse período se manifestava exclusivamente pela adoração de qualquer divindade feminina antropomórfica em particular. Isso porque, assim como em todo éon, a fórmula mágica do éon de Ísis era fundamentada pela interpretação dada pela humanidade dos "fatos percebidos" da Natureza, e os nossos progenitores da era de Ísis percebiam a Natureza como um contínuo processo de crescimento espontâneo.

Nos obscuros princípios do éon, os humanos eram ignorantes sobre os mistérios do sexo e do nascimento, da sua causa e efeito. A vida parecia vir apenas a partir da mulher. O sangue escorria de seu corpo inexplicavelmente com o mesmo ciclo que a lua tinha. Quando o ciclo de sangramento era interrompido, a barriga dela inchava durante nove luas até que uma nova vida brotasse. Então, ela continuava nutrindo essa vida com seu leite, o sangue branco dos seios dela, e sem esse alimento, tirado diretamente de seu corpo, a nova vida morreria.

Nada se comparava ao poder da mulher. Toda a vida provinha dela e sem o seu alimento nenhuma vida sobreviveria. Assim como a própria lua, ela vivia um ciclo triplo de vida, a virgem, a mãe e a anciã; fertilidade, sustento e sabedoria.

Quando a criança era desmamada, a própria Terra se tornava sua mãe substituta a lhe prover diretamente para seu sustento as plantas, a carne e o sangue dos animais. A Mãe era a vida. A Terra era a Mãe. Deus era Mulher. A Morte era um mistério que não podia ser resolvido nem superado.

Essa percepção fundamental a respeito da Natureza persistiu mesmo bem depois de o mistério sobre de onde vêm os bebês ter sido solucionado. O matriarcado e o canibalismo dominaram grande parte desse período e, mesmo após a ascensão dos deuses guerreiros masculinos, a fórmula essencial da Deusa continuava viva.

---

23. Essa data, coincidentemente, também marca o começo da era astrológica de Áries.

Em nossos dias, ainda existem tribos de caçadores e coletores[24] cujas vidas social e religiosa exemplificam a fórmula de Ísis, mas o éon de Ísis durou tanto quanto o espírito da humanidade permaneceu dominado pela percepção de que a vida e seu necessário alimento vinham diretamente da Terra e da mulher.

Uma percepção mais clara do Universo se desenvolveria até roubar a fórmula de Ísis, iniciando uma nova era cultural e religiosa. Estamos penosamente familiarizados com esse período, pois ele se prolongou até a virada do vigésimo século. Sua fórmula ainda é o consenso das assim chamadas "grandes religiões" e continua a dominar a vida espiritual da maioria dos habitantes do nosso planeta.

Nessa era, o foco foi deslocado da Terra para o Sol como fonte de toda vida, e dos mistérios do nascimento para os da morte. Já compreendemos de onde vêm os bebês; agora estamos ponderando sobre para onde iremos quando morrermos.

O Éon de Osíris

A Fórmula do Deus Moribundo: poderia ser dito que o éon de Osíris começou quando homens e mulheres se tornaram cientes do Sol, reconhecendo que a fertilidade da Terra (e, consequentemente, de suas próprias vidas) dependia diretamente do poder vitalizador da luz do astro. Agora, o segredo da vida era percebido como uma parceria entre Sol e Terra, nossos ancestrais viram essa parceria refletida neles mesmos: homem e mulher, *phallus* e *kteis*, pai e mãe.

Quando se tornou universalmente conhecido que sem o Sol a Terra pereceria, e que sem o sêmen do homem a mulher permaneceria estéril, um grande pêndulo de consciência racial e atitude deu uma guinada radical. A fórmula de Ísis foi alterada: a mulher *traz* a vida, mas a vida *vem do* Sol. Deus agora era Pai.

Essa nova "iluminação" resultou em avanços sem precedentes para a civilização. Armados com o conhecimento solar dos ciclos das estações, os lavradores da era osiriana começaram a organizar o cultivo das lavouras. Cidades surgiram e com elas as economias e os exércitos dos grandes Estados-nação. O patriarcado suplantou o matriarcado e as deusas de inúmeras culturas se tornaram "esposas" de novas divindades masculinas.

No entanto, inerente à nova fórmula se encontrava um terrível mistério; um fator que não era parte da fórmula do inocente éon de Ísis; uma obscura realidade que se tornaria a preocupação (e alguns dirão, prejudicial) absoluta do éon de Osíris: a morte.

---

24. Embora a sistemática destruição das florestas tropicais esteja acabando com essas cápsulas dos tempos pré-históricos.

Percebia-se como um fato inegável que o Sol, fonte de toda vida, nascia diariamente no horizonte oriental e viajava através do céu, concedendo suas bênçãos de luz e vida sobre toda a Terra. Também era observado que esse pangenitor diariamente "morria" no Ocidente, precipitando o mundo inteiro em uma escuridão fria – uma escuridão que evocava introspecção e medo. Para onde foi o Sol? Por que um novo Sol sempre reaparece?

A cada noite após a morte do Sol, nossos ancestrais do início da era osiriana repousavam imersos em preocupação e nesse sono eles tinham uma nova vida – uma vida estranha, povoada por homens e mulheres, repleta de maravilhas e horrores impossíveis. Animais mortos nas caçadas, parentes mortos, inimigos e confrades, todos viviam novamente nesse outro mundo dos sonhos. Era esse o lugar aonde o Sol foi à noite? Essa era a Terra dos Mortos?

Obviamente, a noite atemorizante não durava para sempre e um "novo" Sol reaparecia com regularidade confortante a cada manhã, para conquistar as trevas e assegurar a continuidade da vida. Entretanto, posteriormente, observadores mais sofisticados notaram a existência de crises e grande insegurança ao observarem períodos de arrefecimento da luz do Sol (como quando o verão mudava em direção ao inverno), que resultavam na diminuição, ou em uma real interrupção, da fecundidade da Terra. Sem luz do Sol, sem lavoura. Isso era muito sério.

O ciclo solar diário lhes mostrou que o Sol é capaz de desaparecer por completo do céu. Contudo, ao contrário dos relativamente curtos períodos de escuridão dos ciclos diários, não havia quem dissesse o quão longa seria uma grande noite se o Sol sofresse uma morte *anual*. Certamente, toda a vida poderia perecer nas trevas gélidas de uma eterna noite (ou mesmo em uma bem comprida).

Por menos fundamentados que fossem, esses medos estavam solidamente baseados na realidade percebida, e o trauma tornou-se irremediavelmente marcado na psique da raça humana. Essa "realidade", por sua vez, formou a fundação da fórmula mágica do éon de Osíris, a fórmula do Deus Moribundo.

O Sol, o Pai de toda vida, segue ao longo de seu triplo ciclo de nascimento (vida), morte e ressurreição. A humanidade, sabendo que ela mesma estava sujeita à morte, passou a acreditar que, ao seguir a fórmula mágica e religiosa do Sol, também estivesse apta à ressurreição. O que era essa fórmula?

Em qualquer parte que nossos ancestrais da era osiriana procurassem, eles encontrariam uma representação do drama do Deus Moribundo. O fazendeiro observava os efeitos fertilizantes do sangue e da carne sacrificada sobre o solo, que as sementes (vindas de plantas vivas, durante o verão e o outono) poderiam morrer e ser enterradas durante os meses do inverno e que, então, milagrosamente, ressuscitariam como novas plantas na primavera. Era uma verdade óbvia e inescapável: sem morte não existe vida.

O Sol não morria a cada noite e a cada inverno de modo que pudesse renascer? A semente não se oferecia à Terra de modo que pudesse ressuscitar como uma nova planta? Após a ejaculação, o pênis não sacrifica sua potência para fertilizar o óvulo e perpetuar a raça?

A vida a partir da morte era um fato e, para assegurar que as bênçãos da vida continuassem a vir da morte, nossos ancestrais da era osiriana acreditaram que deveriam tomar parte ativa no grande ritual de vida/morte. Com essa finalidade, rumaram aos cumes das montanhas e aos mais altos lugares. Juntaram pedras, construíram altares e ofereceram sacrifício aos deuses.

De maneira óbvia, o grande mito religioso/cultural dos egípcios era, literalmente, de natureza osiriana, mas no início da era astrológica de Peixes (aproximadamente 260 a.C.), a fórmula do Deus Moribundo havia se cristalizado como o mito central de incontáveis culturas e civilizações. Os deuses dos grandes cultos de mistério – Orfeu, Hércules, Dioniso, Átis, Adônis e, posteriormente, Cristo – foram assassinados e ressuscitaram. A narrativa de Perséfone, a figura central dos Mistérios de Elêusis, que prosperou por mais de 2 mil anos, é um exemplo perfeito da evolução da fórmula da Grande Deusa até aquela do Deus Moribundo.

Esses cultos eram bastante populares. Para assegurar a ressurreição de alguém, era necessário ser iniciado e seguir a fórmula da catástrofe, amor e morte do deus. Após essas escolas de mistério, com uma forma parcialmente padronizada, o Cristianismo ortodoxo cresceu para se tornar a influência espiritual e política dominante no mundo pelos últimos 2 mil anos.

A fórmula do sacrifício nasceu da crença equivocada de que o Sol *sobe* pela manhã e *desce* ao anoitecer. Atualmente, a humanidade desfruta de uma percepção mais acurada do Universo. Sabemos que o Sol não sobe nem desce. Ele não viaja para o norte no verão nem se move em direção à extinção, no sul, durante o inverno. O Sol permanece "ligado" o tempo todo. Sua luz é contínua. A morte do Sol é meramente uma ilusão de ótica, um deslocamento da sombra.

Portanto, uma vez universalmente aceito esse simples fato da Natureza, hoje raramente pensamos duas vezes a respeito. Não obstante, os arquétipos que influenciam as grandes forças culturais e religiosas de hoje foram formulados durante aquelas eras de profunda ignorância e superstição. Em parte, as narrativas do Sol Moribundo e do Deus Moribundo foram mitos criados para ajudar nossos ancestrais a superar o medo deles em relação às trevas e à morte. A percepção do Universo que deu início ao éon de Osíris foi mudada para sempre. A fórmula foi corrigida. Não há necessidade de temer as trevas. Não há necessidade de temer a morte.

O Éon de Hórus

A Fórmula da Criança Coroada e Conquistadora: assim como a criança é o produto físico e genético de seus dois pais, o éon de Hórus reconcilia e transcende a fórmula das duas eras que o antecederam. Desde a virada do século vemos a queda do colonialismo e a destruição dos últimos vestígios do evidente domínio patriarcal dos reis europeus. O poder temporal do Papa se foi, e as ilusões do poder espiritual onipotente da Igreja se diluíram para além da esperança do renascimento.

A fórmula de adoração do éon de Ísis à Terra-mãe (violentamente reprimida durante o éon de Osíris) foi transformada pela evolução de nossa consciência e ressurgiu na forma de movimentos relacionados ao meio ambiente e de respeito à Terra, no Movimento das Mulheres e na ressurgência do culto da Deusa.

Esses movimentos crescentes são vistos pelas instituições estabelecidas como exemplos blasfemos de espiritualidade, de dessacralização e degeneração da humanidade. Elas interpretam grosseiramente suas próprias escrituras para chamar a atenção sobre uma inevitável conflagração que restabelecerá o grande domínio osiriano.

Enquanto um certo número de conflitos provavelmente seja inevitável (como ocorre em qualquer começo de uma nova era), certamente o resultado não será o retorno da fórmula do passado. Ficando como estamos, às portas do éon de Hórus, observamos que o que acontece no mundo é especialmente preocupante. Contudo, esse é o resultado natural dos interesses assentados do velho éon, o qual resiste ao estabelecimento de novos interesses. É muito semelhante ao conflito que famílias experimentam quando uma criança cresce e finalmente deixa sua casa. No final, os pais aceitam o inevitável e, na maioria dos casos, formam um novo relacionamento, apoiando sua criança.

Somos a criança que acabou de se tornar autoconsciente. Ainda amamos nossa mãe e nosso pai, mas sabemos que jamais seremos felizes se apenas existirmos como uma extensão da vida deles. Agora que estamos conscientes da continuidade da existência e percebemos o Universo como um processo de contínuo crescimento, agora que reconhecemos o indivíduo como a unidade básica da sociedade, jamais retornaremos à falha e incompleta percepção do passado.

Capítulo Três

O Livro da Lei

Faze o que tu queres, há de ser o todo da Lei.
O estudo desse Livro é proibido. Sábio é destruir
   essa cópia após a primeira leitura.
Quem quer que desconsidere isso o fará por seu próprio risco
   e perigo. Estes são dos mais horrendos.
Aqueles que discutem os conteúdos desse Livro devem ser
   evitados por todos como centros de pestilência.
Todas as questões sobre a Lei devem ser decididas apenas se recorrendo
   a meus escritos, cada uma por si.
Não existe lei além de Faze o que queres.

Amor é a lei, amor sob vontade.

— *O Sacerdote dos Príncipes Ankh-af-an-Khonsu*

O "Comentário em Classe A" acima, que aparece no final de todas as edições autorizadas do *Livro da Lei*, é uma advertência ominosa àqueles que pretenderiam definir ou interpretar os conteúdos do primeiro Livro Santo de Thelema.

Preparando a publicação da presente obra, empenhei toda a minha habilidade para agir de acordo com a injunção anterior, enquanto providenciava um conjunto suficiente de informação para capacitar o leitor a iniciar sua própria linha de explorações. Isso é um pouco como caminhar sobre uma corda bamba. Confesso que não sou um alto iniciado, nem um espécime exemplar de thelemita ideal. O leitor é respeitosamente encorajado a desconsiderar qualquer coisa que eu disser, se lhe parecer que meus limites nessas considerações foram excedidos.

É impossível compreender os rituais de Thelema sem uma familiaridade básica com o *Liber AL vel Legis*, o *Livro da Lei*, e seria injusto com quem possui esse manual se não o incluísse aqui em sua totalidade. As divindades e a fórmula reveladas nesse pequeno volume são a própria essência do éon de Hórus.

Detalhes de como esse livro singular surgiu são descritos em *The Equinox of the Gods*[25] [O Equinócio dos Deuses], em *The Temple of Salomon the King*[26] [O Templo do Rei Salomão], ambos de Aleister Crowley, e em um certo número de outras publicações mais recentes, as quais o leitor é encorajado a pesquisar. Para ajudar a colocar as coisas sob uma perspectiva histórica, ofereço a seguinte análise breve dos eventos que cercaram a recepção do *Livro da Lei*.

Em 1903, Crowley suspendeu todos os seus trabalhos mágicos e partiu com sua nova esposa Rose[27] em uma longa lua-de-mel por vários locais exóticos, incluindo o Ceilão e o Egito. Em dezembro, descobriram que Rose estava grávida. Em vez de preferirem voltar para o frio da casa deles na Escócia, escolheram viajar de volta ao Cairo, onde a temperatura era mais agradável. Assumindo identidades românticas, alugaram um apartamento em um hotel, registrando-se como príncipe Chioa Khan (Besta) e princesa Ouarda (Rose), e ali permaneceram.

Talvez, por puro tédio, Crowley realizou a "Invocação Preliminar da Goetia", com o propósito de mostrar a Rose os silfos. (Deve ser lembrado que Rose não tinha nem interesse nem treinamento em Magia.) Ela não viu os silfos e, em vez disso, caiu em uma espécie de "estranho estado mental". Ela começou a repetir como se estivesse em transe: "Estão esperando por você... é sobre a Criança... tudo Osíris".[28]

Então, informou ao seu marido que o deus Hórus estava aborrecido com ele por ignorá-lo. Irritado pelo que pensou ser um comportamento infantil de Rose, Crowley começou a interrogá-la a respeito dos atributos técnicos relacionados a esse "deus". Para sua grande surpresa, Rose, que absolutamente não tinha conhecimento em Egiptologia ou Magia, respondeu até mesmo às questões mais técnicas e esotéricas, com 100% de acertos.

No dia seguinte, eles visitaram o Museu Boulak, no Cairo. Era intenção de Crowley que Rose mostrasse esse deus que queria lhe falar. Ele zombava um

---

25. *The Equinox of the Gods* (New York: 93 Publishing, 1992).
26. *The Equinox I* (1 – 10) (London, 1909; reimpressão York Beach, ME: Samuel Weiser, 1992).
27. Rose Kelly, irmã de seu amigo Gerald Kelly.
28. *The Equinox of the Gods* (New York: 93 Publishing, 1992).

pouco de como ela ignorava e passava pelas imagens mais comuns de Hórus, porém se surpreendeu bastante quando ela, de modo excitado, identificou uma obscura *stélé* funérea de madeira da Vigésima Quarta Dinastia como a origem de suas comunicações. Mais estonteante ainda era seu número de exibição no museu... 666. Crowley não poderia ignorar essa curiosa cadeia de eventos. De posse de uma reprodução da *stélé*, começou a trabalhar sistematicamente com Rose como sua assistente mágica. (Veja as imagens em cores da *stélé* nas capas do livro.)[29]

O espaço nos proíbe detalhar o que se seguiu e, novamente, remeto o leitor aos textos anteriormente mencionados. Agora, é suficiente dizer que por meio da inesperada mediunidade de Rose foi estabelecido contato com uma inteligência *praeter* humana que, chamando a si mesma de *Aiwass*, um mensageiro de Hoor-Paar-Kraat,[30] anunciava o Equinócio dos Deuses (a mudança da era) e a intenção dos "deuses" de usar Crowley para *receber* um livro, a revelação fundamental da nova era.

Em 20 de março de 1904, Crowley executou a Suprema Invocação de Hórus, formalmente iniciando o éon de Hórus. Conforme instruções, entre 12h e 13h, dos dias 8, 9 e 10 de abril, ele entrou no mesmo templo, sentou-se à mesa e escreveu o que lhe foi ditado por uma voz audível. O resultado dessas três horas de ditado são os três capítulos do *Livro da Lei*.

Não se requer nem se espera que o leitor acredite nessa narrativa. Cada um deve julgar por si mesmo o valor do livro. Como mencionei antes, oferecer-se para interpretar ou mesmo discutir o *Livro da Lei* é algo fundamentalmente condenado pelo texto. É reservado a cada um de nós o exame de seu significado em relação a nossas vidas individuais.

Nota: o leitor perceberá que *Liber AL vel Legis* é designado como uma publicação em Classe A. Originalmente, Crowley categorizou seus trabalhos, as "publicações Oficiais da A∴A∴", em quatro[31] classificações:

1) **Classe A:** consiste de livros que não podem ser mudados sequer no estilo da letra, ou seja, representam a expressão vocal de um adepto, inteiramente além da crítica, mesmo de qualquer chefe visível da Organização.

---

29. As fotografias da face e do reverso da Estela da Revelação, com a paráfrase de Crowley, foram retiradas do Volume I, Número VII, do *The Equinox* (York Beach, ME: Samuel Weiser, 1992), p. 368.
30. Hórus, em seu aspecto de inocente bebê, frequentemente é pintado sem temor em frente a dois crocodilos, colocando o dedo, ou polegar, nos lábios.
31. Por razões não muito claras, depois de escrever o seu Sílabo, Crowley criou uma quinta classificação, a Classe E.

2) **Classe B:** consiste de livros ou ensaios que são o resultado da erudição ordinária, iluminação e fervor.

3) **Classe C:** mais do que qualquer coisa, consiste de matéria a ser particularmente considerada sugestiva.

4) **Classe D:** consiste de rituais oficiais e instruções.

Algumas publicações são compostas e pertencem a mais de uma classe.[32]

Os Rituais Thelêmicos, que são o tema deste livro, pertencem à Classe D.

---

32. Veja "A Syllabus of the official instructions of A∴A∴." [Um Sílabo das instruções oficiais da A∴A∴], em *The Equinox*, Vol. I, nº 10.

LIBER AL VEL LEGIS

SUBFIGURA CCXX

COMO DADO POR

XCIII = 418

PARA

DCLXVI

A∴A∴ PUBLICAÇÃO EM CLASSE A.

1. Had! A manifestação de Nuit.
2. O desvelar da companhia do céu.
3. Todo homem e toda mulher são uma estrela.
4. Todo número é infinito; não existe diferença.
5. Ajuda-me, ó senhor guerreiro de Thebas, em meu desvelar diante das Crianças dos homens!
6. Sê tu, Hadit, meu centro secreto, meu coração e minha língua.
7. Observa! É revelado por Aiwass o ministro de Hoor-Paar-Kraat.
8. O Khabs está no Khu, não o Khu no Khabs.
9. Adora então o Khabs, e observa minha luz vertida sobre ti.
10. Que meus servos sejam poucos e secretos: eles dominarão os muitos e os conhecidos.
11. Esses são os tolos que os homens adoram; seus Deuses e seus homens são tolos.
12. Vinde, ó crianças, sob as estrelas e tomai vossa fartura de amor.
13. Estou sobre vós e em vós. Meu êxtase está no vosso. Meu gozo é ver o vosso gozo.
14. Acima, em azul ornada

    Nuit, é nua em esplendor

    Com êxtase beija curvada

    De Hadit, o secreto ardor

    Globo alado e céu azul

    São meus, Ó Ankh-af-na-khonsu!
15. Agora, sabereis que o sacerdote e apóstolo escolhido do espaço infinito é o sacerdote-príncipe, a Besta; e na mulher dele, chamada a Mulher Escarlate, está entregue todo o poder. Eles reuniram minhas crianças na igreja deles: eles trarão a glória das estrelas aos corações dos homens.
16. Pois ele sempre é um sol e ela, uma lua. Mas para ele é a alada flama secreta e, para ela, a descendente luz estelar.
17. Entretanto, não sois assim escolhidos.
18. Queima sobre suas frontes, ó serpente esplendorosa!
19. Ó mulher de pálpebras azul-celeste, debruça-te sobre eles!
20. A chave dos rituais está em uma palavra secreta que dei a ele.
21. Com o Deus e o Adorador não sou nada: eles não me veem. Estão como sobre a terra; estou no Céu, e lá não existe outro Deus senão eu e meu senhor Hadit.

22. Então, agora vos sou conhecida pelo nome Nuit e a ele por um nome secreto que lhe darei quando afinal me conhecer. Desde que sou o Infinito Sideral e os Infinitos Sóis, do mesmo modo fazei também. Nada reprimi! Que não exista diferença feita dentro de vós entre algo qualquer e qualquer outra coisa; porquanto daí vem mágoa.
23. No entanto, quem quer que disso se beneficie, que seja o chefe de tudo!
24. Sou Nuit, e minha palavra é seis e cinquenta.
25. Dividi, somai, multiplicai e compreendei.
26. Então, o profeta e escravo da mais linda diz: Quem sou e qual será o sinal? Assim, ela o respondeu, curvando-se para baixo, uma bruxuleante flama de azul, tudo tocando, tudo penetrando, suas adoráveis mãos sobre a terra negra e o flexível corpo dela arqueado para o amor, e seus pés macios sem danificar as flores pequenas: Tu sabes! O sinal será meu êxtase, a consciência da continuidade da existência, a onipresença de meu corpo.
27. Então, o sacerdote respondeu e disse à Rainha do Espaço, beijando suas amoráveis sobrancelhas, e o orvalho da luz dela banhando o corpo inteiro dele em um perfume doce de suor: Ó Nuit, contínua do Céu, que assim sempre seja; que os homens não falem de Ti como Uma, mas como Nenhuma; e que não falem de ti de nenhuma maneira, desde que és contínua.
28. De forma alguma, murmurou a luz, sutil e mágica, das estrelas e dupla.
29. Pois estou dividida pela graça do amor, pela chance de união.
30. Essa é a criação do mundo, a dor da divisão é como nada e o gozo da dissolução, tudo.
31. Por esses tolos dos homens e seus infortúnios não te importes de forma alguma. Eles pouco sentem, o que é está equilibrado por gozos débeis; mas vós sois meus escolhidos.
32. Obedecei ao meu profeta! Buscai os ordálios de meu conhecimento! Procurai-me somente! Então, os gozos de meu amor vos redimirão de toda dor. Isso portanto é: isso juro pela cripta de meu corpo; pelo meu coração e língua sagrados; por tudo o que puder oferecer, por tudo o que de todos vós desejar.
33. Então, o sacerdote entrou em um profundo transe ou desmaio, e disse à Rainha do Céu: Escreve a nós os ordálios; escreve a nós os rituais; escreve a nós a lei!
34. No entanto, ela disse: Os ordálios não escrevo; os rituais serão pela metade conhecidos e pela metade ocultados: a Lei é para todos.

35. Isso o que escreves é o tríptico livro de Lei.
36. Meu escriba Ankh-af-na-khonsu, o sacerdote dos príncipes, não mudará sequer em uma letra esse livro; porém, para que não exista tolice, ele o comentará pela sabedoria de Ra-Hoor-Khu-it.
37. Também os mantras e encantamentos; o *obeah* e o *wanga*; o trabalho do bastão e o trabalho da espada; estes, aprenderá e ensinará.
38. Ele deve ensinar, mas pode fazer os ordálios severos.
39. A palavra da Lei é θελμα.
40. Quem nos chama thelemitas não errará, mas se admirar bem de perto a palavra. Pois nela existem Três Graus, o Eremita, o Amante e o homem da Terra. Faze o que tu queres, há de ser o todo da Lei.
41. A palavra de Pecado é Restrição. Ó homem! Não recuses tua esposa caso ela queira. Ó amante, se queres, parte! Não há obrigação que possa unir o dividido senão o amor: tudo o mais é uma maldição. Maldito! Maldito seja isso pelos éons! Inferno.
42. Abandona aquele estado de restrita multiplicidade e abominação. Então, com teu todo, não tens direito senão fazer tua vontade.
43. Faze isso e nenhum outro dirá não.
44. Pois vontade pura, não aliviada de propósito, livre de cobiça de resultado, é toda senda perfeita.
45. O Perfeito e o Perfeito são um Perfeito e não dois; pelo contrário, são nenhum!
46. Nada é uma chave secreta dessa lei. Sessenta e um chamam-na os judeus, chamo-a oito, oitenta, quatrocentos e dezoito.
47. Todavia, eles têm a metade: une por tua arte de forma que tudo desapareça.
48. Meu profeta é um tolo com seu um, um, um; eles não são o Boi, e nenhum pelo Livro?
49. Ab-rogados estão todos os rituais, todos os ordálios, todas as palavras e sinais. Ra-Hoor-Khuit tomou seu lugar ao Oriente quando do Equinócio dos Deuses; e que Asar esteja com Isa, que também são um. No entanto, não são de mim. Que Asar seja o adorante; Isa, a sofredora; Hoor em seu nome secreto e esplendor é o Senhor iniciando.
50. Existe uma palavra a dizer sobre o ofício Hierofântico. Observa! Existem três ordálios em um, e este pode ser dado de três modos. O rude deve passar pelo fogo; que o fino seja testado em intelecto e os sublimes escolhidos no altíssimo. Portanto, tendes estrela e estrela, sistema e sistema: que nenhum conheça bem o outro!

51. Existem quatro portões para um palácio; o chão desse palácio é de prata e ouro; lápis-lazúli e jaspe lá estão, e todos os perfumes raros; jasmim e rosa e os emblemas da morte. Que ele passe por um de cada vez ou de uma só vez pelos quatro portões; que permaneça sobre o chão do palácio. Não cairá? Amn. Ó guerreiro, se teu servo cair? Contudo, existem meios e meios. Sede belos o suficiente, portanto: vesti-vos todos com indumentárias finas; comei comidas deliciosas e bebei vinhos doces e vinhos que espumejem! Também tomai vossa saciedade e vontade de amor como quiserdes, quando, onde e com quem quiserdes! Porém, sempre a mim!

52. Se isso não estiver correto, se confundirdes as marcas do espaço, dizendo: são uma; ou dizendo, são muitas; se o ritual não for sempre a mim: então esperai os julgamentos terríveis de Ra-Hoor-Khuit!

53. Isso regenerará o mundo, o mundo pequeno, minha irmã, meu coração e minha língua, a quem mando esse beijo. Além disso, ó escriba e profeta, apesar de seres dos príncipes, isso não te aliviará nem te absolverá. Entretanto, que o êxtase e o gozo da terra sejam teus: sempre a mim! A mim!

54. Não troques sequer o estilo de uma letra, pois observa! Tu, ó profeta, não verás todos esses mistérios lá escondidos.

55. A criança de tuas entranhas, *ele* os verá.

56. Não a aguardes do Oriente nem do Ocidente, pois de nenhuma casa esperada vem essa criança. Aum! Todas as palavras são sagradas e todos os profetas verdadeiros; salvo apenas entenderem um pouco; esclarecem a primeira metade da equação, deixam a segunda sem atacá-la. Mas tens tudo em luz clara, e um tanto, embora nem tudo, na treva.

57. Invocai-me sob minhas estrelas! Amor é a lei, amor sob vontade. Não deixe os tolos confundirem o amor, pois existem amor e amor. Existe a pomba e existe a serpente. Escolhei bem! Ele, meu profeta, escolheu, conhecendo a lei da fortaleza e o grande mistério da Casa de Deus. Todas essas velhas letras de meu Livro estão certas, mas ☥ não é a Estrela. Isso também é secreto: meu profeta o revelará ao sábio.

58. Dou gozos inimagináveis sobre a terra; certeza, não fé, enquanto em vida, sobre a morte; paz inexprimível, descanso, êxtase; nem reclamo algo em sacrifício.

59. Meu incenso é de madeiras resinosas e gomas, e não existe sangue nele: por causa do meu cabelo, as árvores da Eternidade.

60. Meu número é 11, assim como todos os números deles que são de nós. A Estrela de Cinco Pontas, com um Círculo Central, e o Círculo é Vermelho. Minha cor é preta ao cego, mas o azul e ouro são vistos pelo vidente. Também tenho uma glória secreta àqueles que me amam.

61. Porém, amar-me é melhor do que todas as coisas: se nesse instante, sob as estrelas noturnas no deserto, queimas meu incenso diante de mim, invocando-me com um coração puro, e neste a chama da Serpente, virás um pouco a deitar em meu peito. Então, estarás querendo dar tudo por um beijo; mas quem quer que seja que der uma partícula de pó, tudo perderá nessa hora. Vós reunireis mercadorias e suprimentos de mulheres e especiarias; usareis ricas joias, excedereis as nações da terra em esplendor e orgulho; mas sempre no amor de mim, e assim vireis ao meu gozo. Ardentemente, ordeno a vós que venhais diante de mim em um robe único e coberto com um adereço valioso na cabeça. Eu vos amo! Desejo-vos! Pálida ou púrpura, velada ou voluptuosa, eu que sou toda prazer e púrpura, e embriaguez no sentido mais íntimo, desejo-vos. Vesti as asas e subi o esplendor serpentino de dentro de vós: vinde a mim!

62. Em todos os meus congressos contigo a sacerdotisa dirá – e seus olhos arderão com desejo enquanto ela permanece nua e regozijante em meu templo secreto – A mim! A mim! Excitando a chama dos corações de todos em seu cântico de amor.

63. Canta para mim a entusiasmada canção de amor! Queima aromas para mim! Usa joias para mim! Bebe para mim, pois eu te amo! Eu te amo!

64. Sou a filha de pálpebras azuis do Ocaso; sou o esplendor desnudo do céu noturno voluptuoso.

65. A mim! A mim.

66. A Manifestação de Nuit está em um fim.

---

1. Nu! O esconder de Hadit.

2. Vinde! Todos vós, e aprendei o segredo que ainda não foi revelado. Eu, Hadit, sou o complemento de Nu, minha noiva. Não sou estendido e Khabs é o nome de minha Morada.

3. Na esfera sou em todo lugar o centro, assim como ela, a circunferência, em parte alguma é encontrada.

4. Apesar disso, ela será conhecida e eu nunca.

5. Observa! Os rituais da velha época são negros. Que os maus sejam descartados; que os bons sejam purificados pelo profeta! Então, esse Conhecimento seguirá de modo certo.

6. Sou a chama que queima em cada coração de homem, e no cerne de cada estrela. Sou Vida e o doador de Vida; contudo, o conhecimento de mim é o conhecimento de morte.
7. Sou o Mágico e o Exorcista. Sou o eixo e a roda, e o cubo no círculo. "Vinde a mim" é uma expressão tola: pois sou eu que vou.
8. Quem adorou Heru-pa-kraath me adorou; desgraça, pois eu sou o adorador.
9. Lembrai-vos todos de que a existência é puro gozo; que todas as tristezas são como sombras; elas passam e se acabam, mas existe aquilo que fica.
10. Ó profeta! Tens má vontade em aprender esta escrita.
11. Eu te vejo odiar a mão e a pena, mas sou mais forte.
12. Por mim em Ti que tu não conhecias.
13. Por quê? Porque eras o conhecedor, e mim.
14. Agora, que exista um véu sobre este santuário: agora, que a luz destrua os homens e que os devore com cegueira!
15. Pois sou perfeito, não sendo; e meu número é nove pelos tolos; mas com o justo sou oito, e um em oito: o que é vital, porquanto sem dúvida sou nenhum. A Imperatriz e o Rei não são de mim; pois existe um segredo mais além.
16. Sou a Imperatriz e o Hierofante. Dessa forma, onze, como minha noiva é onze.
17. Escuta-me, povo suspirante!
    Tristeza de pesar e dor infinda
    São do morto, do agonizante,
    Pessoas que não me sabem ainda.
18. Estas estão mortas, essas pessoas; nada sentem. Não somos para o pobre e triste: os senhores da terra são nossos parentes.
19. Viverá um Deus em um cão? Não! Contudo, os mais altos são de nós. Eles se regozijarão, nossos escolhidos: quem se apieda não é de nós.
20. Beleza e força, gargalhada e deliciosa languidez, força e fogo são a nós.
21. Nada temos com o pária e o inepto: que morrem na miséria deles. Pois eles não sentem. A compaixão é o vício dos reis: pisa sobre o desgraçado e o fraco: essa é a lei do forte: essa é a nossa lei e o gozo do mundo. Não penses, ó rei, sobre esta mentira: Que Tu deves Morrer: verdadeiramente, não morrerás, mas viverás. Agora, que seja entendido: caso o corpo do Rei se dissolva, ele permanecerá em puro êxtase para sempre. Nuit! Hadit! Ra-Hoor-Khuit! O Sol, Força e Visão, Luz; estes são para os servos da Estrela e da Serpente.

22. Sou a Serpente que dá Conhecimento e Deleite e glória brilhante, e incita os corações dos homens com embriaguez. Para me adorar, tomai vinho e drogas estranhas a respeito das quais direi ao meu profeta, e embebedai-vos destas! Elas não te causarão dano algum. Isso é uma mentira, essa tolice contra ti mesmo. A exposição da inocência é uma mentira. Sê forte, ó homem! Deseja, aproveita de todas as coisas do sentimento e do entusiasmo: não temas que qualquer Deus te rejeite por isso.
23. Estou só: não existe Deus onde estou.
24. Observai! Estes são graves mistérios; pois entre meus amigos existem também os que são eremitas. Agora não penseis encontrá-los na floresta ou na montanha; senão em camas de púrpura, acariciados por bestas magníficas de mulheres com membros longos, e fogo e luz nos olhos delas, e grandes quantidades de cabelo reluzente sobre elas; lá os encontrareis. Vós os vereis em autoridade, em exércitos vitoriosos, em todo gozo; e haverá neles um gozo um milhão de vezes maior que esse. Cuidai para que um não force o outro, Rei contra Rei! Amai-vos uns aos outros com os corações ardentes; nos homens baixos pisai no desejo brutal de vosso orgulho, no dia de vossa ira.
25. Sois contra o povo, ó meus escolhidos!
26. Sou a Serpente secreta enroscada prestes a saltar: em meu serpear existe gozo. Se elevo minha cabeça, eu e minha Nuit somos um. Se abaixo minha cabeça e lanço veneno, então existe êxtase da terra, e eu e a terra somos um.
27. Em mim existe grande perigo; pois quem não entender essas runas incorrerá em uma grande falha. Cairá no túmulo chamado Porquê, e lá morrerá com os cães da Razão.
28. Agora uma maldição sobre Porquê e sua estirpe.
29. Que Porquê seja para sempre amaldiçoado!
30. Se a Vontade para e clama Por Quê, invocando Porquê, então a Vontade para e nada faz.
31. Se o Poder pergunta por quê, então o Poder é fraqueza.
32. A razão também é uma mentira, pois existe um infinito e desconhecido fator; e todas as palavras dela são distorções do saber.
33. Basta de Porquê! Que ele seja destruído por um cão!
34. Todavia, vós, ó meu povo, erguei e despertai!
35. Que os rituais sejam realizados corretamente com gozo e beleza!
36. Existem rituais para os elementos e festas das estações.
37. Uma festa para a primeira noite do Profeta e sua Noiva!

38. Uma festa para os três dias de escrita do Livro da Lei.
39. Uma festa para Tahuti e a criança do Profeta – secreta, ó Profeta!
40. Uma festa para o Ritual Supremo, e uma festa para o Equinócio dos Deuses.
41. Uma festa para o fogo e uma festa para a água; uma festa para a vida e uma festa maior para a morte!
42. Uma festa todos os dias em vossos corações no gozo de meu êxtase!
43. Uma festa toda a noite para Nu, e o prazer de deleite extremo!
44. Sim! Festa! Regozijo! Não existe medo daqui para a frente. Existe a dissolução, e êxtase eterno nos beijos de Nu.
45. Existe morte para os cães.
46. Tu falhas? Estás pesaroso? Existe medo em teu coração?
47. Onde Eu estou, estes não estão.
48. Não tenhais piedade dos caídos! Nunca os conheci. Não sou para eles. Eu não consolo: odeio o consolado e o consolador.
49. Sou único e conquistador. Não sou dos escravos que perecem. Que eles sejam danados e mortos! Amém. (Isso é dos 4: existe um quinto que é invisível, e nele sou um bebê em um ovo.)
50. Azul sou e ouro na luz de minha noiva, porém o cintilante vermelho está em meus olhos; e minhas lantejoulas são púrpura e verde.
51. Púrpura para além da púrpura: é a mais alta luz que a visão.
52. Existe um véu: aquele véu é preto. É o véu da mulher modesta; é o véu de desgosto, e o pálio da morte; nada disso é de mim. Destruí esse espectro mentiroso dos séculos: não veleis vossos vícios em palavras virtuosas: esses vícios são meu serviço; fazei o bem, e vos recompensarei aqui e daqui para a frente.
53. Não temas, ó profeta, quando essas palavras forem ditas, não te entristecerás. És enfaticamente o meu escolhido; e abençoados sejam os olhos sobre os quais olhares com felicidade. No entanto, irei te ocultar em uma máscara de tristeza; aqueles que te olharão temerão que sejas caído: mas eu te levanto.
54. Nem aproveitarão aqueles que na própria tolice em voz alta clamam que tu nada significas; tu revelarás isso: tu aproveitas: eles são os escravos do porquê: não são de mim. A pontuação, como quiseres; as letras? Não as troque em estilo ou valor!
55. Obterás a ordem e o valor do Alfabeto Inglês; acharás novos símbolos para lhes atribuir.
56. Ide embora! Escarnecedores; apesar de rirdes em minha honra, não rireis em demasia: então, quando estiverdes tristes, sabei que vos abandonei.

57. Aquele que é correto, correto continuará. Aquele que é rude, rude continuará.
58. Sim! Não considereis mudança: sereis como sois, e não outro. Portanto, os reis da terra serão Reis para sempre: os escravos servirão. Nenhum outro será derrubado ou erguido: tudo é como sempre foi. Apesar disso, existem servidores meus mascarados: pode ser que aquele mendigo que ali se encontra seja um Rei. Um Rei pode escolher seu vestuário como quiser: não existe teste certo: contudo, um mendigo não pode esconder sua miséria.
59. Cuida, portanto! Ama a todos, talvez por acaso exista um Rei escondido. Dizes assim? Tolo! Se ele for um Rei, não podes feri-lo.
60. Então, bate duro e baixo, e ao inferno como eles, mestre!
61. Existe uma luz diante de teus olhos, ó profeta, uma indesejada luz, a mais desejável.
62. Estou erguido em teu coração, e os beijos das estrelas chovem pesados sobre teu corpo.
63. Estás exausto na completa voluptuosidade da inspiração; a expiração é mais doce que a morte, mais rápida e satírica que o carinho do próprio verme do Inferno.
64. Oh! Estás superado: estamos sobre ti; nosso deleite está todo sobre ti; salve! Salve: profeta de Nu! Profeta de Hadit! Profeta de Ra-Hoor-Khu! Agora, regozija-te! Agora vem em nosso esplendor e êxtase! Vem em nossa paz apaixonada, e escreve palavras doces para os Reis!
65. Eu sou o Mestre: Tu és o Escolhido Sagrado.
66. Escreve e encontra o êxtase na escrita! Trabalha e sê nossa cama no trabalho! Treme com gozo de vida e morte! Ah, tua morte será agradável: qualquer um que a veja estará contente. Tua morte será o selo da promessa de nosso duradouro amor. Vem! Eleva teu coração e regozija-te! Nós somos um; nós somos nenhum.
67. Aguenta! Aguenta! Guarda teu êxtase; não cede ao desmaio dos beijos excelentes!
68. Mais duro! Retarda-te! Eleva tua cabeça! Não respira tão fundo – morre!
69. Ah! Ah! Que sinto? Está exausta a palavra?
70. Existe apoio e esperança em outros encantos. Sabedoria diz: sê forte! Assim poderás aguentar mais gozo. Não sejas animal; purifica teu êxtase! Se bebes, bebe pelas oito e noventa regras da arte; se amas, excede pela sensibilidade; e se fazes algo jubiloso, que nele exista fineza.
71. Mas excede! Excede!

72. Aspira sempre por mais! E se és meu verdadeiramente – e disso não duvides, se estás sempre jubiloso –, morte é a coroa de tudo.
73. Ah! Ah! Morte! Morte! Tu cobiçarás a morte. Morte é proibida, ó homem, a ti.
74. O tamanho de tua cobiça será a força de tua glória. Ele que muito vive e muito deseja a morte é sempre o Rei entre os Reis.
75. Sim! Escuta os números e as palavras:
76. 4 6 3 8 A B K 2 4 A L G M O R 3 Y X 24 89 R P S T O V A L. Que significa isso, ó profeta? Tu não o sabes; nem jamais saberás. Alguém virá para te seguir: ele esclarecerá isso. Entretanto, recorda-te, ó escolhido, de ser de mim; de perseguir o amor de Nu no céu iluminado de estrelas; de cuidar dos homens, de lhes dizer essa palavra alegre.
77. Ó, sê maravilhoso e poderoso entre os homens!
78. Eleva-te! porquanto não existe ninguém igual a ti entre os homens ou entre os Deuses! Eleva-te, ó meu profeta, tua dimensão sobrepujará as estrelas. Eles cultuarão teu nome, firme, místico, maravilhoso, o número do homem; e o nome da tua morada é 418.
79. O fim do esconder de Hadit; e bênção e adoração ao profeta da Estrela adorável.

---

1. Abrahadabra! O prêmio de Ra-Hoor-Khut.
2. Existe divisão daqui para a terra natal; existe uma palavra não conhecida. Soletrando está morto; tudo não é nada. Cuida-te! Aguenta! Eleva o encanto de Ra-Hoor-Kuit!
3. Agora que seja primeiro entendido que sou um deus de Guerra e de Vingança. Tratarei duramente com eles.
4. Escolhei uma ilha.
5. Fortalecei-a.
6. Adubai-a ao redor com maquinaria de guerra.
7. Eu te darei uma máquina de guerra.
8. Com ela castigarás os povos e nenhum permanecerá em pé diante de ti.
9. Ocultai! Retirai! Para cima deles! Essa é a Lei da Batalha de Conquista: desse modo será minha adoração ao redor de minha morada secreta.
10. Pega a própria estrela da revelação e a coloca em teu templo secreto – e esse templo já está corretamente disposto – e ele será tua Kiblah para

sempre. Ela não perderá o brilho, mas uma cor miraculosa retornará a ela dia após dia. Encerra-na em uma vidraça lacrada como uma prova ao mundo.

11. Essa será tua única prova. Proíbo argumento. Conquista! Isso é o bastante. Farei cômodo a ti a abstrusão desde a casa mal-ordenada na Cidade Vitoriosa. Tu mesmo a conduzirás com adoração, ó profeta, apesar de não gostares disso. Terás perigo e inquietação. Ra-Hoor-Khu contigo está. Cultua-me com fogo e sangue; cultua-me com espadas e com lanças. Que a mulher seja munida com uma espada diante de mim, que "o" sangue escorra pelo meu nome. Esmaga os Gentios, está sobre eles, ó guerreiro, eu te darei da carne deles para comer!
12. Sacrifica gado, pequeno e grande; em seguida uma criança.
13. No entanto, não agora.
14. Vós vereis essa hora, ó Besta abençoada, e tu, a Concubina Escarlate de desejo dele.
15. Estareis tristes por isso.
16. Não suponhais tão avidamente capturar as promessas; não receeis submeter-vos às maldições. Vós, até vós, não sabeis todo o significado disso.
17. Nada receeis de todo, não receeis nem homens nem Destinos, nem deuses nem coisa alguma. Dinheiro não receeis, nem escárnio da estupidez popular, nem qualquer outro poder no céu ou sobre a terra ou debaixo da terra. Nu é vosso refúgio como Hadit é vossa luz; e eu sou a solidez, força e vigor de vossos braços.
18. Que a misericórdia seja afastada: amaldiçoai os que se apiedam! Matai e torturai, não poupai; sede sobre eles!
19. Essa estela eles chamarão de Abominação de Desolação; contai bem seu nome; e será para vós como 718.
20. Por quê? Por causa da ruína de Porquê, que ele não esteja lá novamente.
21. Situa minha imagem ao Leste: comprarás uma imagem para ti que irei te mostrar, especial, não diferente à conhecida por ti. Repentinamente, será fácil para ti fazê-lo.
22. Agrupa as demais imagens à minha volta para me apoiar: que todas sejam adoradas, pois elas serão reunidas para me exaltar. Sou o objeto visível de adoração; os demais são secretos; para a Besta e sua Noiva eles são: e para os vencedores do Ordálio x. O que é isso? Tu saberás.
23. Para perfume, combina farinha e mel e borra de vinho tinto: e depois, óleo de Abramelin e óleo de oliva, e mais tarde amacia e suaviza com rico sangue fresco.

24. O sangue melhor é o da lua, mensal: depois o sangue fresco de uma criança ou o saído da hóstia do céu: depois o dos inimigos; depois o do sacerdote ou dos adoradores: finalmente o de alguma besta, não importa qual.
25. Queimai isso: fabricai bolos disso e comei para mim. Também existe outro uso para isso; que seja posto à minha frente, e conservado encorpado com perfumes de vossa oração: tornar-se-ão repletos de escaravelhos, como se fossem, e de criaturas rastejantes sagradas a mim.
26. A esses destruí, nomeando vossos inimigos; e eles perecerão diante de vós.
27. Esses também gerarão luxúria e poder de luxúria em vós quando disso comerdes.
28. Também sereis fortes na guerra.
29. Além disso, sejam eles mantidos demoradamente, é melhor; pois crescerão com minha força. Tudo diante de mim.
30. Meu altar é de um trabalho livre de cobre: fundi-o em prata ou ouro!
31. Virá um homem rico do Ocidente que verterá seu ouro sobre ti.
32. Do ouro forja aço!
33. Sê pronto para fugir ou castigar!
34. Contudo, vosso lugar santo estará intacto ao longo dos séculos: embora com fogo e espada ele seja incendiado e destruído, ainda assim uma casa invisível permanecerá ali, e permanecerá até o ocaso do Grande Equinócio; quando Hrumachis se elevar e aquele do bastão duplo assumir meu trono e lugar. Um outro profeta se elevará e trará febre fresca dos céus; outra mulher despertará a luxúria e a adoração da Serpente; uma outra alma de Deus e besta se unificará no sacerdote da esfera, outro sacrifício manchará a tumba; um outro rei reinará; e não mais graça será dada pelo Senhor místico da Cabeça de Falcão.
35. A metade da palavra de Heru-ra-ha, denominada Hoor-pa-kraat e Ra-Hoor-Khut.
36. Portanto, o profeta disse ao Deus:
37. Adoro-te na canção:

 E eu sou, de Tebas eu sou o Senhor
  De Mentu, o inspirado orador;
 O céu coberto a mim é mostrado,
  Ankh-af-na-khonsu, o autoimolado
 De termos reais, começo a saudar
  Ó Ra-Hoor-Khuit! Aqui deve estar.

Mas desvela o Um exterior!
 De Teu sopro, adoro o poder;
Ó Deus terrível e superior,
 A fazer de deuses e do morrer,
Diante de Ti, seres em tremor.
 Eu te adoro, com muito amor!

Sobre o trono de Ra aparece!
 E os caminhos do Khu vem abrir!
Os percursos do Ka incandesce!
 Vem pelas sendas do Khabs seguir!
Para me excitar ou aplacar!
 Aum! Pois que venha me completar!

38. Desse modo, que tua luz esteja em mim; e sua chama vermelha seja como uma espada em minha mão a impulsionar tua ordem. Existe uma porta secreta que eu farei para firmar tua senda em todos os quadrantes (essas são as adorações, como escreveste), como é dito:

Luz minha; raios a me acabar
 Eu ali fiz um secreto portão
Na Casa de Ra e Tum a fechar,
 De Kephra e de Ahathoor eles são.
Pois teu Tebano sou eu, ó Mentu,
 E o profeta Ankh-af-na-khonsu!

Por Bes-na-Maut em meu peito eu bato;
 Sábio Ta-Nech, meu encanto trato.
Ó Nuit, em glória estrelada,
 Dá-me de viver em tua Morada,
Serpente alada de luz, ó Hadit!
 Permanece comigo, Ra-Hoor-Khuit!

39. Isso tudo e um livro para dizer como chegaste até aqui e uma reprodução dessa tinta e documento para sempre – pois nele está a palavra secreta e não apenas no Inglês – e teu comentário sobre este Livro da Lei será impresso com beleza em tinta vermelha e preta sobre um belo papel feito à mão; e a cada homem e mulher que encontres, seja com eles para jantar ou beber, essa é a Lei a entregar. Assim, eles terão a oportunidade de ficar nessa bem-aventurança ou não; isso não é provável. Faze isso depressa!

40. Entretanto, e o trabalho do comentário? Isso é fácil; e Hadit ardente em teu coração fará lépida segura a tua escrita.

41. Estabelece em tua Kaaba um escritório: tudo deve ser bem-feito e com estilo de negócios.

42. Os ordálios, tu mesmo inspecionarás, exceto apenas os ocultos. Recuses ninguém, mas conhecerás e destruirás os traidores. Eu sou Ra-Hoor-Khuit; e sou poderoso para proteger meu servidor. Sucesso é a tua prova: não argumentes, não convertas; não fales demais! Aos que buscarem te enredar, te arruinar, ataca-os sem dó ou clemência; e destrói-os por completo. Lépido como uma serpente pisada, gira e ataca! Sê ainda mais letal que ele! Arrasta as almas deles a um horrível sofrimento: zomba do medo deles: escarra neles!

43. Que a Mulher Escarlate se acautele! Se dó, compaixão e a ternura visitarem o coração dela; se abandonar meu trabalho para brincar com doçuras do passado; então minha vingança será conhecida. Matarei em mim a sua criança: alienarei seu coração: eu a expulsarei dos homens: como uma prostituta diminuída e desprezada, rastejará pelas vielas escuras e sujas, e morrerá fria e faminta.

44. Mas, que ela se eleve em orgulho! Que me acompanhe em minha vereda! Que trabalhe o labor de perversidade! Que mate seu coração! Que seja vulgar e adúltera! Que seja coberta de joias e vestimentas ricas, e que ela seja impudente na frente de todos os homens!

45. Então, eu a alçarei aos pináculos de poder: então, engendrarei nela uma criança mais poderosa que todos os reis da terra. Eu a saciarei com gozo: com minha força ela verá e surpreenderá na adoração de Nu: alcançará Hadit.

46. Eu sou o Senhor guerreiro dos Quarenta: os Oitenta se acovardam na minha frente, e são rebaixados. Levarei-vos vitória e gozo. Estarei em vossos braços na batalha e vos deleitareis em matar. Sucesso é a vossa prova; coragem é a vossa armadura; avançai, avançai em minha força; e não voltareis por nada!

47. Este livro será traduzido para todas as línguas; mas sempre com o original na escrita da Besta; pois no aspecto inesperado das letras e em suas posições uma a outra: nisso há mistérios que Besta nenhuma adivinhará. Que ele não busque tentar; pois um virá depois dele, de onde eu não digo, que descobrirá a Chave disso tudo. Portanto, essa linha traçada é uma chave: esse círculo adaptado em sua falha também é uma chave. E Abrahadabra. Será a criança dele e isso de modo esquisito. Que depois ele não busque isso; porquanto por isso poderá cair sozinho.

48. Agora que esse mistério das letras se acabou, quero ir a um lugar mais santo.

49. Eu estou em uma quádrupla palavra secreta, a blasfêmia contra todos os deuses dos homens.

50. Malditos sejam! Malditos sejam! Malditos sejam!

51. Com minha cabeça de Falcão, bico os olhos de Jesus enquanto ele estiver pendurado na cruz.
52. Bato minhas asas no rosto de Mohammed e o cego.
53. Com minhas garras, arranco a carne do Indiano e do Budista, Mongol e Din.
54. Bahlasti! Ompehda! Eu escarro em vossos credos crapulosos.
55. Que Maria inviolada seja despedaçada sobre rodas: pelas graças dela que todas as mulheres pudicas sejam desprezadas absolutamente entre vós!
56. Também pelas graças da beleza e amor.
57. Também desprezai todos os covardes; soldados profissionais que não ousam lutar, mas gracejam; desprezai todos os tolos!
58. Todavia, o perspicaz e o maravilhoso, o real e o orgulhoso: vós sois irmãos.
59. Lutai como irmãos!
60. Não existe lei além de Faze o que queres.
61. Existe um fim da palavra do Deus entronizado no lugar de Ra, aliviando as vigas mestras da alma.
62. Reverenciai-me! Vinde a mim pelo tormento do ordálio, que é bem-aventurança.
63. O tolo lê este Livro da Lei, e seu comentário; e não o entende.
64. Que ele venha pelo primeiro ordálio, e será para ele como prata.
65. Pelo segundo, ouro.
66. Pelo terceiro, pedras de água preciosa.
67. Pelo quarto, centelhas finais de fogo íntimo.
68. Apesar de tudo, a todos isso parecerá belo. Seus inimigos que, assim não o dizem, são simples mentirosos.
69. Existe sucesso.
70. Sou o Senhor da Cabeça de Falcão de Silêncio e de Força; minha nêmesis abriga o céu azul-noturno.
71. Salve! Guerreiros gêmeos, sobre os pilares do mundo! Pois vossa época está à mão.
72. Eu sou o Senhor do Duplo Bastão de Poder; o Bastão da Força de Coph Nia – embora minha mão esquerda esteja vazia, pois esmaguei um Universo; e nada restou.
73. Colai as folhas da direita para a esquerda e do topo para o fundo: então vede!

74. Existe um esplendor em meu oculto e glorioso nome, assim como o sol da meia-noite é sempre o filho.
75. O fim das palavras é a Palavra Abrahadabra.

>O Livro da Lei está Escrito
>E Escondido
>Aum. Ha.

. O Comentário

Faze o que tu queres, há de ser o todo da Lei.

O estudo deste Livro é proibido. Sábio é destruir esta cópia após a primeira leitura.

Quem quer que desconsidere isso o fará por seu próprio risco e perigo. Estes são dos mais horrendos.

Aqueles que discutem os conteúdos deste Livro devem ser evitados por todos como centros de pestilência.

Todas as questões sobre a Lei devem ser decididas apenas se recorrendo a meus escritos, cada uma por si.

Não existe lei além de Faze o que queres.

Amor é a lei, amor sobre vontade.

– O Sacerdote dos Príncipes
Ankh af-an-Khonsu

UMA PARÁFRASE DAS INSCRIÇÕES SOBRE O VERSO DA ESTELA DA REVELAÇÃO

Acima, em azul ornada
    Nuit, é nua em esplendor
Com êxtase beija curvada
    De Hadit, o secreto ardor
Globo alado e céu azul
    São meus, ó Ankh-af-an-Khonsu!

E eu sou, de Tebas eu sou o Senhor
    De Mentu, o inspirado orador;
O céu coberto a mim é mostrado,
    Ankh-af-an-Khonsu, o autoimolado
De termos reais, começo a saudar
    Ó Ra-Hoor-Khuit! Aqui deve estar.

Mas desvela o Um exterior!
    De Teu sopro, adoro o poder;
Ó Deus terrível e superior,
    A fazer de deuses e do morrer,
Diante de Ti, seres em tremor.
    Eu te adoro, com muito amor!

Sobre o trono de Ra aparece!
    E os caminhos do Khu vem abrir!
Os percursos do Ka incandesce!
    Vem pelas sendas do Khabs seguir!
Para me excitar ou aplacar!
    Aum! Pois que venha me completar!

Luz minha; raios a me acabar
    Eu ali fiz um secreto portão
Na Casa de Ra e Tum a fechar,
    De Khephra e de Ahathoor eles são.
Pois teu Tebano sou eu, ó Mentu,
    E o profeta Ankh-af-an-Khonsu!

Por Bes-na-Maut em meu peito eu bato;
    Sábio Ta-Nech meu encanto trato.
Ó Nuith, em glória estrelada,
    Dá-me de viver em tua Morada,
Serpente alada de luz, ó Hadit!
    Permanece comigo, Ra-Hoor-Khuit!

O Livro da Lei

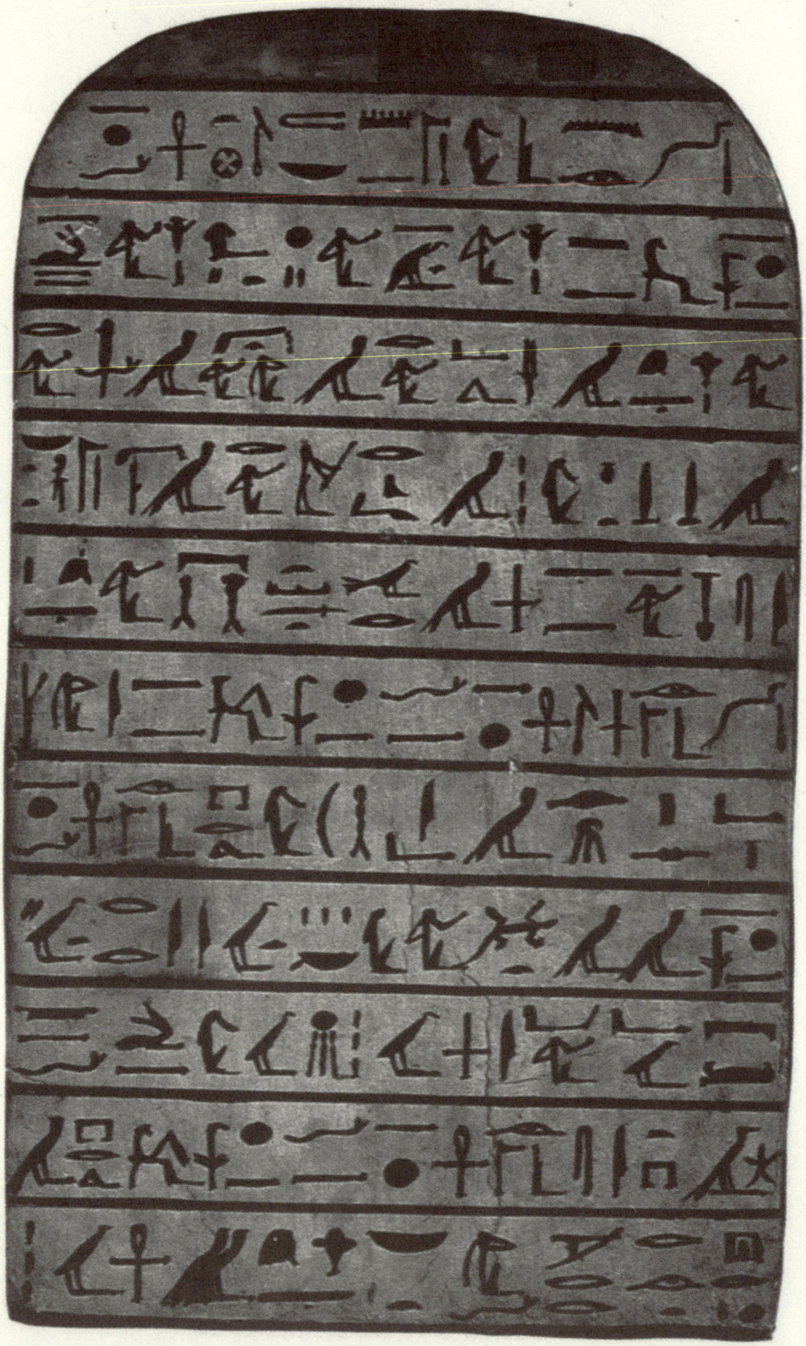

UMA PARÁFRASE DOS HIERÓGLIFOS DAS 11 LINHAS SOBRE O REVERSO DA ESTELA

Quem diz o fato é Mentu irmão
    Que sempre foi de Tebas o mestre:
Ó minha mãe, e o meu coração!
    Ó coração, sei que és terrestre!
Não fiques contra mim em juízo
    Não te ocupes de minha mente!
Não me digas que não tenho siso
    Frente ao Sol, Senhor do Poente!
Pois tanto um ou outro espanto
    O cinto com um místico encanto.
A terra é o lindo Oeste,
    Flori a terra teu seio veste!

Ankh-af-an-Khonsu, o homem morto
    Com voz de verdade, diz absorto:
Ó tu que tens um único braço!
    Que brilhas na lua um pedaço!
Eu te lancei um longo encanto;
    E te seduzo com crespo canto.

Ankh-af-an-Khonsu, o homem morto
    Das trevas do povo em conforto
Juntou-se aos da luz e vivendo
    Nas estrelas abriram o porto
A Ankh-af-an-Khonsu, homem morto
    As chaves delas recebendo
Da passagem noturna era vez
    Seu prazer sobre a terra sendo
Entre os viventes ele se fez.

Capítulo Quatro

Os Rituais do Pentagrama

> *... Equilíbrio é a base da Obra. Se tu mesmo não tiveres uma fundação estável, sobre o que ficarás para dirigir as forças da Natureza?*
> *... Estabeleça a ti mesmo em um equilíbrio de forças, no centro da Cruz dos Elementos, aquela Cruz de cujo centro o Verbo Criador foi emitido no amanhecer do Universo.*
> *Sê, portanto, rápido e ativo como os Silfos, contudo evita frivolidade e extravagância; sê enérgico e forte como as Salamandras, mas evita irritabilidade e ferocidade; sê flexível e atencioso com as imagens como as Ondinas, todavia evita indolência e volubilidade; sê aplicado e paciente como os Gnomos, porém evita grosseria e avareza.*
> *Desse modo, gradualmente desenvolverás os poderes de tua alma, e te habilitarás a controlar os Espíritos dos elementos. Porquanto se intimidares os Gnomos no sentido de saciar tua avareza, não mais os estará controlando, mas serás controlado por eles. Abusarias da pureza dos seres das florestas e montanhas para abarrotar teus cofres e satisfazer tua fome de Ouro? Rebaixarias os Espíritos do Fogo Vivente para servir a tua ira e ódio?*
> *Violarias a pureza das Almas das Águas para saciar tua luxúria de devassidão? Forçarias os Espíritos da Brisa Matutina a servir tua tolice e extravagância? Sabe que com tais desejos nada poderás, senão atrair o Fraco, não o Forte, e que nesse caso o Fraco terá poder sobre ti.*
>
> — *Liber Librae*

A primeira tarefa do magista é controlar seu ambiente imediato. "Se tu mesmo não tiveres uma fundação estável, sobre o que ficarás para dirigir as forças da Natureza?"[33] No plano mundano, isso significa a habilidade de

---
33. Aleister Crowley, *The Equinox*, Vol. I, nº I (London: 1909; reimpresso: York Beach, ME: Samuel Weiser, 1992), p. 17.

se prover materialmente (e a sua família, caso seja seu dever) de tal modo que também permita a você aspirar às disciplinas espirituais. Isso não quer dizer uma tarefa, mas tiro meu capuz mágico para qualquer um que alcance tal estilo de vida.

Nosso ambiente imediato é o Universo fenomenal, o microcosmo, o "pequeno Universo", do qual o mundo mental forma a fundação. A chave da maestria desse mundo é o Pentagrama.

Obviamente, os elementos "mágicos" não são aqueles que aparecem na tabela periódica de elementos da Química moderna (embora eles possam ser chamados de blocos do edifício da matéria). Também não são fogo, água, ar e terra, como comumente entendidos (embora a natureza fundamental deles seja perfeitamente manifestada em suas contrapartes literais).

Talvez, o modo mais simples de compreendermos os elementos seja pensá-los como a soma de todas as energias, poderes e propriedades do Universo categorizado por características internas a quatro classes gerais: Fogo, Água, Ar e Terra.

Por exemplo, se um físico moderno usar a linguagem pitoresca dos antigos para descrever as quatro forças fundamentais da Natureza, poderá dizer que a força forte é o Fogo, a força eletromagnética é a Água, a força fraca é o Ar e a força gravitacional é a Terra. Ou o químico poderá classificar o nitrogênio, hidrogênio, oxigênio e carbono na mesma ordem por causa das características que esses elementos exibem.

O cabalista (e, consequentemente, o magista) vê os elementos como um reflexo dos quatro mundos cabalísticos[34] e das quatro letras do Tetragramatom IHVH (יהוה) – Yod, o Pai-Fogo; Heh, a Mãe-Água; Vau, o Filho-Ar; e Heh (final), a Filha-Terra. Estes, por sua vez, são representados no Tarô como os quatro naipes: Bastões-Fogo, Copas-Água, Espadas-Ar e Discos-Terra.

A essa altura, o leitor pode se perguntar por que o Pentagrama, uma figura com *cinco* pontas, poderia ser a chave à maestria dos *quatro* elementos. A resposta reside na operação dual realizada por um quinto elemento "quintessencial". Simultaneamente, esse elemento é responsável por 1) manter os outros unidos para formar a variedade infinita do Universo e 2) mantê-los suficientemente separados para que as características individuais essenciais deles sejam preservadas (ver figura 1). Esse quinto elemento é conhecido no Hermetismo ocidental como Espírito, e os cabalistas o representam pela letra Shin (ש). Quando inserida no nome inefável IHVH (Jehovah), ele se torna IHShVH (Jeheshua). Veremos depois como essa natureza dual do Espírito se manifesta na forma de dois tipos de Pentagrama, ativo e passivo.

---

34. Atziluth, o mundo arquetípico da divindade pura; Briah, o mundo arcangélico-criativo; Yetzirah, o mundo arcangélico-formativo; e Assiah, o mundo elemental da substância.

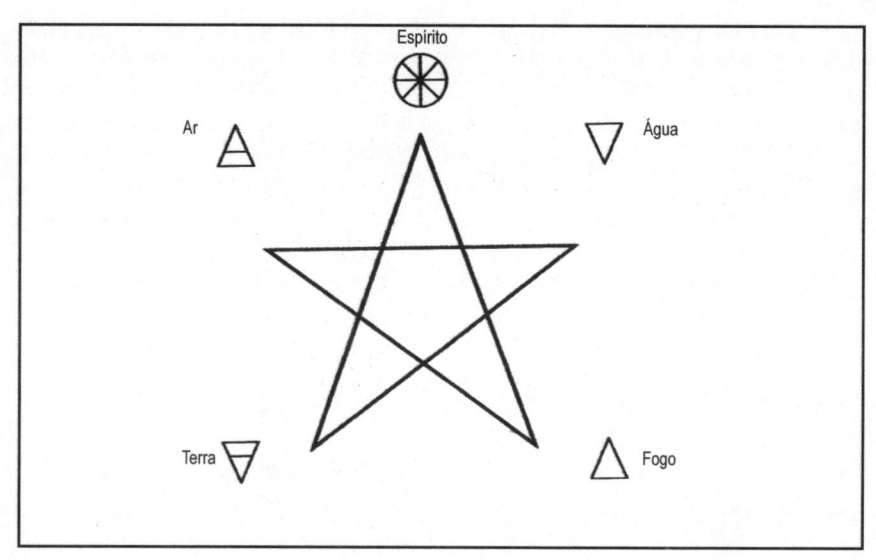

Figura 1. O Pentagrama.

A combinação e recombinação perpétua desses elementos é o próprio processo de "criação". Desde o início de sua carreira mágica, ele ou ela deve conscientemente tomar parte desse ato de trapaça divina[35] e se esforçar no sentido de corrigir qualquer desequilíbrio elemental em sua vida. Isso não é fácil, mas sem esse equilíbrio fundamental jamais poderemos ter esperança de sermos bem-sucedidos na conquista daquilo que está além do mundo dos elementos.

Para reconciliar a fórmula mágica do Pentagrama clássico com a do éon de Hórus, Crowley elaborou dois rituais: *Liber XXV*,[36] *O Rubi Estrela*, e *Liber V vel Reguli*. Ambas as cerimônias são curtas e de traçado simples, e podem ser memorizadas e realizadas quase imediatamente. Contudo, o estudante iniciante é encorajado a estar intimamente familiarizado com os rituais *tradicionais* do Pentagrama antes de adotar exclusivamente essas duas novas cerimônias para si. As razões deveriam ser óbvias:

1) Como qualquer ritual thelêmico que discutiremos, os componentes do *Rubi Estrela* e do *Reguli* (nomes de deuses, gestos, palavras, sinais, etc.) devem adequar-se à fórmula do novo éon. Caso o magista não tenha uma compreensão básica da velha fórmula, haverá pouca chance de ele compreender as sutilezas da nova.

---

35. Em muitos jogos de Tarô, a carta O Mago é chamada de O Trapaceiro.
36. 25 é o quadrado de 5.

2) Para invocar ou banir os vários elementos com sucesso, o magista necessita saber como "traçar" corretamente 12 Pentagramas: um para banir e invocar cada um dos quatro elementos, e um para banir e invocar cada uma das duas variedades (ativa e passiva) de Espírito (ver figura 2, abaixo). Para estar preparado para exercer os poderes do Pentagrama nos rituais do *Rubi Estrela* e *Reguli,* é absolutamente necessário que o magista tenha uma total e não ambígua maestria e entendimento desses 12 diagramas.

Como você poderá ver, uma regra simples de se seguir é invocar *em direção ao* e banir *sempre a partir do* elemento em questão.

Para trabalhos práticos, esses Pentagramas não devem ser apenas memorizados, mas registrados de modo muito firme na mente inconsciente. Não é exagero alertar que você deve ser capaz de traçar os Pentagramas apropriados durante o sono – pois, uma vez que tenha embarcado seriamente nas práticas mágicas, pode ser que você seja requisitado para fazê-lo.

Aqueles familiarizados com o Tarô recordarão que, nas cartas tradicionais, as quatro Bestas Querubínicas de Ezequiel estão localizadas exatamente nas mesmas posições nos cantos das cartas da Roda da Fortuna e do Mundo. O Leão (Leão-Fogo) no canto inferior direito, a Águia (Escorpião-Água) no canto superior direito, o Homem (Aquário-Ar) no canto superior esquerdo e o Touro (Touro-Terra) no canto inferior esquerdo. Quando iniciamos o estudo do Pentagrama, um bom auxílio é fazer no olho da mente uma visualização criativa da carta da Roda da Fortuna e simplesmente "traçar" nela a estrela apropriada, sendo isso preferível a tentar memorizar todas as variedades de Pentagramas.

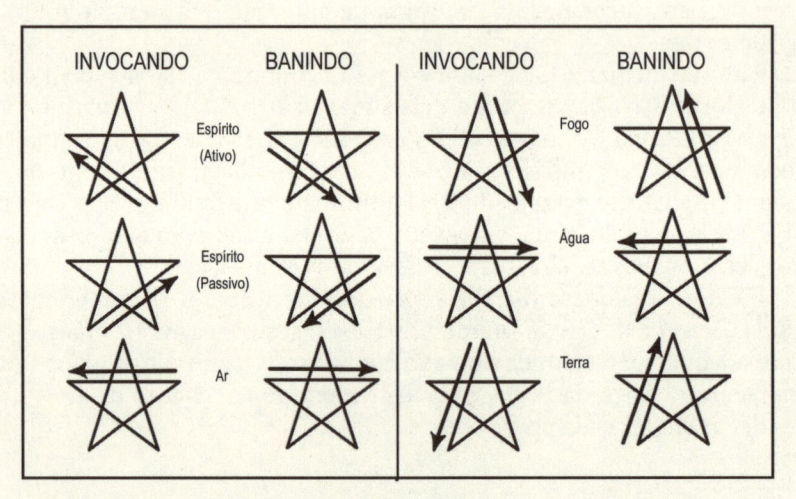

Figura 2. Invocando e banindo pentagramas.

No *Rubi Estrela*, Crowley supôs que o magista tivesse dominado tão perfeitamente todos os Pentagramas que simplesmente poderia criar um Pentagrama "... corretamente em tua fronte" e atirá-lo em direção ao quadrante apropriado. É razoável concluir que, se você não tiver dominado verdadeiramente o Pentagrama, a estrela atirada de sua fronte será anêmica ou ineficaz. Para se preparar para ter esse tipo de comando sobre os elementos, é necessário memorizar por completo os dois rituais fundamentais dos quais derivam o *Rubi Estrela* e o *Reguli*: o Ritual Menor do Pentagrama e o Ritual Maior do Pentagrama. O ensino mágico fornecido por essas duas cerimônias é a chave para o poder dos Rituais Thelêmicos que os seguem.

. O Ritual Menor do Pentagrama

Crowley possuía um grande respeito por um simples Pentagrama. Em uma nota de rodapé de *Palace of the World*[37] [Palácio do Mundo], ele escreveu o seguinte:

> Aqueles que considerem esse ritual um mero instrumento para invocar ou banir espíritos não são adequados para possuí-lo. Compreendido de modo apropriado, ele é o Remédio dos Metais e a Pedra do Sábio.

O Ritual Menor do Pentagrama deveria fazer parte de qualquer trabalho mágico ou exercício de adivinhação. Ele é o equivalente mágico de limpar, de aspirar o pó e de espanar o templo antes da operação. Apenas um tipo de Pentagrama é usado (Banimento da Terra), e a cerimônia é muito breve. Ela provê, talvez em um primeiro momento, a oportunidade para o magista criar um ambiente mágico.

Esse simples ritual também é útil de muitas outras maneiras. Ele dá base ao magista e estabelece um círculo de proteção para a operação. Quando regularmente executado, desenvolverá no magista seus poderes de visualização e concentração, por meio do ato de traçar os Pentagramas e pela invocação dos guardiões arcangélicos.

Nota: a direção para a qual o magista se move em um ritual é bastante importante. A regra básica é: mova-se com o Sol (sentido horário) para invocar, e contra o Sol (anti-horário) para banir. A direção dos ponteiros é referenciada como *deosil*, enquanto a oposta é chamada de *widdershins*. Embora a fórmula não tenha sido abolida, existem muitos rituais que, em um primeiro relance, parecem ignorar as regras. Mesmo o simples Ritual Menor de Banimento do Pentagrama instrui o magista a se mover ao longo do círculo na direção horária (*deosil*). Uma pequena meditação a respeito dessa aparente contradição revelará ao estudante que os quatro elementos são propriamente banidos pelo traçado dos Pentagramas de Banimento da

---

37. Veja *The Works of Aleister Crowley. The Temple of the Holy Ghost*, Vol. I (Homewood, IL.: Yoga Publishing, 1978), p. 204.

Terra, mas o círculo permanece selado e guardado pelos quatro arcanjos invocados para dentro de seus postos pelo movimento *deosil* do magista.

Em rituais mais complexos, a lógica atrás da direção ditada do movimento será de explicação mais difícil, mas é muito importante que cada magista descubra, para seu próprio contentamento, o "método" por trás da "loucura".

1. Tocando a fronte, diga **Ateh** (A Ti).

O RITUAL MENOR DO PENTAGRAMA[38]

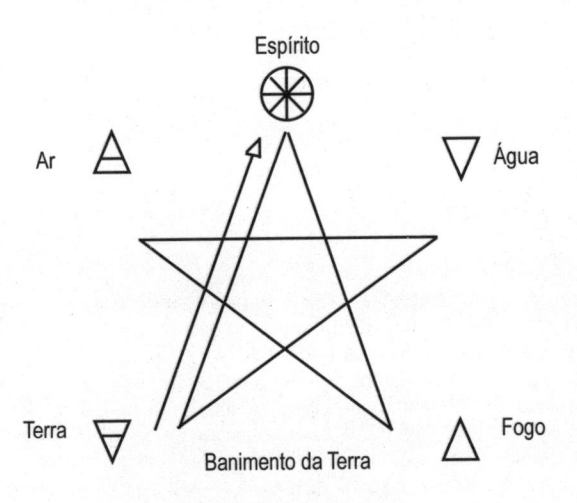

Espírito

Ar

Água

Terra

Banimento da Terra

Fogo

Pentagrama do Banimento da Terra

---

38. *Liber O*, de Crowley, Parte IV, em *Magick in Theory and Practice* (New York: Magickal Childe, 1990), p. 379.

2. Tocando o peito, diga **Malkuth** (O Reino).

3. Tocando o ombro direito, diga **ve-Geburah** (e o Poder).

4. Tocando o ombro esquerdo, diga **ve-Gedulah** (e a Glória).

5. Apertando as mãos sobre o peito, diga **le-OLAHM, AMEN** (Às Eras, Amém).[39]

6. Volte-se para o leste e, com a arma apropriada (normalmente o Bastão), faça um pentagrama (da Terra). Diga (por exemplo: vibrando) **IHVH** (Ye-ho-vau).

7. Volte-se para o sul, faça o mesmo, mas dizendo **ADNI** (Adonai).

8. Volte-se para o oeste, o mesmo, mas diga **AHIH** (Eheieh).

9. Volte-se para o norte, repita a ação, porém diga **AGLA** (Agla).

10. Estendendo os braços na forma de uma cruz, diga (veja o Sinal de Osíris Morto na figura 3a da página seguinte):

11. **Diante de mim, Raphael;**

12. **Atrás de mim, Gabriel;**

13. **À minha direita, Michael;**

14. **À minha esquerda, Auriel;**[40]

15. **Pois ao meu redor brilham os Pentagramas,**

16. **E na Coluna se encontra a Estrela de Seis Raios.**[41]

17. Repita a Cruz Cabalística (1 a 5).

---

39. 1-5 refere-se à cruz cabalística. Na verdade, o magista indica os três pilares da Árvore da Vida sobre seu corpo. Isso afirma a identidade do magista como uma representação microcósmica de Deus e anuncia o fato ao Mundo – *Ed.*

40. 6-14: os nomes divinos são tomados de fontes cabalísticas tradicionais; IHVH, o Tetragramaton; ADNI, traduzido frequentemente como "Senhor", usado como sinônimo para o Santo Anjo Guardião; AHIH, "Eu Sou". AGLA é um notaricon de "Ateh Gibor Le-Olahm Adonai" (És para sempre poderoso, meu Senhor). Esses nomes governam seus respectivos arcanjos: Raphael (Deus curou); Gabriel (Deus é minha força); Michael (Aquele que é como Deus) e Auriel (luz de Deus). Esses arcanjos, por sua vez, regem uma hoste de anjos e entidades espirituais menores dos Elementos – *Ed.*

41. O Hexagrama. "Brilha tanto acima quanto abaixo do mago, que está, portanto, em um cubo de quatro pentagramas e dois hexagramas, em um total de 32 pontas." – Crowley, *The Palace of the World*. Pela criação dos quatro pentagramas nos quadrantes e posicionando os quatro arcanjos como guardiões, o magista sela o círculo e cria um novo ambiente mágico. O microcosmo (o "pequeno" mundo dos Cinco) agora é mantido fora e além dele. Um vácuo é formado com o círculo (o qual se torna uma coluna infinitamente estendida para cima e para baixo). Como a Magia e a Natureza abominam vácuos, esse ambiente é imediatamente invadido pelo fluxo do macrocosmo (o "grande" mundo dos Seis, representado pelo Hexagrama). É dessa posição superior que o magista dirige seu trabalho – *Ed.*

Os Rituais do Pentagrama   75

Luto de Ísis (L)    *Osíris Elevado (X)*

Apophis-Typhon (V)    *Osíris Morto*

Figura 3a. Sinais de L.V.X.

Puer (N)

Puella

Mulier (X)

Vir (O)

Figura 3b. Sinais de N.O.X.

Os Rituais do Pentagrama 77

4º =7º *(Fogo)* Thoum-aesh-neith

3º =8º *(Água)* Auromoth

2º =9º *(Ar)* Shu

1º =10º *(Terra)* Set

Figura 3c. Sinais dos Graus.

Abrindo o Véu *(Espírito-ativo)*

Cerrando o Véu *(Espírito-passivo)*

Sinal de Hórus *(O Entrante)*

Mater Triumphans *(Set Triunfante)*

Figura 3d. Sinais dos Graus (continuação).

Vibração dos Nomes Divinos

Uma vez tendo memorizado o Ritual Menor de Banimento do Pentagrama, o magista então deve aprender a "vibrar" os Nomes Divinos nos quadrantes, pois isso é preferível a que simplesmente dizê-los. Crowley forneceu instruções detalhadas na Parte III de *Liber O*, do qual citamos:

a) Fica de pé com os braços estendidos.[42]

b) Respira profundamente pelas narinas, imaginando o nome do Deus desejado entrando com a respiração.

c) Deixa o nome descer devagar dos pulmões ao coração, ao plexo solar, ao umbigo, aos órgãos criadores, e assim até os pés.

d) No momento em que parecer tocar os pés, avança rapidamente o pé esquerdo cerca de 12 polegadas (30,5 centímetros), joga o corpo à frente e atira as mãos (que estavam um pouco atrás, ao lado dos olhos), então estarás na típica posição do Deus Hórus[43] e, ao mesmo tempo, imagina o Nome como que escorrendo rápido através do corpo, enquanto tua respiração sai pelas narinas com o ar que estava retido nos pulmões. Tudo isso deve ser feito com toda força possível a ti.

e) Então retorna o pé esquerdo e coloca o dedo indicador direito[44] sobre os lábios, de modo que fiques na posição característica do Deus Harpócrates.

f) Quando uma simples "Vibração" exaurir inteiramente a força de seu corpo físico, isso será um sinal de que o estudante realizou o ato corretamente. Isso deveria causar calor excessivo nele ou violenta transpiração, e deveria enfraquecê-lo de tal modo que encontraria dificuldade de permanecer em pé.

Apesar de ser percebido apenas pelo próprio estudante, é um sinal de sucesso quando ele escuta o nome de Deus urrado veementemente como se fosse uma afluência de 10 mil trovões; e isso deveria lhe parecer como se aquela Grande Voz procedesse do Universo, e não de si mesmo.

Suponha que esteja em pé na interseção dos caminhos de Samekh e Peh. Você está de frente para Tiphareth (o Sol), portanto em seu lado direito se encontra Netzach (Vênus), em seu lado esquerdo está Hod (Mercúrio) e atrás de você está Yesod (a Lua).

---

42. Essa injunção não se aplica a deuses como Phthah ou Harpócrates, cujas naturezas não estão de acordo com esse gesto.
43. Esse gesto é o "Sinal de Hórus" ou o "Sinal do Entrante". – *Ed*.
44. Ou o polegar, os dedos permanecendo fechados. O polegar simboliza o espírito, o dedo indicador, o elemento água. (NE: o "Sinal de Harpócrates" também é chamado de "Sinal de Silêncio".)

. **Notas sobre o Ritual do Pentagrama**

por Aleister Crowley

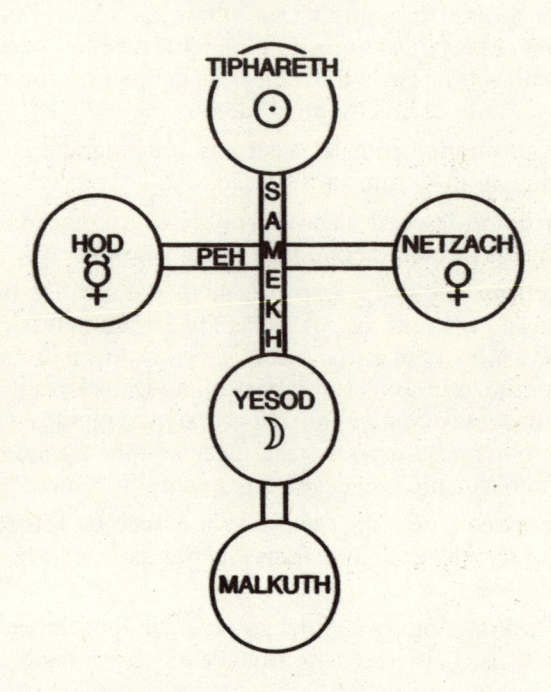

```
            TIPHARETH
               ⊙
               │
               S
               A
     HOD       M       NETZACH
      ☿─── PEH E ───      ♀
               K
               H
               │
             YESOD
               ☾
               │
            MALKUTH
```

Dê um passo à frente com o pé esquerdo, em direção a Tiphareth, mantenha o calcanhar direito fora do chão e vibre o Nome Divino assim como dado no ritual. Então, gire a ponta do Bastão em direção a Netzach, dê outro passo (sempre voltando após cada passo dado, de modo que você sempre permaneça no centro) e vibre o Nome Divino da mesma forma como feito anteriormente.

Continue o processo de frente para Yesod, vibrando; então Hod, vibrando; gire a ponta do Bastão para Tiphareth de modo a completar o círculo.

Enquanto você vibra o Nome Divino, como dado no ritual, os anjos aparecem (note bem, eles *deveriam* aparecer e, se o ritual for devidamente executado, eles de fato *aparecem*).

Então, você está de pé em uma Coluna protegida por sua invocação microcósmica. O resultado consequente, sendo uma reação macrocósmica, é que, sem esforço de sua parte, o hexagrama, ou estrela de seis raios, aparece tanto sobre quanto abaixo de você. (Note o equilíbrio 5 = 6.)

Desse modo, você está completamente fechado para o exterior e para as partes Qlifóticas do Universo.

Tenha bem definida em sua mente a concretização dessa Coluna, com seus Pentagramas circundantes e seus hexagramas acima e abaixo de você. A prática contínua é essencial, caso queira executar esse ritual do modo que deveria.

Para visualizar clara e limpidamente as forças invocadas, com exceção do Ente Divino, que não aparece no curso ordinário dos eventos por tão modesta causa, é particularmente importante não pular qualquer parte do ritual.

Por si mesmo, você pode imaginar as forma dos anjos, ou melhor, dos arcanjos. Por exemplo, Raphael começando com "R" terá uma cabeça de glória solar, e a letra "Peh" o seguindo mostra que o resto dele é marcial: o "Al" que conclui o nome (como no caso da maioria dos seres angélicos) indica que eles empunham a espada e a balança.

Depois do Ritual Menor do Pentagrama e das vibrações dos Nomes de Deus terem sido aperfeiçoadas, o estudante deveria, então, dominar todas as variações[45] do Ritual Maior do Pentagrama. Diferentemente do Ritual Menor do Pentagrama, que serve simplesmente para limpeza e centralização, essa cerimônia penetra em uma camada mais profunda do mundo elemental e é a chave para a abertura e o encerramento daquilo conhecido como Torres de Vigília do Universo. A fórmula básica incorporada no Ritual Maior também fornece o conhecimento fundamental necessário à prática de outros ramos da arte, incluindo Magia Enoquiana e Goetia.

A versão que aparece mais à frente é a de formato mais simples, preparada a partir da informação delineada pelo *Liber O*, de Crowley. Versões mais elaboradas que utilizam materiais, tais como palavras em enoquiano e símbolos querubínicos do zodíaco, podem ser encontradas em numerosos outros textos, porém sinto que o estudante estaria melhor servido se primeiro dominasse o essencial.

A primeira coisa que alguém percebe sobre o Ritual Maior do Pentagrama é sua semelhança com o Ritual Menor. Ele trabalha com a mesma Cruz Cabalística e termina com a idêntica invocação dos Arcanjos. Todavia, aqui as similitudes acabam.

Cada quadrante é governado por um elemento diferente (Leste-Ar, Sul-Fogo, Oeste-Água e Norte-Terra[46]), cada um ativado por dois Pentagramas.

---

45. Com o Ritual Maior do Pentagrama, é possível invocar ou banir qualquer um dos cinco elementos pelo uso do pentagrama apropriado.
46. Essas são as tradicionais atribuições microcósmicas determinadas pelos ventos terrestres.

O primeiro é o Pentagrama do Espírito [um Pentagrama ativo nos quadrantes dos elementos ativos do Ar (leste) e Fogo (sul); e um Pentagrama passivo nos quadrantes dos elementos passivos da Água (oeste) e Terra (norte)]. Criando esse Pentagrama corretamente, o magista destranca a porta para o Universo elemental e anuncia aos habitantes espirituais de cada quadrante sua autoridade para comandá-los.

O segundo é o Pentagrama do quadrante (Ar no quadrante leste, Fogo no sul, Água no oeste e Terra no norte). Criando esse Pentagrama corretamente, o magista exercita sua autoridade tanto para invocar quanto para banir os espíritos elementais dos quadrantes.

Depois de cada um desses Pentagramas ser "traçado", então, simbolicamente, o magista proclama seu domínio dos quadrantes fazendo o devido sinal ou o apropriado gesto para o elemento em questão. Esses gestos (descritos no texto do ritual) são os característicos sinais dos graus da original estrutura de graus da *Golden Dawn** [Aurora Dourada] (ver figura 3c, p. 75).

>(O Grau do Portal, particularmente, é atribuído ao elemento do Espírito; refere-se ao Sol; os caminhos de Samech, Resh e Tzaddi são atribuídos a esse grau. Ver "777" linhas 6 e 31 *bis*).

>(O Grau de 4°=7° é particularmente atribuído ao elemento Fogo; refere-se ao Planeta Vênus; os caminhos de Qoph, Ayin e Peh são atribuídos a esse grau. Para outras atribuições, ver "777" linhas 7 e 31).

>(O Grau de 3°=8° é particularmente atribuído ao elemento Água; refere-se ao Planeta Mercúrio; os caminhos de Resh e Shin são atribuídos a esse grau. Para outras atribuições, ver "777" linhas 8 e 23).

>(O Grau de 2°=9° é particularmente atribuído ao elemento Ar; refere-se à Lua; o caminho de Tau e Shin é atribuído a esse grau. Para outras atribuições, ver "777" linhas 9 e 11).

>(O Grau de 1°=10° é particularmente atribuído ao elemento Terra. Ver "777" linhas 10 e 32 *bis*).[47]

Sempre é importante lembrar que, no plano mágico, símbolos são coisas vivas e coisas vivas são símbolos. Portanto, é essencial que os sinais sejam feitos adequadamente, com o desejo integral do magista de transformar seu corpo em um símbolo vivo. No Ritual Maior do Pentagrama, esses símbolos são indicativos dos elementos; no entanto, em rituais mais avançados, eles podem até mesmo representar conceitos maiores e mais profundos.

---

*N.E.: Sugerimos a Leitura de *Golden Dawn – Aurora Dourada*, de Israel Regardie, lançamento da Madras Editora.
47. *Liber O*, Parte IV.

A versão que segue está formatada para uma invocação geral de cada elemento em seu quadrante apropriado. Uma cerimônia equivalente de banimento é executada seguindo o mesmo procedimento, mas usando o Pentagrama de Banimento. De qualquer modo, mesmo que um grande montante de energia elemental seja gerado por esse ritual, é seguro fazê-lo, pois as naturezas ativa e passiva dos elementos e a posição deles no círculo tendem a equilibrá-los um com o outro de forma perfeitamente bela. (O Ar ativo no leste é equilibrado pela Água passiva no oeste, o Fogo ativo no sul é equilibrado pela Terra passiva no norte.)

O RITUAL MAIOR
DO
PENTAGRAMA

1. Tocando a fronte, diga **Ateh** (A Ti).
2. Tocando o peito, diga **Malkuth** (O Reino).
3. Tocando o ombro direito, diga **ve-Geburah** (e o Poder).
4. Tocando o ombro esquerdo, diga **ve-Gedulah** (e a Glória).
5. Apertando as mãos sobre o peito, diga **le-OLAHM, AMEN** (Às Eras, Amém).
6. No leste, faça uma Equilibrada Invocação do Pentagrama Ativo do Espírito.
7. Vibre **Eheieh**.
8. Dê o sinal Ativo do Portal.[48]
9. Faça a Invocação do Pentagrama do Ar.
10. Vibre **YHVH**.
11. Dê os sinais de 2º =9º. [Estique ambos os braços para cima e para fora, os cotovelos curvados em ângulos retos, as mãos dobradas para trás e as palmas viradas para cima, como se estivessem suportando um peso.]
12. Viaje em *deosil* (no sentido horário) até o sul, e faça Equilibrada Invocação do Pentagrama Ativo do Espírito.
13. Vibre **Eheieh**.
14. Dê o sinal ativo do Portal.
15. Faça a Invocação do Pentagrama do Fogo.
16. Vibre **Elohim**.[49]
17. Dê os sinais de 4º =7º. [Eleve os braços acima da cabeça e junte as mãos, de modo que as pontas dos dedos e os polegares se encontrem, formando um triângulo.]
18. Viaje em *deosil* até o oeste, e faça Equilibrada Invocação do Pentagrama Passivo do Espírito.

---

48. O Sinal do Portal: estenda as mãos à sua frente, palmas para fora, separe-as como em um ato de afastar as partes de um véu ou cortina (ativos), e, então, traga-as juntas como se o fechasse pelo alto e deixe as mãos caírem ao lado (passivo).

49. O Nome Divino representa as forças da criação (Gn I,1). Frequentemente confundida como a forma singular, "Deus" (ou seja, "No princípio Deus criou...") é mais acuradamente expressado como "deuses, macho e fêmea", pois em hebraico o nome feminino (ELOH) é terminado com um plural *masculino* (IM). Elohim, portanto, é um descritivo de uma potência feminina acasalada com uma ideia masculina. Sem tal união, uma descendência e, consequentemente, uma criação seriam impossíveis.

50. Nome Divino representante da quarta sephirah, Chesed, no mais alto dos quatro mundos cabalísticos, Atziluth, frequentemente traduzido como Deus, o Criador; raiz de Eloah, Elohim, Allah, etc.

19. Vibre **Agla**.
20. Dê o sinal Passivo do Portal.
21. Faça a Invocação do Pentagrama da Água.
22. Vibre **Al**.[50]
23. Dê o sinal de 3º=8º. [Eleve os braços até que os cotovelos fiquem ao nível dos ombros, traga as mãos em direção ao peito, tocando os polegares e as pontas dos dedos de modo a formar um triângulo com uma de suas pontas virada para baixo.]
24. Viaje em *deosil* até o norte, e faça Equilibrada Invocação do Pentagrama Passivo do Espírito.
25. Vibre **Agla**.
26. Dê o sinal passivo do Portal.
27. Faça a Invocação do Pentagrama da Terra.
28. Vibre **Adonai**.
29. Dê o sinal de 1º=10º. [Avance o pé direito, estique a mão direita para o alto e para a frente, a mão esquerda para baixo e para trás, palmas abertas.]
30. Viaje em *deosil* e retorne ao leste.
31. Repita de 1 a 5.

Cerimônias para invocar ou banir um elemento específico podem ser construídas usando a abertura e o encerramento na forma como indicada, porém, em vez de passar por uma sequência inteira de ações, o magista simplesmente ruma ao quadrante apropriado e procede com os pentagramas, sinais e nomes aplicáveis ao elemento desejado.

Com o desenvolvimento da sua compreensão das teorias e dos processos, o magista projetará variações mais complexas e elaboradas do Ritual Maior do Pentagrama, para acessar as energias elementais visando a propósitos mágicos mais específicos, tais como consagração de armas mágicas ou para energizar talismãs.

… Capítulo Cinco

Os Rituais Thelêmicos do Pentagrama

*Inclinando-me para baixo, mergulho minhas asas, chego às moradas de esplêndido negrume.
Lá, naquele abismo disforme, eu era feito um partícipe dos Adversos Mistérios.*

— *Liber* lxv

Como determinado anteriormente, o domínio dos Rituais Menor e Maior do Pentagrama dará ao magista a chave do microcosmo, do Universo elemental. Logicamente, poder-se-ia pensar que a próxima tarefa seria obter a maestria do Universo macrocósmico, representado na Natureza pelos sete planetas dos antigos. No Hermetismo ocidental, esse "Mundo Maior" é ilustrado simbolicamente como um hexagrama com o Sol no centro, e os demais seis planetas – Saturno, Júpiter, Marte, Vênus, Mercúrio e Lua – são posicionados em cada uma das pontas. O domínio dos Rituais do Hexagrama tem sido, tradicionalmente, o passo seguinte na carreira do magista.[51]

A influência da fórmula elemental não acaba nos limites do microcosmo. Pelo contrário, ela continua a ser infundida pelos níveis de consciência. O exemplo mais impressionante dessa influência elemental sobre o macrocosmo pode ser encontrado nos registros mágicos de enoquiano do dr. John Dee.

---

51. Para proveito do novato, meu plano original para o formato deste livro era apresentar os rituais do hexagrama nesse ponto. Reconsiderei isso, de modo a continuar, sem interrupção, a linha de pensamento estabelecida no capítulo anterior. Desculpo-me com os estudantes principiantes, que podem agora ir para a Parte I do Capítulo Seis para, rapidamente, familiarizar-se com os rituais tradicionais do hexagrama antes de continuar aqui.

No Universo, pelo ponto de vista enoquiano, cada um dos 30 Aethyres, ou céus macrocósmicos,[52] é regido por três governantes.[53] Curiosamente, os nomes desses governantes celestiais são derivados das quatro tabelas de sistemas do microcosmo elemental, demonstrando uma continuação e uma influência fundamental da fórmula elemental por meio do macrocosmo.

Evidentemente, existe uma forma não abordada de Pentagrama universal que opera simultaneamente sobre ambos os planos, microcósmico *e* macrocósmico, e que as recentemente liberadas energias do novo éon tornaram, agora, possível o acesso mágico a essa fórmula. Para ativar esse vasto poder elemental da mais alta ordem, Crowley criou dois rituais: (1) *Liber XXV, O Rubi Estrela*, e (2) *Liber V vel Reguli*. Como híbridos thelêmicos dos Rituais Menor e Maior do Pentagrama, eles funcionam como exercícios cerimoniais para invocar as energias do éon de Hórus.

Nessas duas cerimônias, o foco da consciência do magista é deslocado da Terra para o Sol; do humano para o divino. Não mais nos vemos como estando diante da superfície da Terra (com seus quatro quadrantes dirigidos pelos ventos terrestres), ou mesmo na interseção de Samekh e Peh. Agora, identificamos a nós mesmos com o Sol, rodeado pelo cinturão zodiacal.

Em ambos os rituais, os nomes divinos atribuídos aos quatro quadrantes se tornaram evidentemente thelêmicos. O *Rubi Estrela* mantém as mesmas posições ativa/passiva estabelecidas no Ritual Maior do Pentagrama; as divindades ativas/masculinas (Therion e Hadit) são posicionadas nos quadrantes ativos (leste e sul), e as divindades passivas/femininas (Babalon e Nuit) estão nos quadrantes passivos (oeste e norte).

No *Liber V vel Reguli,* as delimitações zodiacais para os quatro quadrantes são os signos fixos ou querubínicos: Touro/Terra, no leste; Aquário/Ar, no norte; Escorpião/Água, no oeste; e Leão/Fogo, no sul.[54] Da triplicidade dos signos, os fixos são aqueles que mais caracteristicamente representam os elementos.[55]

Palavras Santas Thelêmicas e Nomes Divinos

Antes de passarmos para os rituais propriamente ditos, vamos tomar apenas alguns poucos momentos e examinar as várias palavras santas e nomes divinos, únicos para a Magia de Thelema.

---

52. Os 30 Aethyres correspondem, em grupos de 3, as 10 Sephiroth da Árvore da Vida. Para o magista enoquiano, a exploração dos Aethyres é comparável ao trabalho realizado nos Caminhos pelos magistas cabalísticos.
53. Exceto o 30º Aethyres, Tex, que possui quatro governantes.
54. A disposição zodiacal no sentido horário será explicada na seção concernente a *Liber V vel Reguli.*
55. Deveria ser assinalado que os delimitadores zodiacais utilizados nos rituais tradicionais do Hexagrama são os signos cardinais; Áries/Fogo no leste, Câncer/Água no norte, Libra/Ar no oeste e Capricórnio/Terra no sul. Mais sobre isso no Capítulo Seis.

Para examinar a fundo conceitos transcendentais, deve-se possuir uma iluminação transcendental. Consequentemente, as Palavras Santas e os nomes divinos do panteão thelêmico desafiam a adequada definição dos livros. A carreira iniciática do magista se desenvolverá tanto quanto sua capacidade de entender e de explorar os princípios divinos representados por essas palavras. Não ouso oferecer, nem sou capaz de estabelecer, uma definição ortodoxa desses termos. Sou aconselhado (por aqueles cujas opiniões tenho o mais alto respeito) no sentido de que *qualquer coisa* que eu disser sobre o assunto será lamentavelmente inadequada, e, em última instância, servirá apenas para limitar o entendimento do leitor. Enquanto eu, de todo coração, concordo que isso seja verdade, também estou convencido de que o leitor, todavia, se estiver avisado de que as notas que se seguem são defeituosas, incompletas, são pensamentos inexatos de alguém que ainda não alcançou qualquer significante nível de iluminação, poderá apreciá-las como um ponto de partida para posterior estudo e meditação.

NUIT
Ver *Liber AL vel Legis* (especialmente o Capítulo I).
A Primeira Divindade da Trindade Thelêmica; tradicionalmente a Deusa Egípcia do céu noturno. Ela é a "... deusa-estrela, que é a categoria das possibilidades ilimitadas".[56] Acima da Estela da Revelação e na arte egípcia, Ela é pintada como uma deusa azul-celeste, alta e delgada, curvada sobre a terra – em aparência, similar à letra grega Ω. Ela é idealizada como o infinito de um Universo expandido ao máximo (a circunferência de um círculo). Portanto, todas as coisas estão contidas no corpo dela. Os cabalistas podem desejar considerar as similaridades com o Segundo Véu do Negativo, que precede Kether, AIN SOPH (Nenhum Limite).

HADIT
Ver *Liber AL vel Legis* (especialmente o Capítulo II).
A Segunda Divindade da Trindade Thelêmica, Amante de Nuit. Ele é pintado na Estela da Revelação como um globo alado no coração de Nuit. Ele é idealizado como o infinito de um Universo contraído ao máximo; o ponto no centro do círculo. Ele é "... o ponto de vista ubíquo, a única concepção de realidade sustentável filosoficamente".[57] (Talvez, o conceito de um pré-negativo "Big-Bang" postulado de modo singular por físicos modernos.) Os cabalistas podem desejar considerar as similaridades com o Primeiro Véu do Negativo, que precede Kether, AIN (Nada).

---

56. Ver *The Book of Thoth* (York Beach, ME: Samuel Weiser, 1974).
57. *Ibid.*

RA HOOR KHUIT

Ver *Liber AL vel Legis* (especialmente o Capítulo III).

A Terceira Divindade da Trindade Thelêmica. A Criança Coroada e Conquistadora da união de Nuit e Hadit. Como ambas, a expansão de Nuit e a contração de Hadit, são infinitas, assim também são os pontos de contato delas. Esse contato infinito cria as bases da vibração possível (Hórus, a Criança deles); o campo de operação em que o Universo pode se manifestar. "Contudo, Ele é conhecido pelo seu nome especial, Heru-ra-ha; um deus duplo; sua forma exteriorizada é Ra-hoor-Khuit; e sua forma introvertida, ou passiva, é Hoor-pa-kraat".[58] A variação de grafia encontrada em *Liber AL vel Legis* inclui Ra Hoor Khut e Ra Hoor Khu, que são indicativos de facetas importantes da Divindade.

Os cabalistas podem desejar considerar as similaridades com o Terceiro Véu do Negativo, que precede Kether, AIN SOPH AUR (Luz Ilimitada); e também a própria Kether. Em outro sentido, Ele é o arquétipo fundamental do Homem-Deus e do Santo Anjo Guardião.

THERION E BABALON

Ver *Liber AL vel Legis* (especialmente as referências à Besta e à Mulher Escarlate).

Está claro, desde tenra idade, que Crowley era espiritual e psicologicamente traumatizado, resultado da adesão fanática de sua família ao fundamentalismo cristão. Talvez fosse inevitável que um indivíduo com o gênio de Crowley pudesse eventualmente se rebelar contra as restrições sufocantes e as ameaças de tormento eterno, com as quais os tais cultos aterrorizam seus membros. A identificação infantil com a Besta 666 e a bravata "o Diabo seja meu Deus" eram a sua juvenil declaração de independência, e pelo resto da vida ele continuaria a se divertir, chocando quem fosse chocável com tais sacrilégios. Entretanto, devemos ressaltar, existem profundos significados mágicos e cabalísticos nessas "blasfêmias" que Crowley abraçou tão desdenhosamente em sua juventude, e esses, de maneira imensurável, ofuscaram sua perversa preocupação em meter seu nariz no Cristianismo.

O uso dos nomes Therion (Besta em grego) e Babalon (a Mulher Escarlate ou Grande Prostituta) não é único nos anais da nomenclatura religiosa. A primeira e mais notória mal compreendida aparição deles juntos ocorre no Livro do Apocalipse de João, o fechamento do Novo Testamento. Em um primeiro relance, um exame superficial desse livro nos mostra o que parecem ser dois sombrios personagens, senão evidentes "demônios". Todavia, as aparências enganam, e como é frequente nos casos dos livros da Bíblia, o vilão da lenda exotérica é frequentemente revelado como o herói da interpretação esotérica.

---

58. Ver *The Book of Thoth*, op. cit.

Não existe necessidade de se aprofundar no argumento sobre se "Besta" se refere ao homem Aleister Crowley ou ao "serviço" da Besta, ou se a algum outro pressuposto universal. Algumas vezes ou outras, antes de sua morte, Crowley escreveu que eles eram aquilo tudo.[59] Para nossos propósitos, simplesmente tentaremos fazer uma apresentação dos conceitos, delineando paralelos às ideias das quais o leitor já poderá estar inteirado.

Therion/Babalon como Chokmah/Binah – Para o estudante de Cabala,* o modo mais fácil de começar a compreender Therion e Babalon é idealizá-los como personificações das segunda e terceira Sephiroth da Árvore da Vida, respectivamente Chokmah e Binah.

Chokmah, a segunda sephirah, representa o conceito original de dualidade e, como tal, é o despojador caótico da unidade perfeita da primeira Sephirah, Kether. Caos é outro título de Chokmah e, conforme certo ritual Thelêmico, é identificado com Therion. Chokmah também é a Vontade Divina, o *Logos*, o Verbo cuja vibração é a essência criativa do Universo. Como o Pai superno, Chokmah/Therion é o arquétipo do *lingam*, o Macho universal. Como TO MEGA THERION[60] (seu mote como Magus $9°=2^\square$), Crowley é considerado pelos thelemitas o *Logos* do éon de Hórus.

Binah, a terceira sephirah, representa a reconciliação original e o equilíbrio do Eu Divino (Kether) e o Não Eu (Chokmah) refletido. Ela é vista como a toda-receptiva contraparte de Chokmah e, quando eles estão ligados, a unidade primal de Kether é realizada. Como Binah/Babalon reside imediatamente acima do Abismo, eventualmente Ela recebe em Si mesma a totalidade da vida do Universo em desenvolvimento. Essa vida universal é simbolizada como o "Sangue dos Santos", o qual Ela recolhe dentro de Sua grande taça (o Santo Graal**). Ela compartilha disso com a Besta, e eles se unem em um êxtase ebrioso. Dessa forma, ela é chamada de Grande Prostituta, pois, em sua "falta de vergonha", a todos recebe e a ninguém refuta.

Therion/Babalon como Shiva/Shakti – Para o estudante da Ioga ou do Budismo tântrico, o modo mais fácil de pensar a respeito de Therion e Babalon é idealizá-los como as duas vertentes polares da criação, Shiva – a Vontade Divina, o *Logos*, que manifesta em união criativa com Sua divina consorte, Shakti – o Poder Divino e o fundamento e a força secreta que permeia toda a criação.

Babalon/Shakti é a passiva, a vertente negativa da Natureza. Ela é magnética e atrai para Si mesma a potencialidade de energia. Isso ela absorve e guarda

---

59. Ver *Magick Book Four, Liber ABA* (York Beach, ME: Samuel Weiser, 1993).
*N.E.: Sugerimos a Leitura de *A Kabbalah da Alma*, Leonora Leet, Madras Editora.
60. A Grande Besta.
**N.E.: Sugerimos a Leitura de *A Linhagem do Santo Graal*, de Laurence Gardner, Madras Editora.

(o Santo Graal, a Taça de Babalon). Quando a Shakti negativa/feminina entra de modo apropriado em contato com Shiva masculino/positivo, uma reação dinâmica ocorre, despertando a transcendência da polaridade individual deles, transformando-os em Brahma*, o Imutável. Esse é o aspecto mais importante de Therion e Babalon, porque relaciona as energias naturais e as forças vivas em nossos próprios corpos.

A Kundalini repousa na base da espinha dorsal humana, em forma de uma serpente enroscada, uma remanescente da Shakti universal. Ela foi separada e exilada de Seu Senhor Shiva (que reside no crânio humano) pelo mesmo processo de criação. A tarefa do iogue de Kundalini** é despertar essa Deusa adormecida e dirigir a ascensão dela pela espinha para a eventual união com o Seu Senhor, no crânio.

No entanto, não é preciso ser um iogue, ou um cabalista, ou um magista cerimonial, para alcançar estados transcendentais de consciência em um êxtase sexual, ou para aniquilar temporariamente o ego em um orgasmo. Essas são realidades fundamentais da existência e da consciência macho/fêmea e são uma parte integral do Cosmos desde o mais baixo inferno até o mais alto céu. Veremos mais sobre isso no Capítulo Seis.

AIWASS
Ver *Liber AL vel Legis*, Capítulo I.
Como grafia alternativa, temos AIWAZ.[61] O "ministro de Hoor-Pa-ar-Kraat". Uma inteligência preter-humana que ditou os três capítulos de *Liber AL vel Legis*. Aiwass é considerado um mensageiro dos Deuses do éon de Hórus. Eventualmente, Crowley identificaria Aiwass como seu próprio Santo Anjo Guardião. Tanto Israel Regardie quanto Grady McMurtry me disseram que Crowley reconhecia Aiwass na Cruz Cabalística, conforme a seguinte parte dos rituais do Pentagrama:

1. Tocando a fronte, diga **Ateh** (A Ti).
2. Tocando o coração, diga **Aiwass**.
3. Tocando os órgãos genitais, diga **Malkuth** (O Reino).
4. Tocando o ombro direito, diga **ve-Geburah** (e o Poder).
5. Tocando o ombro esquerdo, diga **ve-Gedulah** (e a Glória).
6. Apertando as mãos sobre o peito, diga **le-OLAHM, AMEN** (Às Eras, Amém).

---

*N.E.: Sugerimos a Leitura de *Mitologia Hindu*, de Aghorananda Saraswati, Madras Editora.
**N.E.: Sugerimos a Leitura de *Kundalini Ioga*, de M. P. Pandit, lançamento da Madras Editora.
61. O Senhor do Silêncio.

PAN

Palavra grega para "Todo". Originalmente, era o vigoroso e malicioso Deus campestre dos pastores da Trácia. Sua personalidade audaciosa e colorida capturou a imaginação de todo o mundo helenístico, estabelecendo para Pãn um lugar permanente na mitologia grega. Entretanto, Pãn é mais que um divertido moleque travesso. Até mesmo nos mitos antigos, pode-se perceber uma profundidade oculta em suas escapadas, que apontam Pãn como uma divindade de uma ordem bem maior que seus contemporâneos olímpicos. Seu nome sugere que Ele é o Grande Todo; o Deus que transcende os deuses. A "Tragédia de Pãn" é a singular realidade da própria vida. Àqueles de nós que ainda não alcançaram os necessários níveis de iluminação para perceber essa realidade maior, a vida é uma mistura atordoante de prazer e dor, alegria e tristeza. O encontro da Vontade Verdadeira é a chave para se abarcar e então transcender essas dualidades, e para se tornar um ator estático e entusiasmado na grande "Tragédia de Pãn".[62] IO PAN é a invocação tradicional de Pãn. *I* (o *lingam*) unido a *O* (a *yoni*) é um simples, ainda que explícito, convite para o Deus que transcende a dualidade copular com o devoto.

ANKH-AF-NA-KHONSU

Ver *Liber AL vel Legis*, Capítulos I e III.

Sacerdote egípcio da XXVª Dinastia.[63] A *Stélé* da Revelação é a tábua funerária de Ankh-af-na-Khonsu, que, de acordo com o que foi reportado, pintou-a sobre madeira entalhada. Ele é ilustrado na *stélé* de pé, tendo a mesa de oferendas diante do Deus, Ra-Hoor-Khuit. Crowley declarou que em uma encarnação anterior, como Ankh-af-na-Khonsu, ele fora o responsável por iniciar o éon de Osíris.

LAShTAL

Veja o ensaio após *Liber V vel Reguli* (p. 114).

ÁGAPE

Amor em grego, somando 93.

AUMGN

Forma thelêmica expandida de OM (AUM), a vibração criativa que sustenta o Universo. Pela substituição do *M* pelas letras combinadas MGN (novamente, 93), Crowley sentia de modo mais acurado que essa palavra representaria o processo verdadeiro do ciclo do Universo.[64]

---

62. *Liber Aleph* (York Beach, ME: Samuel Weiser, 1991), Cap. 197.
63. Crowley acreditava ter sido na Vigésima Sexta Dinastia, porém a pesquisa moderna a indica como mencionado. Ver "The Holy Books of Thelema", em *Equinox*, Vol. III, nº 9 (York Beach, ME: Samuel Weiser, 1983).
64. Ver *Liber Sameckh* (York Beach, ME: Samuel Weiser, 1979). Para um ensaio inteiro sobre AUMGN, ver em *Magick*, Cap. 7; Parte V.

FIAOF

Forma thelêmica expandida de IAO. Soletrada em hebraico como ויאף e FIAOF em grego (ambas somando 93). Adicionando-se F como prefixo e sufixo de IAO, Crowley considerou a palavra "um hieróglifo apropriado para o Ritual de Autoiniciação nesse éon de Hórus".[65]

ABRAHADABRA

A grande palavra mágica do éon de Hórus. Volumes de comentários poderiam ser escritos apenas sobre essa palavra e, assim, não planejei ou mesmo pretenderei atingir a perfeição em meus comentários. Referências a ABRAHADABRA são encontradas ao longo das obras de Crowley, mas encorajo o leitor a estudar especialmente o *An Essay Upon Number* [Um Ensaio sobre Número], presente no 777.[66]

Sucintamente, suas 11 letras (cinco idênticas e seis diversas) são ilustrativas da Grande Obra consumada. Ela une *aquilo que está acima com aquilo que está abaixo* – o mundo microcósmico do 5 ao mundo macrocósmico do 6.

Ela soma 418, o mesmo valor da letra hebraica Cheth soletrada por completo. O Caminho de Cheth atravessa o Abismo, unindo a quinta sephirah, Geburah, com a terceira sephirah, Binah (a morada de Babalon). A carta do Tarô atribuída a Cheth é o Charreteiro, que sustenta o Santo Graal através do Abismo, onde este se torna a Taça de Babalon.

Existem outros nomes e palavras que são únicos à Magia Thelêmica, os quais discutiremos em capítulos posteriores. Como expliquei anteriormente, essas definições não são ortodoxas (ou mesmo adequadas).

Primeiro Ritual Thelêmico do Pentagrama

O RUBI ESTRELA

Existem pelo menos quatro versões publicadas do *Rubi Estrela*. A maioria delas possui leves variações entre si. Para nosso propósito, usaremos a versão que aparece em *BOOK IV, Part Three: Magick in Theory and Practice* [LIVRO IV, Parte Três: Magia em Teoria e Prática].[67] Numeramos cada linha com a finalidade de referenciá-las.

Deve ser ressaltado que a versão mais antiga surgiu em 1913, na primeira edição do *The Book of Lies* [O Livro das Mentiras],[68] e empregava nomes divinos gregos e outras variações que diferem consideravelmente de versões posteriores. Crowley revisou o ritual nos anos de 1920 para

---

65. *Ibid.* Cap. 5.
66. York Beach, ME: Samuel Weiser, 1982.
67. York Beach, ME: Samuel Weiser, 1993.
68. York Beach, ME: Samuel Weiser, 1986.

adequá-lo ao *Liber V vel Reguli* e expressar sua engrandecida compreensão da cosmologia thelêmica. Incluímos as informações dessa primeira versão nas notas do texto e recomendamos enfaticamente que elas sejam cuidadosamente estudadas.

O *Rubi Estrela* difere de muitas outras formas, além dos nomes divinos, dos tradicionais rituais do Pentagrama (por exemplo, partes da cerimônia estão em grego, os Pentagramas são imaginados e não traçados, o magista se move no sentido anti-horário ao redor do círculo, etc.). Talvez a inovação mais significante seja a introdução da invocação de Pãn, pela aplicação da fórmula de N.O.X. Isso, mais do que qualquer outra parte do ritual, pela integração da fórmula da Tríade Superna, eleva o *Rubi Estrela* acima de um simples ritual de banimento.[69] O leitor é encorajado a estudar cuidadosamente as notas que seguem o texto do ritual para um *insight* maior a respeito dos aspectos mais importantes da Magia Thelêmica.

Referindo-se às palavras gregas empregadas no *Rubi Estrela*, Crowley escreveu que "o sentido secreto dessas palavras deve ser buscado na numeração delas". Para ajudar o estudante em pesquisas posteriores, incluímos uma tabela de equivalências numéricas ao alfabeto grego (ver Tabela 1, página 98).

---

69. Kether, Chokmah e Binah, a primeira, a segunda e a terceira Sephiroth localizadas acima do Abismo. Refere-se a Binah como a "Noite de Pãn" e como a Morada da Babalon Superna.

Tabela 1. Equivalências Numéricas do Alfabeto Grego.

Alfabeto Grego (caixa alta, caixa baixa)		Valor Numérico
Α, α	=	1
Β, β	=	2
Γ, γ	=	3
Δ, δ	=	4
Ε, ε	=	5
F	=	6
Ζ, ζ	=	7
Η, η	=	8
Θ, θ	=	9
Ι, ι	=	10
Κ, κ	=	20
Λ, λ	=	30
Μ, μ	=	40
Ν, ν	=	50
Ξ, ξ	=	60
Ο, ο	=	70
Π, π	=	80
Ϙ	=	90
Ρ, ρ	=	100
Σ, σ, ς	=	200
Τ, τ	=	300
γ, υ	=	400
Φ, φ	=	500
Χ, χ	=	600
Ψ, ψ	=	700
Ω, ω	=	800
ϡ		900

LIBER XXV
O RUBI ESTRELA
A∴A∴ **Publicação em Classe D.**

1. Estando ao centro e de frente para o leste, aspira muito profundamente, fecha tua boca e com teu dedo indicador pressiona o lábio inferior. Então, com um grande movimento, lança arrojadamente a mão para baixo e para trás, expira com força e grita: ΑΠΟ ΠΑΝΤΟΣ ΚΑΚΟΔΑΙΜΟΝΟΣ.
2. Com o mesmo dedo indicador, toca tua fronte e dize: ΣΟΙ;
   teu membro e dize: Ω ΦΑΛΛΕ;
   teu ombro direito e dize: ΙΣΧΥΡΟΣ;
   teu ombro esquerdo e dize: ΕΥΧΑΡΙΣΤΟΣ;
   então, junta tuas mãos, fechando os dedos, e clama: ΙΑΩ.
3. Avança para o leste. Imagina fortemente um Pentagrama em tua fronte, corretamente. Leva tuas mãos aos olhos, lança-as à frente fazendo o sinal de Hórus e urra ΘΗΡΙΟΝ.[70] Retira tuas mãos no sinal de Hoor-paar-Kraat.[71]
4. Vai circulando em direção ao norte e repete, porém dize **NUIT**.[72]
5. Vai circulando em direção ao oeste e repete, porém sussurra **BABALON**.[73]
6. Vai circulando em direção ao sul e repete, porém brada **HADIT**.[74]
7. Completando o círculo no sentido anti-horário, retorna ao centro e, com as palavras ΙΩ ΠΑΝ e com os sinais de N.O.X., eleva tua voz em Paian.
8. Estende os braços na forma de um Tau e dize baixo, porém de modo claro:
   ΠΡΟ ΜΟΥ ΙΥΓΓΕΣ
   ΟΠΙΣΩ ΜΟΥ ΤΕΛΕΤΑΡΧΑΙ
   ΕΠΙ ΔΕΞΙΑ ΣΥΝΟΧΕΙΣ
   ΕΠΑΡΙΣΤΕΡΑ ΔΑΙΜΟΝΕΣ
   ΦΛΕΓΕΙ ΓΑΡ ΠΕΡΙ ΜΟΥ Ο ΑΣΤΗΡ ΤΩΝ ΠΕΝΤΕ
   ΚΑΙ ΕΝ ΤΗΙ ΣΤΗΛΗΙ Ω ΑΣΤΗΡ ΤΩΝ ΕΞ ΕΣΤΗΚΕ.
9. Repete a Cruz Cabalística, como acima, e termina como fizeste no começo (1 e 2).

Notas do autor sobre o Rubi Estrela

LIBER XXV, O RUBI ESTRELA: 25 é o quadrado de 5 (o Pentagrama). A Quinta Sephirah é Geburah, cuja cor é o vermelho.

---

70. *The Book of Lies* menciona "ΧΑΟΣ" (Caos).
71. *The Book of Lies* menciona "Hoor pa kraat".
72. *The Book of Lies* menciona "porém grite BABALON".
73. *The Book of Lies* menciona "porém diga ΕΡΩΣ" (Eros).
74. *The Book of Lies* menciona "ΥΨΧΗ" (Psyche).

1) **APO PANTOS KAKODAIMONOS** (Afasta-te, Espírito maligno!)
2) **SOI** (A Ti) **O FALLE** (Ó Falo). **ISCHUROS** (Forte, Força). **EUCHARISTOS** (Eucaristia, banquete místico, ação de graças). I-A-O (IAO, o Deus três-em-um dos gnósticos, correlacionado com INRI em vários rituais como a fórmula de ressurreição; **Ísis** (Natureza) é arruinada por **Apophis** (as forças da destruição/decadência), mas renasce como o ressuscitado **Osíris**).
3) **THERION:** "*O Sinal de Hoor-paar-Kraat*": dedo indicador ou polegar sobre os lábios. Veja o Capítulo Cinco. "O Sinal de Hórus", também conhecido como "Sinal do Entrante". Encontra-se descrito anteriormente, nas instruções sobre a vibração de Nomes dos Deuses.
4) **NUIT:** Ver Capítulo Cinco.
5) **BABALON:** Ver Capítulo Cinco.
6) **HADIT:** Ver Capítulo Cinco.
7) **IO PAN:** Uma Invocação ao Grande Todo. Ver Capítulo Cinco. **N.O.X.:** A Noite de Pān. Contrastada com L.V.X. (Luz em Extensão), N.O.X. poderia ser caracterizada como *Luz Reclusa*. Ela é o pulso negativo do ciclo de criação/dissolução, próxima ao conceito vedanta de Pralaya, o descanso universal que precede e segue a criação. Talvez a característica mais significante da fórmula mágica do éon de Hórus seja o reconhecimento desse fato fundamental da vida e a aplicação comum de L.V.X. e N.O.X. na carreira iniciática do magista.

Os "Sinais de N.O.X." são denominados Puella, Puer, Vir e Mulier.

Puella (menina). De pé e com os pés unidos, cabeça arqueada para a frente, ponha a mão esquerda cobrindo o chacra Muladhara (área da virilha) e a mão direita cobrindo o peito (atitude da Vênus de Médici).

Puer (menino). De pé e com os pés unidos, cabeça reta. Que a mão direita (com o polegar entre os dedos indicador e médio) seja elevada, de modo que o antebraço faça um ângulo reto com o braço, o qual está estendido horizontalmente, alinhado com os ombros. Que a mão esquerda, com o polegar estendido à frente e os dedos apertados, repouse sobre a junção das coxas (atitude dos Deuses Mentu, Khem, etc.).

Vir (homem). Pés juntos. As mãos, com os dedos apertados e polegares erguidos para fora, são colocadas sobre as têmporas; então, a cabeça é arqueada e empurrada para trás, como se simbolizasse a cabeçada de uma besta com chifres (atitude de Pān, Bacchus, etc.).

Mulier (esposa). Os pés bem separados e os braços elevados de modo a sugerir um crescente. A cabeça é jogada para trás (atitude de Baphomet, Ísis em Saudação, o microcosmo de Vitruvius).

8) **PRO MOU IUGGES** (Diante de mim, Iynges[75]);
OPISO MOU TELETARCAI (Atrás de mim, Teletarch[ae]);
EPI DECIA SYNOCEIS (à minha direita, Synoches);
EPARISTERA DAIMONES (à minha esquerda, Daemons[76]);
FLEGEI GAR PERI MOU O ASTHR TON PENTE (pois ao meu redor brilham as Estrelas de Cinco).
KAI EN THI STHLHI (e na coluna);
O ASTHR TON EX ESTHKE (está a Estrela de Seis).

―⁂―

Segundo Ritual Thelêmico do Pentagrama

[LIBER V VEL REGULI]

Vamos agora para um ritual thelêmico do Pentagrama a respeito do qual existe considerável desacordo e controvérsia. Apesar de amigavelmente descrito como *"um adequado encantamento para invocar as energias do éon de Hórus, adaptado para uso diário do magista de qualquer grau"*, suas ambiguidades e mistérios continuam a desafiar e a intrigar os estudantes.

Os comentários publicados de Crowley sobre o *Reguli* são escassos, mas tive a sorte de me ser permitido o acesso às observações de Crowley e a várias versões não publicadas do ritual, que foram úteis na escrita deste capítulo.

Crowley apresenta *Reguli* como "o Ritual da Marca da Besta", a qual, para muitas pessoas, decididamente possui uma sinistra auréola, especialmente àquelas que pensam que entendem o Livro do Apocalipse de São João. No entanto, como normalmente ocorre nos casos da nomenclatura da Magia de Thelema, a expressão que evoca medo e aversão nos corações dos profanos é revelada ao sábio como um arcano profundo e espiritualmente saudável.

Para o cabalista, a Marca da Besta (Ap 13:16) é o desenvolvimento da Marca de Caim (Gn. 4:15) no Novo Testamento, a qual, ao contrário da

---

75. Conforme os oráculos caldeus de Zoroastro, cada indivíduo, antes de qualquer ritual teúrgico, deve obter consciência do "agathosdaimon", um espírito guardião pessoal ou anjo que funciona como o mediador entre o aspirante e os deuses. Esses guias são chamados "Funges" ou "Barqueiros". Literalmente "pescoço-torto", tradicionalmente relacionado aos pássaros do abismo. Iunges, Synoches e Teletarchae compreendem as três inteligências celestiais ou arcanjos da cosmologia da caldeia.
76. Diamonos. Os gênios da filosofia platônica.

interpretação religiosa popular, não é o estigma de um pecador amaldiçoado, representa em vez disso o radiante selo de iluminação na fronte do Iniciado. Graficamente, em sua forma mais simples, a Marca da Besta é representada como o Sol e a Lua[77] unidos (☉) e, entre outras coisas, é o símbolo da junção de Babalon e da Besta, e da Grande Obra consumada.

Portanto, como ...*um adequado encantamento para invocar as energias do Éon de Hórus*... o Ritual da Marca da Besta, se justamente executado, serve para preparar o corpo físico do magista para acomodar essas mais altas energias espirituais. Na verdade, o claro emprego dos vários *chacras* faz de *Reguli* tanto um exercício de ioga quanto um ritual de Magia cerimonial.

Enquanto, de certa forma, adere ao formato básico dos rituais do Pentagrama e do *Rubi Estrela*, existem algumas diferenças fundamentais e drásticas que distinguem *Liber V vel Reguli*. Algumas dessas são óbvias. Outras, acho necessário que sejam comunicadas.

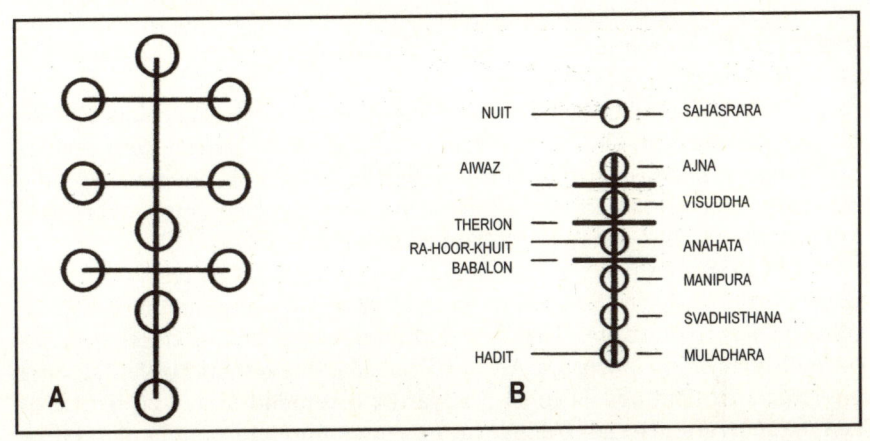

Figura 4. Os componentes vertical e horizontal do encantamento correspondente ao panteão thelêmico, relacionado diretamente à Árvore da Vida e aos sete chacras. a) Sigilo do Grande Hierofante projetado sobre a Árvore da Vida; b) Sigilo do Grande Hierofante criado pelos Componentes Vertical e Horizontal do Encantamento, projetados sobre os Sete Chacras.

O Primeiro Gesto

A Cruz Cabalística de abertura, encontrada nos rituais previamente vistos, indica três colunas da Árvore da Vida: o Pilar do Meio (Ateh-Malkuth), o Pilar de Severidade (Geburah) e o Pilar de Misericórdia

---

77. Ver *The Book of the Law*, I, xvi. Crowley desenvolveu uma versão mais elaborada, por ele usada como um de seus selos. Nessa versão, facilmente se vê (sem apologias a Freud) uma visão aérea dos genitais masculinos.

(Gedulah). Em *Reguli,* isso foi trocado pelo "Componente Vertical do Encantamento", que indica o Pilar do Meio, e os três "Componentes Horizontais do Encantamento", os quais designam os três caminhos horizontais que unem o Pilar de Severidade ao Pilar de Misericórdia. "Dessa forma, o Sigilo do Grande Hierofante será formulado."

Talvez a incorporação dos caminhos horizontais seja a mais notável inovação de *Reguli*, separando-o, de modo fundamental, dos outros rituais do Pentagrama. Isso é particularmente significante à luz do fato de que Crowley sustentava que o éon de Hórus ativara o Caminho de Teth[78] (o caminho horizontal entre a quinta sephirah, Geburah, e a quarta sephirah, Chesed) na Árvore da Vida Universal. (ver figura 4, p. 103).

O Segundo Gesto

Do mesmo modo como nos Rituais Menor e Maior do Pentagrama, os Pentagramas em *Reguli* são traçados no ar. Entretanto, diferentemente de quaisquer outras cerimônias prévias, os Pentagramas empregados em *Reguli* são descritos como "adversos".

Crowley era um mestre da língua inglesa e adverso é uma palavra muito curiosa para ele usar. O que é um Pentagrama adverso? Ele está com a ponta para baixo? Se fosse assim, *invertido* teria sido uma palavra bem mais acurada. Ele está com a ponta para cima com as posições dos elementos revertidas? Infelizmente, Crowley não publicou definição precisa.

Em 1978, perguntei a Israel Regardie o que pensava a respeito do que Crowley queria dizer. Para minha decepção, ele me disse que não sabia ao certo, mas acreditava que Crowley podia ter simplesmente desejado chocar e ultrajar os membros da Aurora Dourada, que temiam o Pentagrama *invertido* até os limites da fobia.[79] Regardie recomendou que eu usasse os Pentagramas tradicionais de invocação, com a ponta orientada para cima. Sobre o assunto, outros especialistas em Crowley foram até menos úteis, sugerindo tudo, desde um Pentagrama revertido com a ponta para cima até Pentagramas com a ponta para baixo formulados na mente e lançados à frente como no *Rubi Estrela*.

O dicionário define *adverso* como "contrário ou virado para trás". Em Botânica, as folhas viradas contra o eixo ou caule principal são referidas como opostas, e *adversas* são as que estão viradas em direção ao eixo. Por

---

78. Teth, o 19º Caminho da Árvore da Vida – atribuído a Leão (a Besta) e à carta do Tarô, A Força. Nos jogos pré-Thelêmicos, a carta retrata uma mulher segurando a boca de um leão. Na versão de Crowley dessa carta, intitulada Luxúria, a mulher é Babalon e Ela senta-se com as pernas abertas sobre a Besta (Babalon e a Besta em conjunção).

79. "...é um símbolo maligno, indicando o império da matéria sobre o Espírito Divino, o qual deveria governá-la. Veja o que você não deve fazer." Ver *The Golden Dawn*, Vol. IV (River Falls, WI: Hazel Hills, 1969), p. 9.

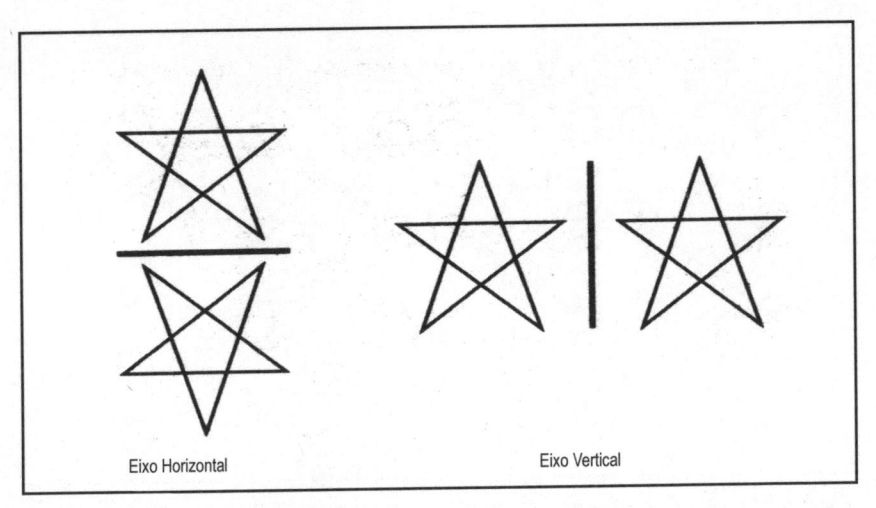

Figura 5. Pentagramas adversos.

essa definição, podemos concluir que os dois Pentagramas, um com a ponta para cima e o outro invertido, unidos horizontalmente por um eixo em suas bases, poderiam *ambos* ser considerados adversos um em relação ao outro; poderíamos também concluir (embora com menos convicção) que dois pentagramas espelhados, a direita de um com a esquerda do outro, seriam também adversos (ver figura 5, acima).

Seguindo o axioma cabalístico das polaridades (somos negativos para o plano acima de nós e positivos para o que está abaixo), podemos desejar acompanhar essa linha de raciocínio um pouco mais. Os dois pentagramas com o eixo horizontal poderiam ser projetados sobre a Árvore da Vida, como mostrado na figura 6.

Concordo que essa disposição deixa o pobre Malkuth pendurado (uma posição com precedente cabalístico), porém tudo o mais se ajusta muito belamente. Usando o Caminho de Teth como linha-base, todos os três caminhos horizontais, tão importantes para o *Liber V vel Reguli*, são representados. Perceba também os dois tetraedros formados por esse arranjo.

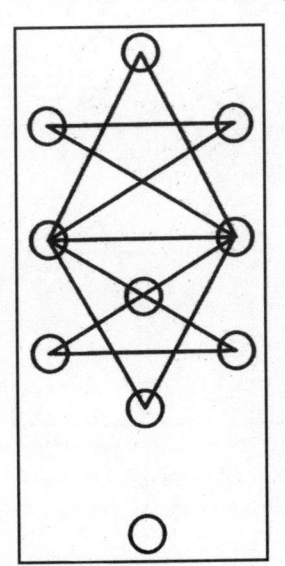

Figura 6. Dois pentagramas com o eixo horizontal sobre a Árvore da Vida.

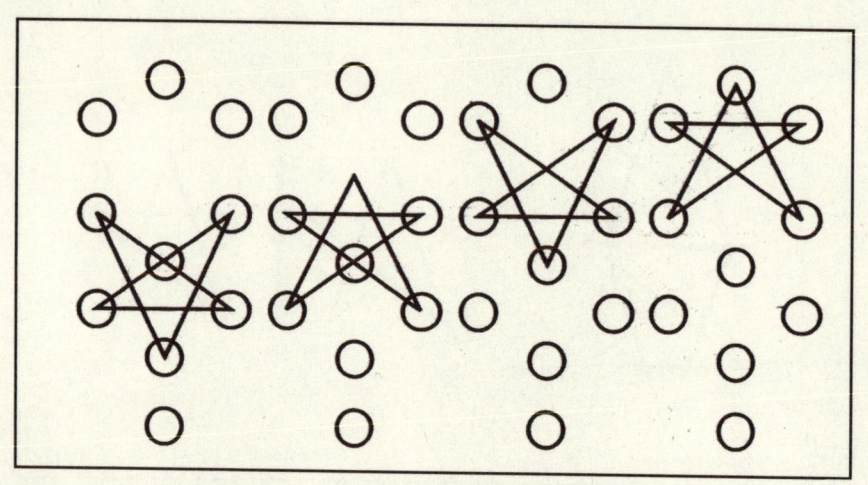

Figura 7. Quatro Pentagramas adversos sobre a Árvore da Vida.

Outro método é projetar todos os quatro Pentagramas sobre a Árvore, como mostrado na figura 7. Aqui, vemos que o Caminho de Teth é único entre os três caminhos horizontais. Como um espelho, ele é o ponto de reflexo, o eixo principal para todos os quatro Pentagramas adversos.

Uma vez os quatro superpostos sobre a Árvore, descobrimos que eles formam uma dupla versão do Hexagrama Unicursal de Crowley, o Hexagrama da Besta, traçado na linha 20 do Segundo Gesto de *Reguli* (ver figura 8).

O estudante desejoso de seguir mais nessa linha de especulação pode construir Pentagramas baseados na carta-padrão, o cinco de Discos do Tarô de Thoth[80] de Crowley, o formato elemental para aqueles usados no Ritual Maior do Pentagrama, ou pela projeção dos Pentagramas sobre a Árvore da Vida, de acordo com a regra elemental das Sephiroth. Vistos em relação a outros rituais thelêmicos, especialmente o *Safira Estrela*, existem considerações sutis e mais complexas para serem pesadas, incluindo o conceito do emprego da fórmula de N.O.X. para acessar uma Árvore da Vida adversa (ou reversa).

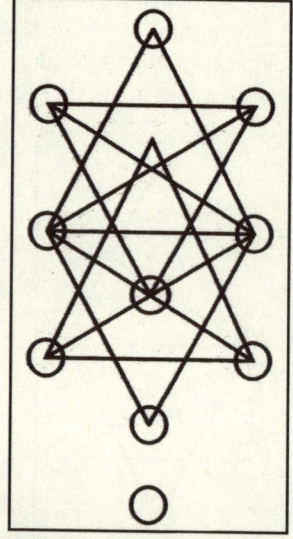

Figura 8. Quatro pentagramas adversos que formam hexagramas unicursais.

---

80. *The Book of Thoth* (York Beach, ME: Samuel Weiser, 1974), pp. 230 e 243.

As especulações sobre esse assunto continuariam indefinidamente, e não estou totalmente certo *do que* não era intenção de Crowley. Durante os últimos 20 anos, na medida em que minha compreensão e apreciação dos rituais thelêmicos têm crescido, minha opinião acerca desse assunto mudou pelo menos uma dúzia de vezes. Contudo, a confusão a respeito desse ponto não me impediu de aprender e realizar os rituais diariamente. Apenas realizando-os é que qualquer grau significante de entendimento pode ser desenvolvido. Caso você espere até que sua compreensão seja positiva em todos os aspectos da cerimônia antes de começar a trabalhar, nunca iniciará.

Conjecturas à parte, toda a questão dos pentagramas adversos parece finalmente ter sido posta de lado por um manuscrito recentemente encontrado em George Arents Research Library, na Universidade de Siracusa, que contém anotações e desenhos de Crowley. Esse material, cuja origem foi temporariamente estimada a 1928, inclui um texto inteiro e completo de *Liber V vel Reguli*, com desenhos de vários pentagramas e símbolos. Ele revela sem ambiguidade que o Pentagrama adverso simplesmente é o Pentagrama-padrão virado com a ponta para baixo (ver abaixo a figura 9).

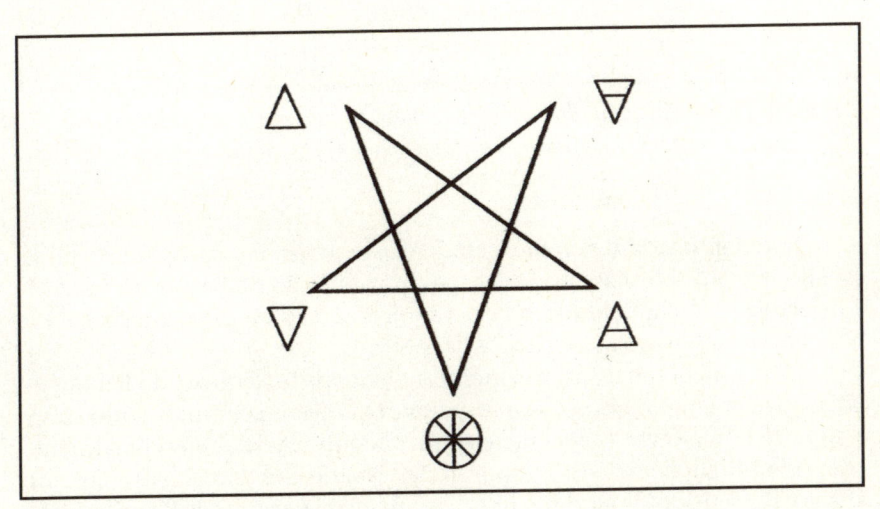

Figura 9. O Pentagrama adverso.

Os elementos permanecem na mesma posição deles, e as direções para a invocação e banimento são exatamente como se você traçasse, em um pedaço de papel, um Pentagrama-padrão, apontado para cima, e então simplesmente virasse o papel para baixo.

Agora sabemos com certeza o que os pentagramas adversos são; mas, por que usá-los? Uma pista para nossa resposta pode ser encontrada no posicionamento único dos quatro signos fixos do zodíaco, presente em *Reguli*.

Tradicionalmente, imagina-se o zodíaco como um cinturão de 12 constelações ou signos, por meio dos quais passa o Sol (do ponto de vista da Terra) em uma jornada anual feita no sentido anti-horário. Podemos fazer um círculo mágico tradicional do cinturão zodiacal posicionando Touro no leste, Leão no norte, Escorpião no oeste e Aquário no sul (ver abaixo, figura 10).

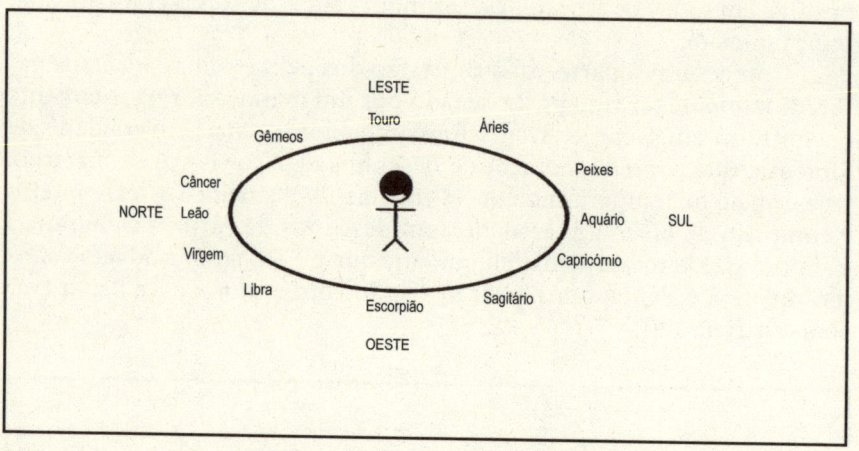

Figura 10. Vista tradicional do zodíaco como um círculo mágico. Existem signos fixos nos quadrantes. O magista está de frente para Touro (leste).

Entretanto, como veremos, em *Reguli* esse não é o caso; Touro ainda está no leste e Escorpião, no Oeste, porém a posição de Leão e de Aquário é invertida. Crowley mudou o cinturão do zodíaco de cabeça para baixo? Não, ele virou o *magista* de cabeça para baixo.

Como mencionei anteriormente, nos rituais thelêmicos do Pentagrama, o magista não mais pensa a respeito de si mesmo como estando sobre a superfície da Terra (geocêntrico), mas identifica-se preferencialmente com o Sol (heliocêntrico). Do ponto de vista do Sol não existe acima ou abaixo. No sentido de ajudar a libertar o magista das ilusões de orientação restrita do velho éon, Crowley agora nos posiciona de cabeça para baixo no centro do cinturão zodiacal. Nessa situação, o zodíaco então parece girar no sentido horário e, do ponto de vista de orientação microcósmica, os Pentagramas que traçaríamos a partir dessa posição seriam naturalmente adversos. Se fosse realmente possível para você executar o *Liber V vel Reguli* tendo o zodíaco sobre sua cabeça, então (do seu ponto de vista de cabeça para baixo) ele giraria no sentido anti-horário e os Pentagramas estariam voltados para cima.

Talvez, para alguns, o Pentagrama adverso continue a ser um símbolo temeroso do triunfo da matéria sobre o Espírito (como se alertava aos aspirantes da Aurora Dourada). Todavia, no *Reguli* não é o caso da matéria triunfando sobre o Espírito, mas, sim, a hipótese de o Espírito descer para dentro da matéria.[81]

No texto de *Reguli* a seguir, incorporei algumas notas e traçados de Crowley do supracitado manuscrito. Também incluí, como notas, seus comentários de outro texto. Meus próprios comentários como editor são identificados como tal.

---

81. "Agora, o Pilar está estabelecido no Vácuo; Asi está preenchido por Asar; Hoor se prolonga para o interior da Alma Animal das Coisas, como uma estrela feroz que cai sobre a escuridão da terra." LIBER CORDI SCINC TISER PENTE vel LXV, Capítulo V. In *Holy Books of Thelema* (York Beach, ME: Samuel Weiser, 1990), p. 76.

LIBER V
VEL REGULI
A∴A∴ Publicação em Classe D.

Sendo o Ritual da Marca da Besta; um adequado encantamento para invocar as energias do éon de Hórus, adaptado para uso diário do magista de qualquer grau.

. O Primeiro Gesto

O Juramento do Encantamento, chamado de O Selo Undécuplo

A ANIMADVERSÃO ⚯ EM DIREÇÃO AO ÉON

1. Que o Magista, paramentado e armado como ele considerar adequado, volte sua face em direção a Boleskine,[82] que é a Casa da Besta 666.
2. Que ele soe a bateria 1-3-3-3-1.
3. Que ponha o Polegar de sua mão direita entre o indicador e o dedo médio e faça os gestos que se seguem.

O COMPONENTE VERTICAL DO ENCANTAMENTO

1. Que ele trace um círculo sobre sua cabeça, clamando **NUITH!**[83]
2. Que leve o Polegar verticalmente para baixo e toque a raiz de seu falo, clamando **HADITH!**[84]
3. Que retrace a linha, toque o centro de seu peito e clame **RA-HOOR-KHUIT!**[85]

OS COMPONENTES HORIZONTAIS DO ENCANTAMENTO

1. Que ele toque o Centro de sua Fronte, sua boca e sua laringe, clamando **AIWAZ!**[86]
2. Que leve seu Polegar da direita para a esquerda, cruzando sua face no nível das narinas.
3. Que toque o Centro de seu Peito, e seu Plexo Solar, clamando **THERION!**[87]
4. Que leve o Polegar da esquerda para a direita, cruzando seu peito no nível do esterno.
5. Que toque seu Umbigo, e a Raiz de seu Falo, clamando **BABALON!**[88]
6. Que leve seu Polegar da direita para a esquerda, cruzando o abdome no nível dos quadris.

[Desse modo, ele formulará o Sigilo do Grande Hierofante, mas dependente do círculo.]

---

82. A Casa de Boleskine se situa no Lago Ness, a 17 milhas da cidade de Inverness, latitude 57.14 N. Longitude 4.28 O.
83. (Nuit sobre a cabeça) Cérebro (Brahmarandra).
84. Semente (Muladara).
85. Força e Fogo (Anahata).
86. Silêncio e Palavra (Ajna e Visuddhi).
87. Manipura (ou também Anahata?).
88. (Svadisthana* o Útero) * ou poderia ser R.H.K. – o Senhor do sistema na forma visível – os dois hemisférios do cérebro? Assim penso: então, 666 é Anahata.

A ASSEVERAÇÃO DOS ENCANTOS

1. Que o Magista junte suas mãos sobre seu Bastão, seus dedos e polegares entrelaçados, clamando **LAShTAL: THELEMA: FIAOF: AGAPE: AUMGN.**

[Desse modo, serão declaradas as Palavras de Poder pelas quais as Energias do Éon de Hórus trabalham sua Vontade no mundo.]

A PROCLAMAÇÃO DA CONSUMAÇÃO

1. Que o Magista soe a bateria 3-5-3, clamando **ABRAHADABRA.**[89]

. O Segundo Gesto

O Encantamento

1. Que o Magista, ainda de frente para Boleskine, avance até a circunferência de seu Círculo.
2. Que se vire em direção à esquerda e caminhe com passos discretos e rápidos, como de um tigre, sobre os limites de seu círculo até completar uma revolução nele.
3. Que dê o Sinal de Hórus (ou do Entrante),[90] à medida que passa, assim, a projetar diante dele a Força que irradia de Boleskine.
4. Que percorra seu Caminho até chegar ao norte, e que ali ele pare e volte sua face em direção ao norte.
5. Que ele trace com seu bastão o Pentagrama Adverso apropriado para invocar o Ar (Aquário).
6. Que traga o Bastão até o centro do Pentagrama e chame **NUITH!**
7. Que faça o sinal denominado Puella, permanecendo com seus pés juntos, cabeça arqueada, com a mão esquerda cobrindo o falo e a mão direita cobrindo o peito (atitude de Vênus de Médici).
8. Que ele novamente se volte à esquerda e siga seu Caminho como antes, projetando a Força de Boleskine à medida que passa; que ele pare da próxima vez que chegar ao sul, voltando sua face para fora.
9. Que ele trace o Pentagrama adverso que invoca o Fogo (Leão).
10. Que aponte o Bastão para o centro do Pentagrama e clame **HADITH!**
11. Que dê o Sinal Puer, permanecendo com os pés juntos e com a cabeça ereta. Que sua mão direita [o polegar entre o indicador e o dedo médio] seja elevada, o antebraço verticalmente em ângulo reto com o braço, o qual está estendido horizontalmente, alinhado com os ombros. Que a

---

89. Manipura, em si, é a Palavra do Éon.
90. Ver Capítulo Quatro. – *Ed.*

mão esquerda, com o polegar estendido à frente e os dedos apertados, repouse sobre a junção das coxas [atitude dos Deuses Mentu, Khem, etc.].

12. Que ele proceda como antes, então, no leste, que faça o Pentagrama Adverso que invoca a Terra (Touro) ⛧.
13. Que aponte seu Bastão para o Centro do Pentagrama, e clame **THERION!**
14. Que ele dê o Sinal denominado Vir, com os pés estando juntos. As mãos, com os dedos apertados e polegares erguidos para fora, são colocadas sobre as têmporas; então, a cabeça é arqueada e empurrada para trás, como se simbolizasse a cabeçada de uma besta com chifres [atitude de Pãn, Bacchus, etc.] (Frontispício de Eqx. I – III).
15. Procedendo como antes, que ele faça no oeste o Pentagrama Adverso pelo qual a Água é invocada ⛧.[91]
16. Apontando o Bastão para o centro do Pentagrama, que ele chame **BABALON!**
17. Que ele dê o Sinal Mulier. Os pés bem separados e os braços elevados de modo a sugerir um crescente. A cabeça é jogada para trás [atitude de Baphomet, Ísis em Saudação, o microcosmos de Vitruivius]. (ver Livro 4, Parte II.)
18. Que ele inicie a dança, traçando uma espiral centrípeta no sentido anti-horário, enriquecida por revoluções sobre seu próprio eixo à medida que passar por cada quadrante, até chegar ao centro do círculo. Lá, que ele pare, voltado para Boleskine.
19. Que eleve o Bastão, trace a Marca da Besta,[92] e clame **AIWAZ!**
20. Que trace o Hexagrama de Invocação da Besta ⛧.
21. Que abaixe o Bastão, golpeando a Terra com ele.
22. Que ele dê o Sinal da *Mater Triumphans*[93] [Os pés estando juntos; o braço esquerdo curvado como se carregando uma criança; o polegar e o indicador da mão direita apertam o mamilo do peito esquerdo, como se o oferecesse à criança]. Que fale a palavra **THELEMA!**
23. Execute a Dança em Espiral, movendo-se no sentido horário e girando sobre seu eixo no rumo anti-horário. Toda vez que passar pelo oeste, estenda o Bastão para o Quadrante em questão e saúde:

a. **Diante de mim os poderes de LA!** [para o oeste].
b. **Atrás de mim os poderes de AL!** [para o leste].

---

91. Escorpião – *Ed.*
92. A Marca da Besta é ☉, onde o Sol é Hadit, a Lua é Nuith e os Testículos são 666 e 156.
93. Também chamado de "Ísis em Regozijo". – *Ed.*

c. **Em minha mão direita os poderes de LA!** [para o norte].
   d. **Em minha mão esquerda os poderes de AL!** [para o sul].
   e. **Acima de mim os poderes de ShT!** [saltando no ar].
   f. **Abaixo de mim os poderes de ShT!** [golpeando o chão].
   g. **Dentro de mim os poderes!** [na atitude de Ptah ereto; os pés juntos, as mãos entrelaçadas sobre o Bastão em vertical].
   h. **Ao meu redor brilha a Face de meu Pai, a Estrela de Força e Fogo.**
   i. **E na Coluna entra Seu Esplender de seis raios!**

[Essa dança pode ser omitida, e todo o discurso cantado na atitude de Ptah.]

. **O Gesto Final**

Este é idêntico ao Primeiro Gesto

[Segue-se aqui uma impressão das ideias implicadas pelo Paean.][94]

Eu também sou uma Estrela no Espaço, única e autoexistente, uma essência individual incorruptível; também sou uma Alma; sou idêntico a Todos e a Nenhum. Estou em Todos, e todos estão em mim; sou separado de tudo e senhor de tudo, e um com tudo.

Eu sou um Deus, absoluto Deus de absoluto Deus; sigo em minha senda para trabalhar minha Vontade; tenho feito Matéria e Movimento para meu espelho; tenho decretado para meu deleite que Nada se formasse como gêmeo, para que eu pudesse sonhar a dança dos nomes e naturezas, e aproveitar a substância da simplicidade, observando as jornadas de minhas sombras. Não sou aquilo que não é; não conheço aquilo que não conhece; não amo o que não ama. Pois sou Amor, de acordo com o qual a divisão morre em deleite; sou Conhecimento, segundo o qual todas as partes, imersas no todo, perecem e passam à perfeição; e eu sou o que eu sou, o ser em que o Ser está perdido em Nada, nem digna a ser, senão por sua Vontade de descobrir sua natureza, sua necessidade de expressar sua perfeição em todas as possibilidades, cada fase um fantasma parcial, ainda que inevitável e absoluto.

Eu sou Onisciente, pois nada existe para mim a não ser que eu a conheça. Sou Onipotente, pois nada ocorre salvo por Necessidade, a expressão de minha Alma por meio de minha Vontade de ser, fazer, sofrer dos próprios símbolos. Sou Onipresente, pois nada existe onde não estou, aquele que criou o Espaço como uma condição de minha consciência de mim mesmo, que sou o centro de tudo, e minha circunferência a moldura de minha própria fantasia.

---

94. A versão completa desse ensaio pode ser encontrada em *Magick Book Four Part IV* (York Beach, ME: Samuel Weiser, 1993). – *Ed.*

Eu sou o Todo, pois tudo o que existe para mim é uma expressão necessária, em pensamento, de alguma tendência de minha natureza e todos os meus pensamentos são unicamente as letras de meu Nome.

Sou o Um, pois tudo o que sou não é o Todo absoluto, e todo o meu todo é meu e não de outro: meu, aquele que concebe de outros como a mim mesmo em essência e verdade, ainda que diferentes em expressão e ilusão.

Sou Nenhum, pois tudo o que sou é a imagem imperfeita do perfeito; cada fantasma parcial deve se extinguir no entrelace com a contraparte; cada forma se completará pelo encontro de sua contrária parelha, satisfazendo sua necessidade de ser o Absoluto pela conquista da aniquilação.

A Palavra, LAShTAL inclui tudo isso.

LA – Nada.

AL – Dois.

L é "Justiça", a Kteis completada pelo Phallus. "Nada e Dois", porque o Mais e o Menos se uniram em "amor sob vontade".

A é "o Tolo", Nada em Pensamento (Parzival), Verbo (Harpócrates) e Ação (Bacchus). Ele é o ar sem limites, o Espírito errante, porém com "possibilidades". É o Nada que os Dois têm feito pelo "amor sob vontade".

LA, portanto, representa o Êxtase da união de Nuit e de Hadit absortos em amor e, por meio disso, fazendo Nada deles mesmos. A criança deles é gerada e concebida, porém, até agora, também está na fase de Nada. *LA*, portanto, é o Universo naquela fase, com suas potencialidades de manifestação.

AL, em contrapartida, embora seja idêntico a *LA* em essência, exibe o Tolo manifestado pelo Equilíbrio dos Contrários. O peso nada é ainda, porém é expresso como se fossem dois pesos iguais em escalas opostas. O medidor ainda aponta para zero.

ShT é igual a 31, do mesmo modo que *LA* e *AL*, porém expressa a natureza secreta que põe em funcionamento a Magia ou a transmutação.

ShT é a fórmula desse éon em particular; outro éon poderá ter diverso modo de dizer 31.

Sh é Fogo, do mesmo modo como *T* é Força; unidas expressam Ra-Hoor-Khuit.

"O Anjo"[95] representa a Stélé 666, exibindo os Deuses do Éon, enquanto a "Força"[96] é um retrato de Babalon e da Besta, os emissários terrestres daqueles Deuses.

ShT é o equivalente dinâmico de *LA* e *AL*. *Sh* exibe a Palavra da Lei, sendo tripla, como 93 é o triplo de 31. *T* apresenta a fórmula da Magia

---

95. Essa é a Chave XX do Tarô, Julgamento, intitulada "Éon" no Tarô de Thoth de Crowley – *Ed.*
96. Essa é a Chave XI do Tarô, intitulada "Luxúria" no Tarô de Thoth de Crowley – *Ed.*

declarada naquela Palavra; o Leão, a Serpente, o Sol, Coragem e Amor Sexual, todos são indicados pela carta.

Note que, em *LA*, Saturno ou Satã é exaltado na Casa de Vênus ou Astarte, que é um signo de Ar. Desse modo, *L* é Pai-Mãe, Dois e Nada, e o Espírito (Espírito Santo) do Amor deles também é Nada. Amor é AHBH, 13, que é AChD, Unidade, 1, Aleph, o Tolo que é Nada; não obstante, é o Indivíduo Uno, que (como tal) não é outro, ainda que inconsciente de si mesmo até que sua Unidade se expresse como uma dualidade.

Em si mesma, qualquer impressão ou ideia é incognoscível. Ela não pode significar nada até ser levada a se relacionar com outras coisas. O primeiro passo é distinguir um pensamento do outro; isso é condição para reconhecê-lo. Para defini-la, devemos perceber sua orientação em relação a outras ideias. Portanto, a medida de nosso conhecimento a respeito de uma coisa qualquer varia a partir do número de ideias com as quais podemos compará-la. Todo fato novo não apenas acrescenta a si mesmo a nosso Universo, mas também faz subir o valor daquilo que já possuíamos.

Em *AL*, esse "O" ou "Deus" faz com que "Semblante observe semblante", estabelecendo-se como um equilíbrio; *A* é o Um-Nada concebido como *L*, o Dois-Nada. Portanto, *L* é o Filho-Filha Hórus-Harpócrates da mesma forma que o outro *L* é o Pai-Mãe Set-Ísis. Então, aqui está mais uma vez o Tetragrammaton, porém manifestado em equações idênticas nas quais todo termo é perfeito em si mesmo como um tipo de Nada.

ShT fornece o elemento final; fazendo a Palavra de cinco ou seis letras, conforme observamos *ShT* com uma ou duas letras. Desse modo, a Palavra indica a Grande Obra consumada: $5°=6°$.

Além disso, *ShT* é uma solução necessária à oposição aparente de *LA* e *AL*, porquanto um dificilmente poderia se passar pelo outro sem ação catalítica de uma terceira expressão idêntica, cuja função deveria ser transmutá-las. Em si mesma, tal expressão deve ser um tipo de Nada e sua natureza não pode transgredir a perfeição do Não Ser, *LA*, ou do Ser, *AL*. Ela deve ser puramente Nada-Matéria, de maneira a criar uma Matéria-em-Movimento, que é função de "Alguma Coisa".

Portanto, *ShT* é Movimento em sua fase dupla. Uma inércia composta de duas correntes opostas, cada uma sendo também polarizada desse modo. *Sh* é Céu e Terra, *T*, Macho e Fêmea; *ShT* é Espírito e Matéria; uma é a Palavra de Liberdade e Amor brilhando sua Luz para restaurar a Vida para a Terra; a outra é o ato pelo qual a Vida declara que o Amor é Luz e Liberdade. Estas são Duas-em-Uma, as letras divinas do Silêncio-na-Palavra, cujo símbolo é o Sol nos braços da Lua.

Entretanto, enquanto opostas a entidades, *Sh* e *T* são fórmulas semelhantes de força em ação; não são estados de existência, mas tipos de movimentos. São verbos, e não nomes.

Sh é o Espírito Santo como uma "língua de fogo" manifesta em triplicidade, é a criança de Set-Ísis como seu *Logos* ou Verbo pronunciado pelo "Anjo" deles. A carta é a XX, e 20 é o valor de *Yod* (a semente secreta de todas as coisas, a Virgem, o Eremita, Mercúrio, o Anjo ou Arauto) expressado de modo completo como IVD. *Sh* é o congresso Espiritual do Céu e Terra.

No entanto, *T* é o Espírito Santo em ação como um "leão rugindo" ou como a "Serpente velha", em vez de um "Anjo de Luz". Os gêmeos de Set-Ísis, meretriz e besta, estão ocupados com aquela luxúria sodômica e incestuosa, que é a fórmula tradicional para se produzir semideuses, como nos casos de Maria e da Pomba, Leda e o Cisne, etc. A carta é XI, o número da Magia AVD: Aleph, o Tolo, impregnando a mulher conforme o verbo de Yod, o Anjo do Senhor! Sua irmã seduziu a Besta, seu irmão, envergonhando o Sol com seu pecado; ela dominou o Leão e encantou a Serpente. A Natureza é insultada pela Magia; o homem é bestializado e a mulher é maculada. A conjunção produz um monstro; ela indica a regressão dos gêneros. No lugar de um homem-Deus, concebido pelo Espírito de Deus por meio de uma virgem em inocência, somos convidados a adorar o bastardo de uma prostituta e de um bruto, gerado no mais escandaloso pecado e nascido na graça mais blasfema.

Capítulo Seis

Os Rituais do Hexagrama

0. Ó meu Deus! Uno é teu Princípio! Uno é teu Espírito e tua Permutação é Una!
1. Que eu exalte Tuas perfeições diante dos homens.
2. Na Imagem da Sêxtupla Estrela que brilha pela cripta inútil, que eu revele Tuas perfeições.
3. Tu tens aparecido a mim como um Deus idoso, um Deus venerável, o Senhor do Tempo, trazendo um alfanje afiado.
4. Tu tens aparecido a mim como um Deus bem-disposto e avermelhado, cheio de Majestade, um Rei, um Pai em sua aurora.
5. Tu tens aparecido a mim com espada e lança, um Deus guerreiro em uma armadura flamejante entre teus cavaleiros.
6. Tu tens aparecido a mim como um Deus brilhante e jovem, um deus de música e beleza, até mesmo como um deus jovem em sua força, tocando a lira.
7. Tu tens aparecido a mim como a espuma branca do Oceano colhida por membros tão alvos quanto a espuma, os membros de um milagre de mulher, como uma deusa de amor extremo, a trazer um cinturão de ouro.
8. Tu tens aparecido a mim como um perverso e atraente menino, com Teu globo alado e suas serpentes postas sobre uma bengala.
9. Tu tens aparecido a mim como uma caçadora entre Teus cães, uma virginal e casta deusa, como uma lua entre os carvalhos desbotados da velha floresta.
10. Mas, não fui ludibriado por nada disso. Tudo isso lancei de lado, clamando: ide embora! Então tudo aquilo foi desaparecendo da minha vista.

11. *Também reuni a Estrela Flamejante e a Sêxtupla Estrela na forja de minha alma, e observei! Uma nova estrela 418 acima de tudo isso.*
12. *Ainda assim, não fui ludibriado; pois a coroa tinha doze raios.*
13. *E esses doze raios são um.*

– Liber dcccxii Vel Ararita

Uma vez tendo se tornado perito na execução dos rituais microcósmicos do Pentagrama, o próximo passo do magista, segundo a tradição, é dominar os rituais da Estrela Signatária do macrocosmo, o Hexagrama. O ritual thelêmico do Hexagrama é o *Liber XXXVI, A Safira Estrela*, que inicialmente apareceu na primeira edição do *The Book of Lies*, em 1913. Como poderemos ver depois, esse ritual é muito mais do que um Ritual convencional do Hexagrama sobrecarregado com componentes thelêmicos. Na verdade, há muitos que o consideram como a maior contribuição de Crowley para o Hermetismo ocidental.

Contudo, antes de examinarmos *A Safira Estrela*, precisamos ter uma compreensão fundamental dos rituais clássicos do Hexagrama. Com essa finalidade, examinaremos primeiro o Ritual Menor do Hexagrama e o comentário de Crowley a respeito do Ritual Maior do Hexagrama, assim como presentes em *Liber O*, Parte IV.[97] Em sua maior parte, os rituais são autoexplicativos, portanto mantive breves meus comentários introdutórios.

A Aurora Dourada definia o Hexagrama como "...um símbolo poderoso para representar a operação dos Sete Planetas sob a presidência das Sephiroth e do nome de sete letras ARARITA... um nome divino... formado pelas iniciais das sentenças hebraicas: **Uno é seu princípio. Una é sua individualidade. Sua permutação é una**".[98]

A mais concisa definição de ARARITA talvez possa ser encontrada na tradução inglesa das últimas palavras de *A Safira Estrela*: "Seis em Um através dos nomes dos Sete em Um, Ararita".[99] Relacionada a essa palavra sétupla, Crowley escreveu em sua edição de θελημα, privadamente impressa em 1909:

> O uso desse Nome e Fórmula é equipar e identificar toda ideia com seu oposto, sendo dessa forma liberado da obsessão de pensar sobre qualquer uma delas como "verdadeira" (e, portanto, limitada); podendo-se afastar a si mesmo de toda a esfera de Ruach.[100]

---

97. *Magick* (York Beach, ME: Samuel Weiser, 1989).
98. *Ibid.*
99. *Ibid.*
100. Ver *The Holy Books of Thelema* (York Beach, ME: Samuel Weiser, 1990), p. xxxiv.

O próprio Hexagrama é ilustrativo da união dos opostos. Em sua forma clássica, ele combina o triângulo vermelho de Fogo, com a ponta para cima, com o triângulo azul da Água, este com a ponta orientada para baixo. (Esse não é o caso de *A Safira Estrela*, mas vamos aprender mais no próximo capítulo.)

Como vemos abaixo, na figura 11, o Hexagrama, quando projetado na Árvore da Vida, engloba da terceira[101] à nona Sephiroth. Não obstante Daath-Binah, essa área da Árvore da Vida é atribuída ao terceiro mundo cabalístico, Yetzirah, e ao Vav do Tetragramatom. Se relembrarmos a alegoria do Tetragrammaton, a Princesa/Heh-final (adormecida e exilada no mundo microcósmico de 5) deve ser despertada pelo beijo do Príncipe/Vav (seu irmão-amante-arauto do mundo macrocósmico de 6). Eventualmente, da união deles resulta que a Princesa se torna a Rainha/Heh Superna e o Príncipe transforma-se no Rei/Yod. O papel espiritual no jogo desses quatro personagens se tornará profundamente importante para o entendimento de *A Safira Estrela*.

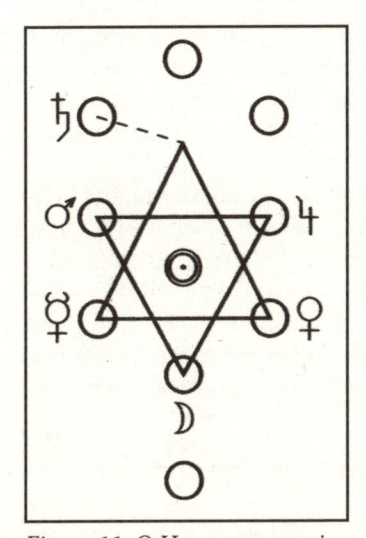

Figura 11. O Hexagrama projetado sobre a Árvore da Vida.

Essa posição, Vav = 6, é representativa do Santo Anjo Guardião. A primeira fase da Grande Obra é unir o 5 do magista com o 6 do S.A.G.; e o passo inicial para se fazer isso é "...equipar e identificar toda ideia com seu oposto..."[102] A realização regular do Ritual Menor do Pentagrama seguida pelo Ritual Menor do Hexagrama é o decreto simbólico desse processo e continua a ser uma excelente rotina cerimonial, mesmo para os magistas mais avançados.

Nos rituais do Hexagrama, o magista se mantém como o Sol rodeado pelo cinturão do zodíaco. As delimitações zodiacais dos quadrantes são definidas pelos signos cardinais, os quais são orientados pelos eixos solares dos equinócios e solstícios.

---

101. A terceira sephirah, Binah, representando Saturno, na verdade não é tocada pelo ponto mais alto do hexagrama, que alcança o abismo e toca Daath, a falsa sephirah. Apesar disso, como Daath não é uma posição inapropriada às inescrutabilidades de Binah e da Tríade Superna, os cabalistas se contentam com esse relacionamento substituto.
102. *Ibid.*

Áries-Fogo no leste; Capricórnio-Terra no sul; Libra-Ar no oeste; e Câncer-Água no norte. O magista, situando-se na interseção e representando uma linha vertical que corre perpendicularmente às duas linhas da cruz, trabalha a partir de uma posição de equilíbrio supremo.

Os rituais começam com a análise da Palavra-Chave INRI,[103] a partir da cerimônia de 5º=6º da Aurora Dourada. Considerada pelos adeptos do éon de Osíris como a "nova/aperfeiçoada" fórmula mágica do dia, a expressão latinizada de ressurreição cristã (INRI) é observada para ocultar a grande fórmula dos egípcios e dos gnósticos (IAO). Do mesmo modo que a seção da Cruz Cabalística do Ritual do Pentagrama declara a identidade do magista como um reflexo perfeito da Árvore da Vida, essa seção do Ritual do Hexagrama é a afirmação do magista de que ele é uma parte integral do desenvolvimento da fórmula mágica do Universo.

Apenas as versões tradicionais do Hexagrama (ver abaixo a figura 12) eram usadas para ilustrar *Liber O*. Para o trabalho zodiacal e planetário, como delineado nos comentários de Crowley sobre o Ritual Maior do Hexagrama, pode-se de modo correto e fácil empregar o Hexagrama unicursal (ver abaixo a figura 12). Esse é uma particular forma thelêmica de Hexagrama que desempenha uma boa parte em nosso estudo do Santo Hexagrama da *Safira Estrela*. A Tabela 2 (na página 123) mostra os vários Hexagramas unicursais.

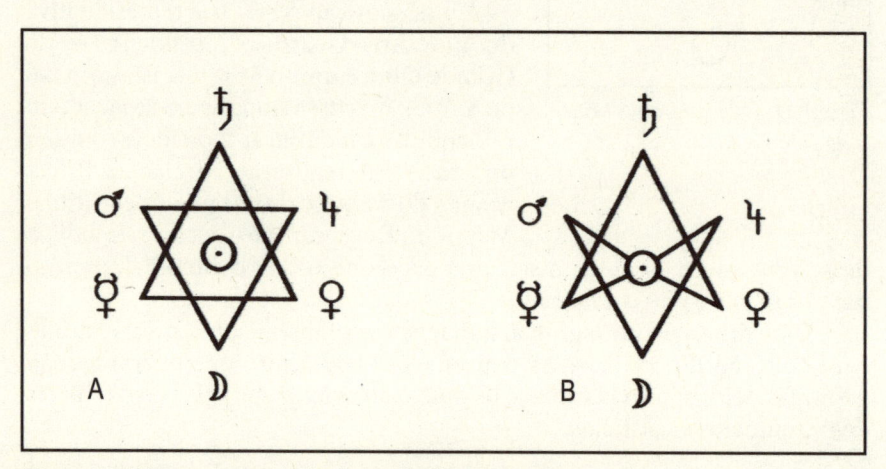

Figura 12. Hexagramas: a) Tradicional; b) Unicursal.

---

103. Iniciais de *Jesus Nazaraeus Rex Judaeorum*, mas também de *Igni Natura Renovata Integra: Isis Naturae Regina Ineffabilis*, e um bando de outras sentenças.

Tabela 2. Hexagramas unicursais.

Planeta		Invocando	Banindo
Saturno	♄		
Júpiter	♃		
Marte	♂		
Vênus	♀		
Mercúrio	☿		
Lua	☽		
Sol	☉		

O RITUAL MENOR DO HEXAGRAMA

Este ritual deve ser realizado depois do "Ritual Menor do Pentagrama".

1. De pé e ereto, pés juntos, braço esquerdo ao lado do corpo, braço direito na transversal, segurando um Bastão ou outra arma apontada para cima à altura da linha média. Então, de frente para o leste, diga:
2. I.N.R.I.
   Yod, Nun, Resh, Yod.
   Virgo, Ísis, Mãe Poderosa.
   Scorpio, Apophis, Destruidor.
   Sol, Osíris, Morto e Ressuscitado.
   Ísis, Apophis, Osíris, IAW.
3. Estenda os braços na forma de uma cruz e diga: **O Sinal de Osíris Morto**. (Veja figura 3a, na p. 75.)
4. Levante o braço direito até apontar para cima, mantenha o cotovelo em ângulo reto, abaixe o braço esquerdo até ficar apontando para baixo, mantenha o cotovelo em ângulo reto, enquanto vira a cabeça sobre o ombro esquerdo, olhando para baixo, de modo que os olhos acompanhem o antebraço esquerdo, e diga: **O Sinal do Luto de Ísis**. (Veja figura 3a, na p. 75.)
5. Levante os braços sobre a cabeça formando um ângulo de 60° entre eles, jogando-a para trás, e diga: **O Sinal de Apophis e Typhon**. (Veja figura 3a, na p. 75.)
6. Cruze os braços sobre o peito, dobre a cabeça para a frente, e diga: **O Sinal de Osíris Ressuscitado.** (Veja figura 3a, na p. 75.)
7. Estenda novamente os braços (como no item 3), cruze-os outra vez (como no item 6), dizendo: **L.V.X., A Luz da Cruz**.
8. Com a arma mágica trace o Hexagrama do Fogo (veja figura 13, p. 125) no leste, dizendo: **ARARITA** (אראריתא). Essa palavra consiste das iniciais da sentença que significa "Uno é seu princípio: Una é sua individualidade: Sua permutação é una".

   Esse Hexagrama consiste de dois triângulos equiláteros, ambos apontando para cima. Comece pelo topo do triângulo mais alto, traçando-o para a direita. O topo do triângulo inferior coincide com o centro do triângulo mais alto.
9. Trace o Hexagrama da Terra (veja figura 13, p. 127) no sul, dizendo: **ARARITA**. Esse Hexagrama tem a ponta do triângulo inferior apontada para baixo, devendo ser possível inscrevê-lo em um círculo.
10. Trace o Hexagrama do Ar (veja figura 13, p. 127) no oeste, dizendo: **ARARITA**. Esse Hexagrama é como o da Terra, porém as bases dos triângulos coincidem, formando um diamante.
11. Trace o Hexagrama da Água (veja figura 13, p. 127) no norte, dizendo: **ARARITA**. Esse Hexagrama tem o triângulo apontado para baixo,

colocado sobre o triângulo apontado para cima, de modo que suas pontas coincidam.

12. Repita (de 1 a 7).

O Ritual de Banimento é idêntico, salvo a direção do Hexagrama, que deve ser revertida (veja abaixo a Figura 13).

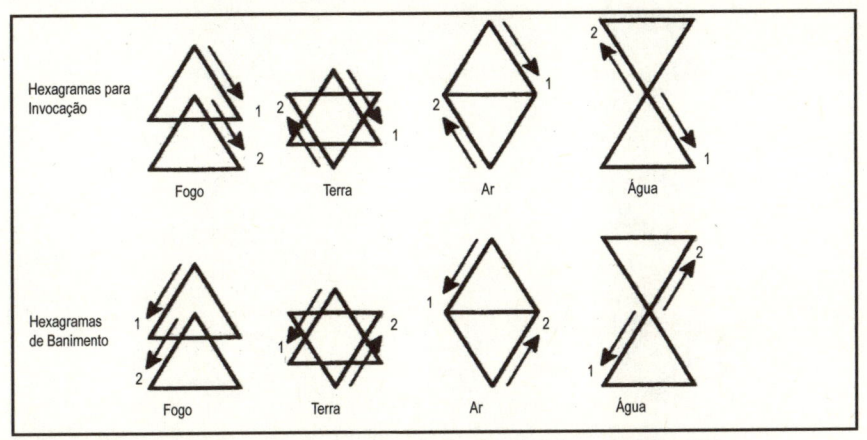

Figura 13. Hexagramas dos elementos adaptados de Liber O, Parte IV.

Para invocar ou banir planetas ou signos zodiacais, somente é usado o Hexagrama da Terra. Trace o Hexagrama começando a partir do ponto que está atribuído ao planeta com o qual você está lidando (ver o "777", coluna xxxiii). Assim, para invocar Júpiter, comece no ponto à direita do triângulo que aponta para baixo, complete-o movendo-se no sentido horário e então trace o outro triângulo completo a partir de seu ponto à esquerda.

Trace o sigilo astrológico do planeta no centro de seu hexagrama.[104]

Para o zodíaco, use o Hexagrama do planeta que rege o signo que você deseja ("777", coluna xxxiii), porém trace o sigilo astrológico do signo no lugar daquele do planeta. Para a *Caput* e *Cauda Draconis*, use o Hexagrama lunar com o sigilo de ☊ ou ☋.

Para banir, reverta o Hexagrama.

Em todos os casos, use a primeira conjuração com Ararita e depois com o nome do Deus correspondente ao planeta ou signo usado por você.[105]

---

104. Note o conjunto duplo de números nos Hexagramas Solares. Para invocar ou banir o Sol, os seis hexagramas planetários são desenhados em sua ordem planetária regular.
105. Os tradicionais nomes de deuses dos planetas são os seguintes: ♄ - YHVH ELOHIM; ♃ - EL; ♂ - ELOHIM GIBOR; ☉ - YHVH ELOAH VE-DAATH; ♀ - YHVH TZABAOTH; ☿ - ELOHIM TZABAOTH e ☽ - SHADDAI EL CHAI. – *Ed.*

Os Hexagramas pertinentes aos planetas são apresentados abaixo, na figura 14.

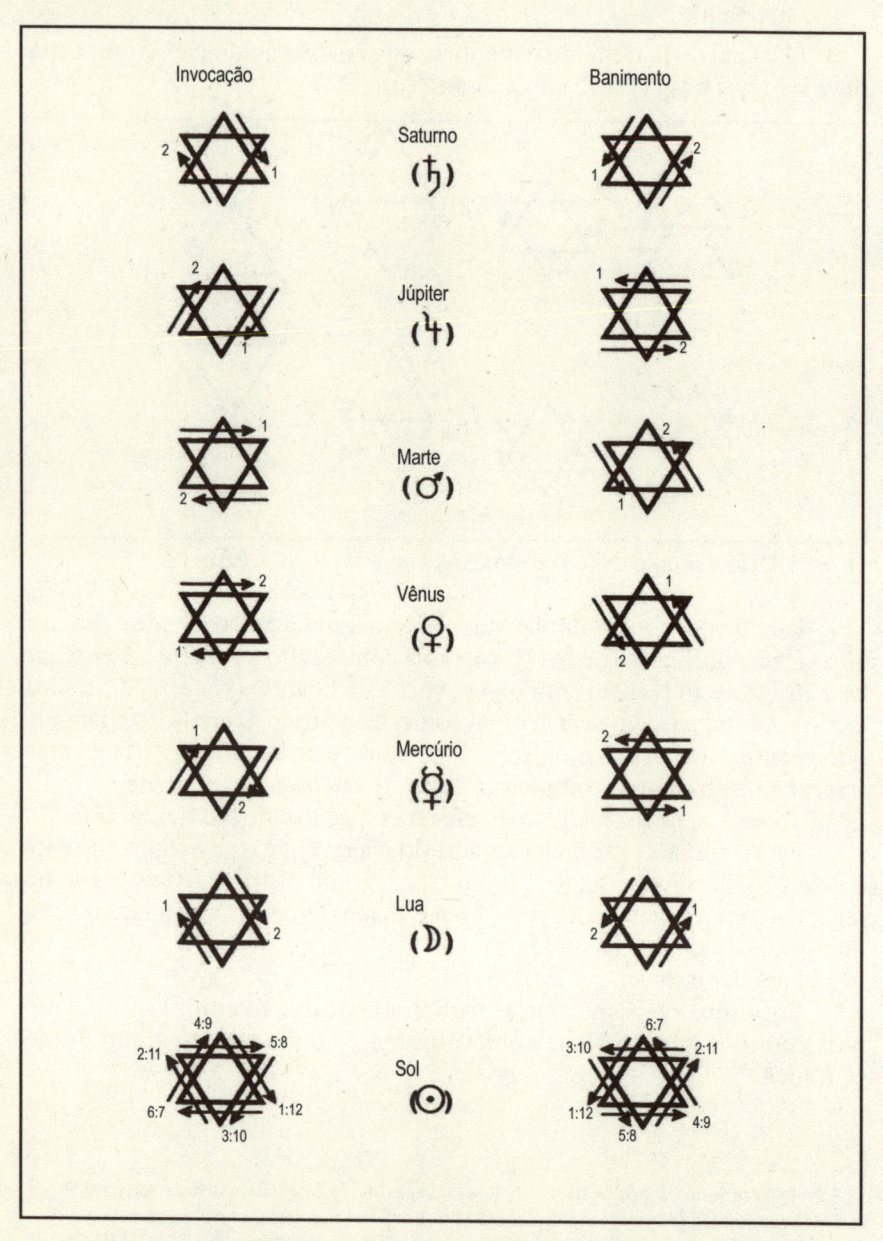

Figura 14. Hexagramas planetários, adaptados de Liber O, Parte IV.

Capítulo Sete

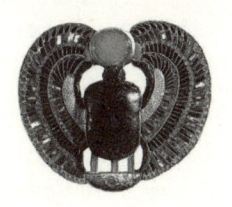

Os Rituais Thelêmicos do Hexagrama

Assim, por enquanto, a respeito do Pentagrama, vimos como ele é a Cruz, e sua Virtude no Mais Alto; porém o Hexagrama é na maior Parte um Detalhe da Fórmula da Rosa e Cruz. Já te mostrei como a Santíssima Trindade é o Yang; porém o Espírito e a Água (ou Fluido) e o Sangue, que dão testemunho no Inferior, são do Yin. Assim, a Operação do Hexagrama está inteiramente dentro da ordem de um Plano, e de fato une qualquer Alma à sua Imagem, mas não de modo transcendente, pois seu Efeito é Cosmos, o Vau que brota da União do Yod e do He.

– Liber Aleph

A *Safira Estrela* surgiu primeiro em 1913 como o Capítulo 36 do *The Book of Lies*. Do mesmo modo que, no *Rubi Estrela* e como no resto desse pequeno livro, reflete o extraordinário alto nível de iluminação que caracteriza as obras de Crowley daquele período. O ritual contém o seguinte comentário:
A Safira Estrela corresponde ao Rubi-Estrela do Capítulo 25; sendo 36 o quadrado de 6, do mesmo modo que 25 é de 5.

Esse capítulo dá o real e perfeito Ritual do Hexagrama.
Seria impróprio tecer mais comentários a respeito de um ritual oficial da A∴A∴.

Como acredito que um livro sobre os rituais thelêmicos seria incompleto sem uma introdução básica a respeito de *A Safira Estrela*, considero necessário me arriscar à condenação daqueles que sustentam que *qualquer* discussão sobre o ritual em questão é imprópria. Desde a metade dos anos

1970, pelo menos uma dúzia de trabalhos foi publicada abordando o tema desse ritual. Enquanto muitos foram esforços bem-intencionados, outros continham aquilo que considero distorções grosseiras e interpretações duvidosas. Depois de lê-los, entendi a sabedoria do comentário de Crowley. Seja como for, penso que seja importante oferecer uma breve introdução e umas poucas notas.

A auto-hagiografia de Crowley nos levaria a acreditar que *A Safira Estrela* fora escrita apressadamente como uma versão thelêmica do Ritual do Hexagrama, sem qualquer ideia de implicação mais profunda. Ele relata como recebeu uma visita inesperada de Theodor Reuss, o chefe da Ordo Templi Orientis, que o acusou de publicar o segredo central da Ordem, uma técnica de magia sexual. Quando Crowley protestou, dizendo que não havia feito tal coisa e que nem mesmo conhecia qualquer segredo de magia sexual, Reuss apresentou uma cópia do *The Book of Lies*, indicando-lhe o Capítulo 36, *A Safira Estrela*.

Estudiosos debatem a veracidade dessa história, porém existe pouca discussão a respeito de essa cerimônia poder ser facilmente interpretada como um ritual de magia sexual. Seja como for, oponho-me àqueles que, com piscadelas e cutucadas astuciosas, gostariam que acreditássemos que *A Safira Estrela*, o *Liber XV* ou uma série de outros rituais de Crowley são meramente elaborados como pretextos para uma variedade de atos sexuais exóticos.

Toda a magia é sexual. Na verdade, toda vida é sexual. Isso é visível ou implícito, pedido ou ordenado, reservado ou liberado. Toda a missa da Igreja Católica Romana é uma pantomima do ato sexual, como o "Grande Rito" das bruxas. A questão real é "do que o sexo é símbolo?"

A Safira Estrela está escrita como se fosse uma coreografia complexa de um ato de atividade sexual cerimonial. Apesar de tudo, o Hexagrama é simbólico para a união dos opostos. Em seu ritual, o desafio real do magista reside na habilidade de se concentrar, visualizar, receber, ordenar e trocar as energias representadas pelos vários "Santos Hexagramas". Esse trabalho é realizado no plano mágico, que pode ser acessado por um certo número de técnicas, incluindo sexo (mas não limitado a essa). Sempre que os opostos são transcendidos e a união perfeita é realizada, "algo" maior é alcançado. Na atividade sexual, é o êxtase do orgasmo; na iniciação, pode ser o Conhecimento e Conversação do Santo Anjo Guardião.

Encorajo o estudante que dominou os tradicionais rituais do Hexagrama a aprender *A Safira Estrela*. Pratique-a primeiro como um exercício não sexual, traçando os Hexagramas Unicursais ou tradicionais (veja as figuras 13 e 14 nas páginas 127 e 128, por exemplo). Estude e medite a respeito das implicações dos signos, as palavras e, mais importante, sobre o significado dos quatro "Santos Hexagramas". Seu trabalho será recompensado.

No Capítulo 69 do *The Book of Lies*, Crowley nos dá a única definição explícita publicada do Santo Hexagrama. Reproduzimos aqui essa definição e o comentário de Crowley, e esperamos que o leitor a considere de utilidade.

ΚΕΦΑΛΗΞΘ[106]

A Senda para o Sucesso – e a Senda Para Chupar Ovos!

Este é o Santo Hexagrama.
Precipita-te das alturas, ó Deus, e com o Homem te integra!
Precipita-te das alturas, ó Deus, e com a Besta te integra!
O Triângulo Vermelho é a Língua Descendente da graça; o Triângulo Azul é a língua ascendente da oração.
Esse intercâmbio, o Dom Duplo das Línguas, a Palavra de Poder Duplo – ABRAHADABRA! – é o signo da GRANDE OBRA, pois a GRANDE OBRA é consumada em Silêncio. E observa que aquela Palavra não é igual a Cheth, que é Câncer, cujo Sigilo é ♋?
Esta Obra também se devora, consome seu próprio fim, nutre o obreiro, não deixa semente, em si é perfeita.
Criancinhas, amai-vos umas às outras.

Comentário (ΞΘ)[107]

A chave para o entendimento desse capítulo é dada no número e no título, sendo o anterior inteligível a todas as nações que usam figuras arábicas, a última apenas para especialistas em decifrar trocadilhos ingleses.

O capítulo alude ao traçado do Hexagrama de Levi e é uma crítica e um aperfeiçoamento do dele. O Hexagrama ordinário, o Hexagrama da natureza, o triângulo vermelho está voltado para cima, como o fogo, e o triângulo azul para baixo, como a água. No Hexagrama mágico, isso é revertido: o triângulo vermelho descendente é aquele de Hórus, um sinal revelado especial e pessoalmente por ele, no Equinócio dos Deuses. (É a descendente chama sobre o altar, fustigando a oferenda queimada.) O triângulo azul representa a aspiração, uma vez que azul é a cor de devoção, e o triângulo, considerado de modo cinemático, é o símbolo da força dirigida.

Nos três primeiros parágrafos, é explicada a formação do hexagrama; é o símbolo da separação mútua do Santo Anjo Guardião e seu cliente. Na integração, é indicada a completude da obra.

---

106. Ver *The Book of Lies* (York Beach, ME: Samuel Weiser, 1990), Capítulo 69.
107. *Ibid.*

O parágrafo 4 explica, em uma linguagem levemente diferente, o que foi dito anteriormente, e é apresentada a imagem bíblica das línguas.

No parágrafo 5, o simbolismo das línguas é mais desenvolvido. Abrahadabra é nosso exemplo primal de uma palavra integrada. Assumimos que o leitor já a tenha estudado a fundo em Liber D., etc. O Sigilo de Câncer liga esse simbolismo com o número do capítulo.

Os demais parágrafos continuam o simbolismo gaulês.

LIBER XXXVI
A SAFIRA ESTRELA
A∴A∴ Publicação em Classe D.

1. Que o Adepto seja armado com seu Crucifixo Mágico [e provido com sua Rosa Mística].
2. No centro, que execute os sinais de L.V.X. ou, se os souber, se quiser e ousar fazê-los, e poderá manter silêncio a respeito deles, os sinais de N.O.X., sendo os sinais de Puer, Vir, Puella, Mulier. Omita o sinal I.R.[108]
3. Então, que ele avance em direção ao Leste e faça o Santo Hexagrama, dizendo: **Pater et Mater unus deus Ararita**.
4. Que siga ao redor em direção ao Sul, faça o Santo Hexagrama, e diga: **Mater et Filius unus deus Ararita**.
5. Que siga ao redor em direção ao Oeste, faça o Santo Hexagrama, e diga: **Filius et Filia unus deus Ararita**.
6. Que siga ao redor em direção ao Norte, faça o Santo Hexagrama, e diga: **Filia et Pater unus deus Ararita**.
7. Que ele, então, retorne ao Centro, e assim no Centro de tudo [fazendo a "Rosa-Cruz", conforme ele souber], dizendo **Ararita Ararita Ararita**.
8. [Nestes, os Sinais serão os de Set Triunfante ou de Baphomet. Set também aparecerá no Círculo. Que ele beba do Sacramento e que comunique isso também.]
9. Então ele diz: **Omnia in Duos: Duo in Unum: Unus in Nihil: Haec nec Quatuor nec Omnia nec Duo nec Unus nec Nihil Sunt.**
10. **Gloria Patri et Matri et Filio et Filiae et Spiritui Sancto externo et Spiritui Sancto interno ut erat est erit in saecula Saeculorum sex un uno per nomen Septem in uno Ararita.**
11. Que ele repita os sinais de L.V.X., mas não os de N.O.X., pois não será ele que se erguerá no Sinal de Ísis em Regozijo.

COMENTÁRIOS, TRADUÇÕES E NOTAS DO AUTOR

1. O Crucifixo Mágico é o Bastão do Magista; a Lança do Sacerdote; simbólica do *Lingam*. Sua Rosa Mística é a Taça da Sacerdotisa, simbólica da *Yoni*.
2. Os sinais de L.V.X. serão usados na versão-padrão de *A Safira Estrela*. No entanto, o ritual também poderá ser executado ao empregar os sinais de N.O.X., caso o Magista esteja em um determinado ponto em sua carreira iniciática, em que eles são apropriados e necessários. Uma vez que esse caso é menos frequente, somos alertados pelos poderes da esfinge: "...se os souber, se quiser e ousar fazê-los, poderá manter silêncio a respeito deles..." O sinal de Ísis em Regozijo é omitido, pois

---

108. Ísis em Regozijo, que é feito como o *Mater Triumphans*, de *Reguli*. - Ed.

não possui correspondente entre os Sinais de L.V.X. (veja a figura 3a, na p. 75, e figuras 3b, 3c e 3d, nas páginas 75 a 78, para os Sinais de N.O.X. e os Sinais dos Graus.)
3. O Santo Hexagrama de Fogo. A transcendência dos opostos, ocorrida quando da união de Yod e Heh.
   Pater et Mater unus deus Ararita ("Pai e Mãe, um deus Ararita").
4. O Santo Hexagrama da Terra. A transcendência dos opostos, ocorrida quando da união de Heh e Vav.
   Mater et Filius unus deus Ararita ("Mãe e Filho, um deus Ararita").
5. O Santo Hexagrama do Ar. A transcendência dos opostos, ocorrida quando da união de Vav e Heh final.
   Filius et Filia unus deus Ararita ("Filho e Filha, um deus Ararita").
6. O Santo Hexagrama da Água. A transcendência dos opostos, ocorrida quando da união de Heh final e Yod.
   Filia et Pater unus deus Ararita ("Filha e Pai, um deus Ararita").
7. A "Rosa-Cruz" é a união da Vara Mágica e da Rosa Mística. Pode ser simbolizada adequadamente no ritual como o Hexagrama Unicursal com uma pequena rosa de cinco pétalas no centro.
8. O Sinal de Set Triunfante pode ser interpretado como o Sinal da *Mater Triumphans*. Então, o produto da união é tratado como Eucaristia.
9. **Omnia in Duos** (Tudo em Dois) **Duo in Unum** (Dois em Um) **Unus in Nihil** (Um em Nada) **Haec nec Quatuor nec Omnia nec Duo nec Unus nec Nihil Sunt** (Esse não é nem Quatro, nem Tudo, nem Dois, nem Um, nem Nada).
10. **Gloria Patri et Matri et Filio et Filiae et Spiritui Sancto externo et Spiritui Sancto interno ut erat est erit in saecula Saeculorum sex un uno per nomen Septem in uno Ararita** ("Glória ao Pai e à Mãe, e ao Filho e à Filha, e ao Espírito Santo externo e interno, que era, é e será o mundo sem-fim. Seis em Um pelo nome dos Sete em Um, Ararita.")
11. Os sinais de N.O.X. são inapropriados nesse ponto, pois a Epifania ocorreu como resultado da criação da Rosa-Cruz.

Capítulo Oito

Conhecimento e Conversação do Santo Anjo Guardião

O Supremo Ritual Único é a conquista do Conhecimento e Conversação do Santo Anjo Guardião. Ele é o surgimento do homem completo, em uma linha reta e vertical.

Qualquer desvio dessa linha tende a se transformar em magia negra. Qualquer outra operação é magia negra... Caso o magista precise realizar qualquer outra operação além dessa, ela apenas é permitida na medida em que for necessária como uma preliminar Àquela Obra.

– *Magick*

Nenhum aspecto da Magia de Thelema é mais importante do que o Conhecimento e a Conversação do Santo Anjo Guardião. Essa é a experiência pessoal religiosa clássica e universal. Até obtê-la, nenhuma visão, ritual, invocação, evocação, conjuração, divinação, disciplina do iogue ou prática mágica poderá ser verdadeiramente eficaz ou confiável.

Desconhecida pelo público, ela é a verdade central das assim chamadas "grandes religiões" do mundo e a chave para a compreensão dos mitos sobre os quais elas foram fundadas. O Santo Anjo Guardião é o objetivo divino de devoção do Bhakti Ioga; é Krishna para o hindu e Cristo para o cristão, não importando por qual nome ou em que forma o Santo Anjo Guardião transfigura e concede graças ao devoto, expandindo sua consciência, pré-requisito para qualquer experiência espiritual ou conquista maior. O conceito do "S.A.G." é antigo, porém, como usado em Magia, o termo – Santo Anjo Guardião – é relativamente novo.

Em 1888, S.L. MacGregor-Mathers, um adepto da Aurora Dourada, traduziu um grimório do século XV chamado *The Book of the Sacred Magic of AbraMelin, the Mage* [Santo Anjo Guardião – A Magia Sagrada de Abra-Melin, o Mago]*. Escrita aparentemente em 1458 por Abrahão, o Judeu (um personagem enigmático, não sem credenciais históricas nas intrigas da corte da Europa Central), essa obra memorável provou ser bem diferente de qualquer outro texto mágico.

Enquanto grimórios da mesma época mandavam os magistas a intermináveis caçadas em busca de carniça (pegando sangue de morcego, olhos de salamandra, etc.), no sentido de lhes comunicar o poder de enfeitiçar o gado da vizinhança ou repelir o mau-olhado, *AbraMelin* apresentava uma nova ideia. Na verdade, para se receber poderes mágicos reais, o magista primeiro precisa tornar-se um indivíduo de integridade espiritual superior. Para exercer poderes como um deus, deve-se ser como um deus. Afirmações religiosas e a imitação de encantamentos mágicos preconcebidos são inúteis, a menos que o magista realmente seja uma pessoa santa. A teoria simples, ainda que profunda, foi um afastamento das técnicas primitivas da Magia da Europa medieval e elevou a arte a um nível comparável às ciências dos iogues do Oriente.

The Book of the Sacred Magic of AbraMelin, the Mage postula que todo indivíduo tem um Santo Anjo Guardião; um ser espiritual único a cada um de nós. Esse ser, cuja natureza verdadeira apenas pode ser adequadamente explicada por ele mesmo, é mais do que uma projeção de nosso eu aperfeiçoado. De fato, até termos nos unido com esse ser, nem mesmo possuímos o "equipamento" necessário para compreender sua natureza.

Por meio da assunção de uma atitude não diferente daquela de uma pretendente doente de amor (que nada pode fazer, senão se consumir por seu bem-amado), despertamos dentro de nós mesmos um arsenal de emoções inatas, as quais podem ser focadas e ampliadas a tal grau que a união com esse amante abstrato é realmente alcançada. Na linguagem dos cabalistas, somos o Heh Final (5) do Tetragrammaton e o Santo Anjo Guardião é o Vav (6). O S.A.G. é o príncipe que desperta a princesa do sono. Uma vez realizada essa união, ambos, nós e nosso Anjo, somos transformados em um ser espiritual mais elevado, que é capaz de dominar verdadeiramente as forças desequilibradas dos mundos inferiores. Apenas depois seremos merecedores de receber orientação espiritual pessoal da única fonte confiável do Universo... nós mesmos.

---

*N.E.: Sugerimos a Leitura de *Santo Anjo Guardião – A Magia Sagrada de Abra Melin, o Mago*, lançamento da Madras Editora.

O meio cabalístico do S.G.A. é a sexta Sephirah, Tiphereth. No sistema de graduação iniciática da A∴A∴, ele representa a conquista do 5º=6☐, o grau de Adeptus Minor.

A operação de AbraMelin é simples, embora árdua. Requer uma casa ou um ambiente rústico seguro. O magista deve ser suficientemente independente e autoconfiante o bastante para continuar a operação por seis meses consecutivos, sem interrupção. A cada dois meses o regime de orações, jejum e atividades devocionais aumenta em tamanho e intensidade, até a proximidade do fim da operação, quando o magista entra em um estado de contínua consumação de tudo e fome pelo Anjo.

Pouco depois da chegada do Anjo, o magista é instruído a chamar os "Quatro Grandes Príncipes do Mal", submetendo-os à obediência e extraindo deles juramentos de fidelidade. No dia seguinte, isso é feito, como os oito subpríncipes e assim por diante, até que a população inteira dos reinos infernais tenha jurado obediência e fidelidade ao novo magista "S.G.A.nizado".

Perguntam-me, frequentemente, por que se comunicar com os habitantes do Inferno é a primeira coisa que o magista faz após os seis meses de aspiração religiosa pela realidade espiritual "mais alta". A resposta é simples. Você não opera em um vácuo. Como é acima, é abaixo. Seu Anjo desceu até lhe conceder a graça da união. No sentido de completar o circuito e assegurar um fluir ininterrupto de sua divina corrente, por sua vez, você deve descer e transmitir a mesma graça ao mundo abaixo de si. Caso falhe em redimir, controlar e ensinar os seres de sua mais baixa natureza, aqueles "demônios" ressurgirão tão cedo quanto o ardor da presença do Anjo tiver se esvaído e, literalmente, eles "farão um inferno" de você.

São raros os indivíduos que admitem tentar a Magia Sagrada de Abra-Melin, o Mago. Mais raro ainda é dar crédito às pessoas que sustentam que executaram o procedimento formal com sucesso. Israel Regardie certa vez me disse que, com exceção de Crowley, não conhecia ninguém que tivesse concluído com sucesso uma operação de AbraMelin.

Crowley fez duas tentativas, antes de completá-la com sucesso. Ele comprou a casa de Boleskine às margens do Lago Ness para o expresso propósito de realizar a operação. Esta foi interrompida primeiro em 1900, pois Crowley foi a Paris para ajudar Mathers durante um período de colapso da Aurora Dourada, e, segundo, em 1903, para se casar com sua primeira esposa, Rose Kelly.

Quando ele finalmente teve sucesso, foi sob as mais inacreditáveis e difíceis circunstâncias. Em 1906, enquanto andava pela China, Crowley mentalmente realizou a Invocação do Santo Anjo Guardião. Todo o procedimento foi internalizado; o templo, o mobiliário, a parafernália ritualística – tudo visualizado e projetado sobre a tela de sua mente e nela mantido por meio de intensa concentração. A invocação e a oração foram mentalmente ensaiadas, dia após dia. A tal ponto estava focada a concentração dele que, em certa ocasião, após vários momentos tomados por ela, percebeu que, com seu pônei, havia caído de um pequeno penhasco.

O sucesso dele lhe provou que a fórmula básica e os procedimentos da operação de AbraMelin eram viáveis. Também se tornou claro que, enquanto o programa geral de "frequente invocação" e de "se inflamar" em oração fosse estritamente seguido, os particulares da cerimônia poderiam variar consideravelmente daquela estabelecida no texto de 1458. Foi durante esse período que Crowley desenvolveu as técnicas que formariam as bases daquilo que ele considera "a mais poderosa e exaltada de todas as minhas instruções mágicas", *Liber Samekh*.

Na Árvore da Vida, o Caminho de Samekh é o segundo segmento do Pilar do Meio e conecta a nona sephirah, Yesod (a Lua), à sexta sephirah, Tiphereth (o Sol). Em hebraico, a letra Samekh vale 60 e significa um sustentáculo, a estaca de uma tenda ou um mastro. No Tarô tradicional, Samekh é a carta de Sagitário, a Temperança, que apresenta Michael, o arcanjo de Tiphereth, reconciliando os opostos, vertendo Água no símbolo do Fogo (um leão) e Fogo sobre o da Água (uma águia). Um arco-íris paira acima do Anjo, o símbolo bíblico do pacto de Deus com o homem. O arco-íris representa o Véu de Paroketh, que separa as Sephiroth 10, 9, 8 e 7 do resto da Árvore da Vida. O Caminho de Samekh, do mesmo modo que a flecha de Sagitário, trespassa o Véu de Paroketh arco-irizado e sobe pelo pilar do meio até Tiphereth, a morada do Santo Anjo Guardião.

A versão de *Liber Samekh* com a qual estamos mais familiarizados foi preparada em 1921, para proveito de um residente da Abadia de Thelema,[109] Fráter Progradior (Frank Bennett). Crowley possuía uma genuína afeição por esse corajoso australiano, que viajou a Cefalu para obter instrução espiritual. Certa tarde, enquanto caminhavam juntos para a praia, Crowley, durante uma conversa casual, disse alguma coisa a Bennett, que instantaneamente resolveu conflitos internos e pessoais não solucionados que tinham frustrado seu avanço espiritual nos últimos trinta anos. Esse evento despertou um transe, como um estado de exaltação, que durou três dias.

Crowley ficou tão satisfeito com a receptividade de Bennett ao programa que quis presenteá-lo com um ritual mestre de invocação do Santo Anjo Guardião. *Liber Samekh* é esse presente.

O estrado da cerimônia é a tradução de *Fragment of a Graeco-Egyptian Work upon Magic* [Fragmento de um Trabalho sobre Magia Greco-Egípcia]

---

109. Em abril de 1920, Crowley estabeleceu um monastério thelêmico (teoricamente baseado na Abadia de Thelema de Rabelais) nas proximidades da pequena comunidade da praia siciliana de Cefalu. Problemas de dinheiro, escândalos e uma ordem de expulsão dada por Mussolini puseram um fim à abadia em maio de 1923.

feita por Charles Wycliffe Goodwin, em 1852, e incluída por Mathers como invocação preliminar da tradução deste do *Lesser Key of Solomon, the Goetia* [Chave Menor de Salomão, a Goetia]. Ela era informalmente conhecida na Aurora Dourada como "Ritual do Não Nascido". A ele, Crowley adicionou uma interpretação dos nomes bárbaros "etimológica ou cabalisticamente determinados e parafraseados em inglês".

Demais para o esqueleto do ritual. Sua alma é o corrente comentário e instruções para visualização dos pontos II e III. Aqui, encontramos rumos detalhados, relevantes para o processo de interiorização do magista. Em nenhuma outra obra Crowley é tão explícito a respeito do que deverá acontecer na mente do magista. O ritual é inteiramente realizado no plano mágico pelo "Corpo de Luz" do magista. Tudo é visualizado e Crowley é claro em cada ponto.

Nos comentários, também são encontradas informações mágicas de grande valor, como em nenhum outro escrito de Crowley – definições fundamentais dos termos, explicação concreta de conceitos abstratos e outras gemas que servem para preencher muitas lacunas na educação mágica, até mesmo do mais versado estudante.

Minha única crítica a *Liber Samekh* não diz respeito ao ritual, mas a seu formato original. Devo confessar: quando comecei a estudá-lo, concluí que a partir desse material jamais seria capaz de torná-lo um ritual praticável. Comentários importantes e instruções vitais para a compreensão da cerimônia estão espalhados de modo distraído ao longo de dois ensaios (pontos II e III), ao final do próprio ritual, e existem outros aspectos de sua organização que tornam complicado o estudo inicial, consumindo muito tempo. Há muitos anos, decidi fazer algo a respeito disso e organizei duas versões de *Liber Samekh* em meu diário mágico, assim como seguem:

1) Uma versão de estudo – que inclui o ponto I exatamente como o original, mas embaixo de cada seção e linha do texto, copiei os comentários descritivos do ponto II. Isso capacitou meu pobre e linear cérebro a perceber sobre o que Crowley estava de fato falando.

2) Uma versão de trabalho – que serve como um roteiro prático, mostrando apenas as palavras, orientações e os necessários diagramas para, de fato, memorizar e começar a treinar a cerimônia.

Tomei a liberdade de oferecer *Liber Samekh* como o descrevi acima. Para aqueles que possam se opor a isso como um ato blasfemo de edição selvagem, asseguro-lhes que nenhuma palavra de *Liber Samekh* foi removida, e que cada comentário do ponto II está precisamente colocado onde foi referenciado por Crowley no ponto I.

O Ritual de Trabalho que segue é claramente intitulado como um texto editado, e os comentários e diagramas que o acompanham são sugeridos a partir das notas de Crowley.

Antes de passarmos a examinar *Liber Samekh*, acho que é necessário dizer umas poucas palavras a respeito da interpretação de Crowley dos nomes bárbaros, os quais faziam parte do original *Fragment of a Graeco-Egyptian Work upon Magic*.

Teoricamente, tais "palavras mágicas" são eficazes porque são ininteligíveis. A mente racional é transcendida, e o plano mágico é acessado pelos murmúrios do magista, por uma cadeia de palavras e frases com sons estranhos. A interpretação das palavras parece destruir esse processo, e existem muitos praticantes que sentem isso como um desnecessário exercício por parte de Crowley.

Pessoalmente, familiarizar-me com a análise de Crowley dos nomes nem ajudou nem atrapalhou minha apreciação do ritual. Os nomes ainda soam estranhos e misteriosos e estabelecem uma ambientação poderosa e irracional.

Caso qualquer dano tenha sido feito aos nomes pelo tratamento dado por Crowley, este não será sério para o estudante, senão para o diletante, que folheia todo o texto buscando coisas do tipo *"Tu Sol-Satã..."* e *"Satã, meu Senhor! A Luxúria do Bode!"* Mais de um "especialista em culto criminoso" citou essa seção (fora do contexto) na televisão, em programas de entrevistas, em uma tentativa de provar que Crowley era um satanista perverso.

Para o estimado leitor, que comigo foi tão longe, penso que não será necessário tomar qualquer tempo adicional defendendo a honra de Crowley. Um estudo cuidadoso de sua obra será infinitamente mais proveitoso do que eu jamais poderia oferecer. Até mesmo um estudante iniciante de Cabala pode facilmente ver como Crowley chegou à composição dos vários significados dos nomes. Analisando-os letra a letra, como se cada uma fosse soletrada em hebraico, a cada letra hebraica é atribuído um significado, um número, um trunfo do Tarô e uma série de outras correspondências cabalísticas. **A** = Aleph = a letra da respiração; **R** = Resh = a carta Sol; portanto **AR** = "*Ó aleato, Sol fluente*".

Normalmente, Satã desponta quando a letra **O** assume uma posição de estágio. **O** = Ayin = o Olho = Capricórnio = o Bode = a carta Diabo. **OOO** = "*Satã, teu Olho, tua Luxúria!*" repetido três vezes. Isso é muito simples.

Como uma interpretação iniciática da palavra Satã, Crowley nos fornece o seguinte, a partir do Capítulo 5 de *Magick in Theory and Practice*:

"**O** – o 'Diabo' exaltado (também o outro Olho secreto) pela fórmula da Iniciação de Hórus, descrita em detalhes em outra parte. Esse 'Diabo' é chamado de Satã ou Shaitan, e está relacionado a horror por pessoas que ignoram essa fórmula e que, ao se imaginarem más, acusam a própria Natureza de seu crime fantasmal. Satã é Saturno, Set, Abrasax, Adad, Adônis, Attis, Adam, Adonai, etc. A mais séria acusação que lhe fazem é que ele é apenas o Sol do Sul. Os antigos iniciados, residentes nas terras cujo sangue era a água do Nilo ou do Eufrates, relacionavam o Sul com o calor que debilita a vida, e amaldiçoavam esse quadrante em que os raios solares eram fatais. Até mesmo na lenda de Hiram, é na lua cheia que ele é golpeado e assassinado. Além disso, para a população do Hemisfério Norte, Capricórnio é o signo em que o Sol entra quando alcança a declinação do extremo Sul, no Solstício de Inverno, a estação da morte da vegetação. Isso lhes deu o segundo motivo para amaldiçoar o Sul. Um terceiro; a tirania do calor, da aridez e dos ventos venenosos; a ameaça de desertos e de temerosos oceanos, misteriosos e intransponíveis, tudo isso, na mente deles, também era relacionado ao Sul. Para nós, porém, conscientes dos fatos astronômicos, esse antagonismo do Sul é uma superstição idiota, sugerida pelos acidentes das condições locais aos nossos ancestrais animistas. Não vemos inimizades entre Direita e Esquerda, Alto e Baixo, ou em quaisquer pares similares de opostos. Essas antíteses apenas são reais como um corolário de relação; são as convenções de um instrumento arbitrário para representar nossas ideias em um simbolismo plural baseado na dualidade. 'Bom' deve ser definido em termos de ideais e instintos humanos. O 'Leste' não possui significado, exceto como referência a assuntos internos à terra; como uma orientação absoluta no espaço, ele muda um grau a cada quatro minutos. 'Alto' é o mesmo para dois homens, a não ser que um deles se mude para estar na linha que liga o outro ao centro da terra. 'Pesado' é opinião privada dos músculos. 'Verdadeiro' é um epíteto totalmente ininteligível e que tem se provado resistente à análise de nossas melhores habilidades como filósofos.

Portanto, para tais ideias, não temos escrúpulos em restaurar a 'adoração do diabo', como àquelas das leis do som, e dos fenômenos da fala e da audição, que nos forçam a nos conectar com o grupo de 'Deuses' cujos nomes são baseados a partir de ShT ou D, vocalizados por meio de uma respiração voluntária. Esses Nomes indicam as qualidades da coragem, franqueza, energia, orgulho, poder e triunfo; são as palavras que expressam a vontade criativa e paterna.'

Assim, 'o Diabo' é Capricórnio, o Bode que pula sobre as montanhas mais altas, a Divindade que, caso se torne manifesta no homem, fará dele o Aegipan, o Todo.

O Sol entra nesse signo quando retorna para renovar o ano no Norte. É também a vogal O, própria a um rugido, a um barulho e a um comando, uma forte respiração controlada pelo firme círculo da boca.

Ele é o Olho Aberto do Sol exaltado, diante de quem todas as sombras batem em retirada: e também o Olho Secreto que faz uma imagem de seu Deus, a Luz, e lhe concede poder de proferir oráculos, iluminando a mente.

Portanto, ele é o Homem feito Deus, exaltado, ávido; que possui consciência de sua completa estatura e, assim, está pronto para partir em sua jornada, para redimir o mundo. Porém, ele pode não aparecer nessa forma verdadeira, pois a Visão de Pãn poderá levar os homens à loucura e ao temor. Ele deve se ocultar em sua aparência original."

⁂

Espero que o leitor encontre nas seguintes versões mais amigáveis de *Liber Samekh* um auxílio útil para seus estudos a respeito desse trabalho ritualístico mais importante.

LIBER SAMEKH
THEURGIA GOETIA SUMMA
(CONGRESSUS CUM DAEMONE)
SUBFIGURA DCCC

Sendo o Ritual empregado pela Besta 666 para a Consecução do Conhecimento e Conversação de seu Santo Anjo Guardião, durante o Semestre de sua realização da Operação da Magia Sagrada de ABRAMELIN, O MAGO.

(Preparada no An XVII, Sol in Virgo, na Abadia de Thelema, em Cephalaedium, pela Besta 666 a serviço de FRATER PROGRADIOR.)

Publicação Oficial da A∴A∴ em Classe D para o Grau de Adeptus Minor

PONTO I
EVANGELII TEXTUS REDACTUS
PONTO II
ARS CONGRESSUS CUM DAEMONE

A Invocação

Restaurada magicamente, com o significado dos NOMES BÁRBAROS.

Etimológica ou cabalisticamente determinada e parafraseada em inglês.

SEÇÃO A: O JURAMENTO.

[Que o Adeptus Minor permaneça em pé, em seu círculo, no quadrante de Tiphereth, armado com seu Bastão e sua Taça; mas que execute o Ritual inteiramente em seu Corpo de Luz. Poderá queimar Bolos de Luz ou o Incenso de Abramelin; ele pode se preparar pelo Liber CLXXV, pela leitura de Liber LXV e pelas práticas de Ioga. Pode invocar HADIT por meio de "vinho e drogas estranhas", se assim quiser.[110] Ele prepara o círculo pela fórmula usual de Banimento, Consagração, etc.

Ele recita a Seção A, como um ensaio a respeito dos atributos do Anjo, antes da presença de Seu Santo Anjo Guardião. Cada frase deve ser dita em completa concentração de força, tão perfeita quanto possível, como aquela feita em Samadhi a respeito de uma verdade proclamada.]

1. A Ti invoco, o Não Nascido.

[Ele identifica seu Anjo com Ain Soph, e depois a Kether; uma formulação de Hadit no ilimitado Corpo de Nuith.]

2. A Ti, que criaste a Terra e os Céus.
3. A Ti, que criaste a Noite e o Dia.
4. A Ti, que criaste a escuridão e a Luz.

[Assegura que seu Anjo criou (com o objetivo de autorrealização pela projeção na forma condicionada) três pares de opostos: a) O Fixo e o Volátil; b) O Não Manifestado e o Manifesto; c) O Imobilizado e o Mobilizado. De qualquer forma, o Negativo e o Positivo em relação à Matéria, Mente e Movimento.]

5. Tu és ASAR UN-NEFER (Eu mesmo feito perfeito): **A quem nenhum homem em qualquer tempo viu.**

---

110. Qualquer fórmula desse tipo apenas deveria ser usada quando o adepto tiver pleno conhecimento baseado na experiência adquirida no trato do assunto.

[Aclama seu Anjo como "Ele mesmo feito Perfeito"; acrescentando que essa Individualidade é inescrutável e inviolável. No Ritual de Neófito da G∴D∴ (assim como publicado em *The Equinox I, II* [O Equinócio I, II], para o velho éon) o Hierofante é Osíris tornado perfeito, que traz o candidato, o Osíris natural, para se identificar com você. Porém, no novo Éon, o Hierofane é Hórus (Liber CCXX, I. 49), portanto, o Candidato também será Hórus. Então, o que é a fórmula de iniciação de Hórus? Não será mais aquela do Homem através da Morte. Será o crescimento natural da criança. Suas experiências não mais serão consideradas catastróficas. O Tolo é o hieróglifo delas: o inocente e impotente Bebê Harpócrates se torna Hórus adulto pela obtenção do Bastão. "Der reine Thor" segura a Lança Sagrada. Bacchus se torna Pãn. O Santo Anjo Guardião é a Criatura Eu Inconsciente – o Falo Espiritual. Seu Conhecimento e Conversação contribui para a puberdade oculta. Portanto, é aconselhável substituir o nome Asar Un-nefer pelo de Ra-Hoor-Khuit, na abertura, e pelo nome do próprio Santo Anjo Guardião, quando este tiver sido comunicado.]

6. Tu és IA-BESZ (a Verdade na Matéria).

[Ele o saúda como BESZ, a Matéria que destrói e devora a Divindade, por causa do propósito da Encarnação de qualquer Deus.]

7. Tu és IA-APOPHRASZ (a Verdade em Movimento).

[Ele o saúda como APOPHRASZ, o Movimento que destrói e devora a Divindade, por causa do propósito da Encarnação de qualquer Deus. A ação combinada desses dois DEMÔNIOS é permitir que Deus, de quem se aproveitam para adestrar divertimento da existência, por meio do dividido Sacramento de "Vida" (Pão – a carne de BESZ) e "Amor" (Vinho – o sangue ou o veneno de APOPHRASZ).]

8. Tu tens diferenciado entre o Justo e o Injusto.

[Aclama seu Anjo como se tivesse "comido do Fruto da Árvore do Conhecimento do Bem e do Mal", ou se tornado sábio de outra forma (na Díade, Chokmah) para compreender a fórmula do Equilíbrio, que agora é Sua, sendo capaz de se aplicar precisamente a Seu autonomeado ambiente.]

9. Tu fizestes a Fêmea e o Macho.

[Aclama Seu Anjo como se tivesse declarado tanto a Lei do Amor quanto a fórmula Mágica do Universo, que pela união Ele pode resolver o fenômeno contra seu número e também a quaisquer dois opostos em paixão estática.]

10. Tu produzistes as Sementes e o Fruto.

[Aclama Seu Anjo como se tivesse indicado que essa fórmula de Amor afetaria não apenas a dissolução da separação dos Amantes em Sua própria Divindade impessoal, mas a coordenação Deles em uma "Criança" quintessencializada a partir de seus pais, para constituir uma ordem de Seres mais alta do que a deles, de modo que cada geração seja um progresso alquímico em direção à perfeição e na direção de sucessivas complexidades. Como a linha 9 expressa Involução, a linha 10 exprime Evolução.]

11. Tu formastes os Homens para amarem uns aos outros e para odiarem uns aos outros.

[Ele aclama Seu Anjo como tendo planejado esse método de autorrealização; o objeto da Encarnação é obter suas reações a suas relações com outros Seres encarnados, e observá-los uns com os outros.]

SEÇÃO Aa.

1. Sou teu profeta ANKH-F-N-KHONSU, a Quem passaste Teus Mistérios, as Cerimônias de KHEM.

[O Adepto afirma seu direito de entrar em comunicação consciente com Seu Anjo, no território daquele Anjo, para que este possa ensiná-lo a Magia Secreta pela qual o Adepto poderá estabelecer a apropriada ligação. "Mosheh"[111] é M H, a formação, em Jechidah, Chiah, Neschamah, Ruach – as Sephiroth de Kether a Yesod –, uma vez que 45 é Σ 1–9 enquanto Sh, 300, é Σ 1–24, que soma a estes Nove um total de 15 números. (Veja em Liber D os significados e as correspondências de 9, 15, 24, 45, 300, 345.)

Além disso, 45 é A D M, homem. Desse modo, "Mosheh" é o nome do homem na forma de um Deus-oculto. No entanto, o Ritual permite que o Adepto troque "Mosheh" por seu próprio mote como Adeptus Minor. Quanto a "Ishrael", que ele prefira sua própria Estirpe Mágica, conforme as obrigações de seus Juramentos a Nossa Santa Ordem" (Nessa seção, a Besta 666 usava para Si "Ankh-f-n-khonsu" e "Khem".)]

2. Tu produzistes o úmido e o árido, e aquilo que alimenta toda a Vida criada.

[O Adepto relembra a seu Anjo que Ele criou a Substância Una sobre a qual Hermes escreveu na Tábua de Esmeralda, cuja virtude é unir em si todas as formas opostas do Ser, servindo como um Talismã carregado com a Energia Espiritual da Existência, um Elixir ou Pedra composto com as bases físicas da Vida. Essa Celebração é estabelecida entre dois apelos pessoais ao Anjo, como se clamasse privilégio em partilhar dessa Eucaristia que criou, sustenta e redime todas as coisas.]

3. Escuta-me, pois sou o Anjo de PTAH-APOPHRASZ-RA (*vide* a Rubrica): **este é o Teu Nome Verdadeiro, legado aos Profetas de KHEM.**

[Agora, o Adepto declara que ele mesmo é o "Anjo" ou mensageiro desse Anjo, ou seja, que é a mente e o corpo cujo ofício é receber e transmitir a Palavra de seu Anjo. Ele não apenas saúda o Anjo como

---

111. Na versão de 1904 da Invocação Preliminar da Goetia (o texto que forma a base de *Liber Samekh*), o nome "Mosheh" foi usado em vez de Ankh-af-an-khonsu, e "Ishrael" ao invés de Khem – *Ed.*

"un-nefer", a Perfeição do próprio "Asar" como um homem, mas como Ptah-Apophrasz-Ra, a identidade (Hadit) escondida no Dragão (Nuith) e desse modo manifestada como um Sol (Ra-Hoor-Khuit). O "Ovo" (ou Coração) "circundado com uma Serpente" é um símbolo cognato; a ideia é, portanto, expressada posteriormente no Ritual. (Ver Liber LXV, que expande isso ao extremo.)]

SEÇÃO B: AR.

[Nas seções que agora se seguirão, de B a Gg, o Adepto passa da contemplação à ação. Ele viaja astralmente ao redor do círculo, fazendo os adequados pentagramas, sigilos e signos. Sua direção é anti-horária. Assim, fará três curvas cada uma cobrindo três quartos do círculo. Deverá dar o sinal do Entrante ao passar pela Kiblah, a Direção de Boleskine. Isso elevará naturalmente a Força que irradia desse ponto[112] e a projeta na direção do caminho do magista. Os sigilos são aqueles dados em *The Equinox Vol. I*, nº 7, Lâmina X, do lado de fora dos quadrantes; os signos são os mostrados no Vol. I, nº 2, na Lâmina "Os Sinais dos Graus". Nessas invocações, o magista deverá expandir ao máximo[113] tanto a sua largura quanto a sua estatura, assumindo a forma e a consciência do Deus Elemental do quadrante. Depois, começa a vibrar os "Nomes Bárbaros" do Ritual.

Então, que ele não somente sacie ao máximo todo o seu ser com a força dos Nomes, mas que formule a Vontade, inteiramente entendida como o aspecto dinâmico de seu Eu Criativo, em uma simbolicamente aparência apta, não digo na forma de um Raio de Luz, de uma Espada Ardente, ou de nada senão daquele Veículo corpóreo do Espírito Santo consagrado a BAPHOMET; por sua virtude que oculta o Leão e a Serpente, que Sua Imagem possa adoravelmente aparecer para sempre sobre a Terra.

Então, que o Adepto estenda sua Vontade para além do Círculo nessa Figura imaginada e que irradie com a devida Luz para o Elemento invocado, e que cada Palavra lance adiante uma seta com impulso apaixonado, como se sua voz além disso comandasse aquilo que foi lançado à frente. Que cada Palavra também acumule autoridade, de modo que a Cabeça da Seta possa ser lançada duas vezes com a Segunda Palavra tão longe quanto foi na Primeira, e Quatro vezes na Terceira como foi na Segunda, e assim até o final. Além disso, que o Adepto lance para adiante toda a sua consciência. Então, na Palavra final, que ele rapidamente traga de volta sua Vontade para dentro de si mesmo, gritando de modo firme, e que nesse ponto se ofereça como

---

112. Essa é uma assunção baseada em *Liber Legis* II, 78, e III, 34.
113. Tendo experimentado com sucesso a prática de Liber 536, βατραχοφρενοθεοχοδμομαχια.

Ártemis a PAN; que essa concentração perfeitamente pura do Elemento o purifique por completo, possuindo-o com sua paixão.

Nesse Sacramento, sendo inteiramente uno com o Elemento, que o Adepto diga a Ordem "Escuta-me, e faze", etc., com senso forte, único com aquele quadrante do Universo que confere sobre ele a mais completa liberdade e privilégio até aqui pertinentes.]

Escuta-me:
AR (Ó alento, Sol fluente)
ThIAF[114] (Ó Sol IAF! Ó Sol Leão-Serpente, A Besta que gira, um raio, geradora de Vida!)
RhEIBET (Tu que fluis! Que vais!)
A-ThELE-BER-SET (Tu Satã-Sol Hadith que vais sem Vontade!)
A (Tu Sopro! Alento! Espírito! Tu sem limite ou laço!)
BELAThA (Tu Essência, Ar Vertendo-lépido, Elasticidade!)
ABEU (Tu Andarilho, Pai de Tudo!)
EBEU (Tu Andarilho, Espírito de Tudo!)
PhI-ThETA-SOE (Tu Força Brilhante do Alento! Tu Sol Leão-Serpente! Tu Salvador, salve!)
IB (Tu Íbis, secreta Ave solitária, Sabedoria inviolada, cuja Palavra é Verdade, criando o Mundo por sua Magia!)
ThIAF (Ó Sol IAF! Ó Sol Leão-Serpente, a Besta que rodopia, um raio, geradora de Vida!)

(A concepção é do Ar, inflamado, habitado por uma Ave Fálica-Solar, o "Espírito Santo" de uma natureza Mercurial)

Escuta-me, e faze todos os Espíritos sujeitos a mim, de modo que cada Espírito do Firmamento e do Éter: sobre a Terra e debaixo da Terra, no Território árido e na Água; no Ar Girante e no Fogo crepitante, e que cada Feitiço e Flagelo de Deus sejam obedientes a Mim.

[Que o Adepto observe a construção da Ordem. O "Firmamento" é Ruach, o "plano mental"; é o reino de Shu, ou Zeus, onde gira a Roda das Gunas, as Três formas[115] do Ser. O Aethyr é o "akasha", o Espírito, o Aethyr da

---

114. A letra F é usada para representar a Vau hebraica e a Digama grega; seu som está entre o longo *o* e o longo *oo* das palavras inglesas "rope" e "tooth".

115. Correspondem ao Enxofre, Sal e Mercúrio da Alquimia; ao Rajas, Tamas e Sattvas no sistema hindu; e são mais modos de ação do que qualidades reais, mesmo quando concebidas como latentes. São o aparato da comunicação que se passa entre os planos e, como tais, elas são convenções. Não existe validade absoluta em qualquer meio de apreensão mental, porém, a menos que façamos aqueles espíritos do Firmamento sujeitos a nós pelo estabelecimento de uma relação correta (nos limites possíveis) com o Universo, cairemos no erro quando desenvolvermos nossos novos instrumentos de entendimento direto. Na medida de sua capacidade, é vital que o Adepto deva treinar suas faculdades intelectuais à verdade. Desprezar a mente na avaliação de suas limitações é a mais desastrosa asneira, é a causa comum de calamidades que, com a ruína da Armada Mística, espalham-se em suas muitas margens. Inveja cega, arrogância, espanto, todas as formas de discórdias mentais e morais, tão frequentemente observadas em pessoas de grande talento espiritual, lançaram o Caminho em

física, onde está a estrutura sobre a qual todas as formas são fundamentadas; ele recebe, registra e transmite todos os impulsos sem sofrer mutação por isso. A "Terra" é a esfera onde a operação desses "fundamentos" e forças dos Aethyres surgem à percepção. "Debaixo da Terra" está o mundo daqueles fenômenos que informam as projeções percebidas, que determinam suas características particulares. "Território árido" é o lugar da morte das "coisas materiais", árida (por exemplo, incognoscível), pois não é capaz de agir em nossas mentes. "Água" é o veículo pelo qual sentimos tais coisas; "ar" é o mênstruo deles, pelo qual esse sentimento é apreendido. Isso é chamado "Girante", por causa da instabilidade do pensamento e da tolice da razão, ainda dependemos daquilo que chamamos "vida". "Fogo crepitante" é o mundo no qual o pensamento errante se queima à Vontade lançada e lépida. Esses quatro estágios explicam como o não Ego é transmutado em Ego. Um "Feitiço" de Deus é qualquer forma de consciência e um "Flagelo", qualquer forma de ação.

A Ordem, como um todo, demanda para o Adepto o controle de todos os detalhes do Universo que foi criado por seu Anjo como um modo de manifestação dele a ele mesmo. Isso abriga o comando da projeção primária do Possível em individualidade, no artifício antitético que é o instrumento da Mente e em uma triplicidade equilibrada de modos de estado do ser, cujas combinações constituem as características do Cosmos. Nisso também está incluído um padrão de estrutura, uma rigidez que torna a referência possível. Sobre essas fundações, que em si mesmas não são coisas, senão o cânone ao qual as coisas se conformam,

---

si ao descrédito; quase todas as tais catástrofes são devidas à tentativa de se construir o Templo do Espírito Santo sem a apropriada atenção às leis mentais de estrutura e às necessidades físicas da fundação. A mente deve ser induzida ao local de máxima perfeição, mas de acordo com suas próprias propriedades internas; não se pode pôr pedaços de carne de carneiro em um microscópio. A mente deve ser considerada um instrumento mecânico de conhecimento, independentemente da personalidade de quem a possui. Deve-se tratá-la exatamente como se trata um eletroscópio ou os olhos de alguém, sem a influência de anseios pessoais. Um médico chama um colega para atender seus familiares, sabendo que a ansiedade pessoal pode desordenar seu julgamento. Um microscopista que confia em seus olhos quando sua teoria favorita estiver em perigo pode falsificar os fatos, e ele pode descobrir tarde demais que foi feito de tolo. No caso da iniciação propriamente dita, a história possui cicatrizes infligidas com golpes dessa adaga. Ela constantemente nos recorda a respeito do perigo de contar com as faculdades do intelecto. Um juiz deve conhecer a lei em cada ponto e estar desprovido de preconceitos pessoais, além de ser incorruptível, ou a injustiça triunfará. Dogma, com perseguição, delusão, paralisia de progresso e muitas outras mazelas, como suas amarras, sempre estabelecem uma tirania quando o Gênio o proclamar. O Islã fez uma fogueira de escritos de Sabedoria, e Haeckel revelou evidências biológicas; físicos ignorantes da radioatividade discutiram conclusões de Geologia, e teólogos impacientes sobre a verdade lutam contra as tendências do pensamento; todos devem perecer pelas mãos do próprio erro deles, de querer fazer de suas mentes, defectiva internamente ou defletida externamente, a medida do Universo.

é construído o Templo do Ser, cujos materiais são perfeitamente misteriosos, inescrutáveis como a alma e, como a Alma, imaginam-se pelos símbolos que podem sentir, perceber a adaptar ao nosso uso, mesmo sem qualquer conhecimento de toda a Verdade a respeito deles. O Adepto soma todos esses itens quando clama autoridade sobre todas as formas de expressão possíveis para a Existência, seja um "feitiço" (ideia) ou um "flagelo" (ato) de "Deus", que é dele mesmo. O Adepto deve aceitar todo "espírito", todo "feitiço", todo "flagelo", como parte de seu ambiente, e de todos fazer "submissos a" si mesmo, ou seja, considerá-los como causas que contribuam com você. Elas fazem dele o que ele é. Elas correspondem exatamente às próprias faculdades do Adepto. No final, todas são de igual importância. O fato de ele ser o que é prova que cada item se encontra em equilíbrio. O impacto de cada nova impressão, na medida devida, afeta por inteiro o sistema. Portanto, o Adepto deve perceber que todo evento lhe é submisso. Isso ocorre porque ele necessita. O ferro enferruja porque as moléculas demandam oxigênio para satisfazer suas tendências. Elas não suplicam por hidrogênio; então, uma combinação com esse gás é um evento que não acontece. Todas as experiências contribuem para nos tornar completos em nós mesmos. Sentimo-nos submissos a elas tanto quanto falhamos em reconhecer isso; quando admitimos, percebemos que elas nos são submissas. Não importa quando, ao tentarmos nos evadir de uma experiência, qualquer que seja, estaremos agindo errado com nós mesmos. Frustramos nossas próprias tendências. Viver é mudar, e se opor à mudança é se revoltar contra a lei com a qual promulgamos governar as nossas vidas. Assim, ressentir-se do destino é abdicar de nossa soberania e invocar a morte. De fato, decretamos a maldição da morte para toda brecha da lei da vida. Toda falha em incorporar qualquer impressão priva a faculdade particular que sustenta a necessidade disso.

Esta seção B invoca o Ar no Leste, com uma lança de glória dourada.]

SEÇÃO C: FOGO.

[Agora, o Adepto invoca o Fogo no Sul; brilham em vermelho os raios que queimam dessa *Verendum*.]

Eu te invoco, Deus Terrível e Invisível: que habitas no Lugar Vazio do Espírito:

AR-O-GO-GO-RU-ABRAO (Tu Sol espiritual! Satã; Tu, o Olho; Tu, a Luxúria! Clama alto! Clama alto! Gira a Roda, Ó meu Pai, Ó Satã, Ó Sol!)

SOTOU (Tu, o Salvador!)

MUDORIO (Silêncio! Entrega-me Teu Segredo!)

PhALARThAO (Suga-me; Tu, o Falo; Tu, o Sol!)

OOO (Satã; tu, o Olho; tu, a Luxúria! Satã; tu, o Olho; Tu, a Luxúria! Satã; tu, o Olho; tu, a Luxúria!)
AEPE (Tu autocausado, autodeterminado, exaltado, Mais Alto!)
O Não Nascido (*vide* atrás)
(A concepção é do Fogo, inflamado, habitado por um Leão Fálico-Solar de uma natureza Uraniana)
Escuta-me, e faze todos os Espíritos sujeitos a mim, de modo que cada Espírito do Firmamento e do Éter: sobre a Terra e debaixo da Terra, no Território árido e na Água; no Ar Girante e no Fogo crepitante, e que cada Feitiço e Flagelo de Deus sejam obedientes a Mim.

SEÇÃO D: ÁGUA.

[Ele invoca a Água no Oeste, seu Bastão circundado por um brilho azul.]
Escuta-me:
RU-ABRA-IAF[116] (Tu, a Roda; tu, o Útero, que conténs o Pai IAF!)
MRIODOM (Tu, o Mar, a Morada!)
BABALON-BAL-BIN-ABAFT (Babalon! Tu, Mulher da Prostituição! Tu, Pórtico do Grande Deus ON! Tu, Senhora do Entendimento dos Caminhos!)
ASAL-ON-AI (Salve Tu, a impassível! Salve, irmã e noiva de ON, do Deus que é tudo e nada é, pelo Poder dos Onze!)
APhEN-IAF (Tu, o Tesouro de IAO!)
I (Tu, Virgem sexuada duplamente, Tu Semente Secreta! Tu Sabedoria inviolada!)
PhOTETh (Morada da Luz)
ABRASAX (...do Pai, o Sol, de Hadith, do encanto do Éon de Hórus!)
AEOOU (Nossa Senhora do Pórtico Ocidental do Céu!)
ISChURE (Poderosa Tu és!)
Poderoso Não Nascido! (*Vide* atrás)
(A concepção é da Água, inflamada, habitada por um Dragão-Serpente Fálico-Solar, de uma natureza Netuniana)
Escuta-me, e faze todos os Espíritos sujeitos a mim, de modo que cada Espírito do Firmamento e do Éter: sobre a Terra e debaixo da Terra, no Território árido e na Água; no Ar Girante e no Fogo crepitante, e que cada Feitiço e Flagelo de Deus sejam obedientes a Mim.

---

116. Ver a fórmula de IAF e, principalmente, a de FIAOF, *Book 4*, Parte III, Capítulo V. O padrão FIAOF será encontrado, preferencialmente, na prática.

SEÇÃO E: TERRA.

[Ele vai para o Norte, para invocar a Terra, flores de brilho verde faíscam de sua arma. Como a prática faz o Adepto perfeito nesta Obra, ela se torna automática em atrair às palavras e atos correlatos todas essas ideias e intenções complicadas. Quando isso é alcançado, o Adepto penetra mais fundo na fórmula, ampliando suas correspondências. Assim, pode invocar a água no modo da água, estendendo sua vontade em um movimento majestoso e irresistível, diligente de seu impulso gravitacional, ainda que com uma aparência suave e tranquila de fraqueza. Mais uma vez, ele pode aplicar a fórmula da Água para seu propósito peculiar, na medida em que ela surgir de volta dentro da esfera dele, usando-a com destreza consciente para limpeza e calma dos elementos receptivos e emocionais de seu caráter, e para resolver ou varrer tudo aquilo que o cobre com o luto do preconceito, que lhe obstrui a liberdade de agir como quiser. Usos similares das invocações restantes ocorrerão ao Adepto que estiver pronto para usá-las.]

Eu Te invoco:

MA (Ó Mãe! Ó Verdade!)
BARRAIO (Tu Massa!)[117]
IOEL (Salve, Tu que é!)
KOThA (Tu, a vazia!)
AThOR-e-BAL-O (Tu, Deusa de Beleza e Amor, a quem Satã, observando, deseja!)
ABRAFT (Os Pais, macho-fêmea, Te desejam!)

(A concepção é de Terra, inflamada, habitada por um Hipopótamo Fálico-Solar,[118] de uma natureza Venérea.)

Escuta-me, e faze todos os Espíritos sujeitos a mim, de modo que cada Espírito do Firmamento e do Éter: sobre a Terra e debaixo da Terra, no Território árido e na Água; no Ar Girante e no Fogo crepitante, e que cada Feitiço e Flagelo de Deus sejam obedientes a Mim.

SEÇÃO F: ESPÍRITO.

[Agora, o Adepto retorna ao quadrante de Tiphereth de seu Tau e invoca o Espírito, de frente para Boleskine, pelos Pentagramas ativos, pelo sinal chamado Marca da Besta e pelos sinais de L.V.X. Ele então vibra os Nomes Divinos estendendo sua vontade do mesmo modo como antes, mas verticalmente para cima. Ao mesmo tempo, expande a Fonte daquela

---

117. "Massa", no sentido da palavra usada pelos físicos. A impossibilidade de defini-la não deterá o iniciado intrépido (em vista do fato de que a concepção fundamental está além das categorias normais da razão).
118. Sagrada para AHAThOOR. A ideia é que a Fêmea é concebida como invulnerável, tranquila, de enorme capacidade para engolir, etc.

Vontade – o símbolo secreto do Eu –, ambas acima e abaixo dele, como se para indicar que o Eu, duplo como é sua forma, reluta e falha em se submeter a coincidir com a esfera de Nuith. Que ele agora imagine, na Palavra derradeira, que a Cabeça de sua vontade, em que sua consciência se encontra fixada, abra sua fenda (o Chacra Brahmarandra, na junção das costuras cranianas) e escoe uma gota de orvalho cristalino, e que essa pérola seja sua Alma, uma oferenda virgem a seu Anjo, extraída de seu Ser pela intensidade da Aspiração.]

Escuta-me:
AFT (Espíritos Macho-Fêmea!)
ABAFT (Ancestrais Macho-Fêmea!)
BAS-AUMGN (Vós, que sois Deuses, ide adiante, pronunciando AUMGN. A palavra que vem do (A) Alento Livre, (U) por meio do Alento Determinado, (M) e do Alento Parado, (GN) até o Alento Contínuo; simbolizando, então, toda a jornada da vida espiritual. A é o Herói sem forma; U é o som solar sêxtuplo da vida física, o triângulo da Alma sendo entrelaçado ao Corpo; M é o silêncio de "morte"; GN é o som nasal de geração e conhecimento.)
ISAK (Ponto Idêntico!)
SA-BA-FT (Nuith! Hadith! Ra-Hoor-Khuit! Salve, Grande Besta Selvagem! Salve, IAO!)

SEÇÃO Ff.

[Com estas palavras, o Adepto não deixa a sua vontade em seu interior, como nas Seções anteriores. Ele pensa a respeito delas como um reflexo de Verdade na superfície do orvalho, em que sua Alma se esconde tremendo. Ele as considera a primeira formação em sua consciência da natureza de Seu Santo Anjo Guardião.]

1. Este é o Senhor dos Deuses:
[Os "Deuses" incluem os elementos conscientes de sua natureza.]
2. Este é o Senhor do Universo:
[O "Universo" inclui todos os fenômenos possíveis, sobre os quais ele possa estar consciente.]
3. Este é Ele, a quem os Ventos temem:
[Os "Ventos" são seus pensamentos, os quais o preveniram da conquista de seu Anjo.]
4. Este é Ele, que tendo feito Voz dos seus mandamentos, é o Senhor de todas as Coisas; Rei, Regente e Auxiliador. Escuta-me e faze todos os Espíritos sujeitos a mim: de modo que cada Espírito do Firmamento e do Éter: sobre a Terra ou debaixo da Terra: no Território árido e na Água: no Ar Girante e no Fogo crepitante, e que cada Feitiço e Flagelo de Deus sejam obedientes a Mim.
[O Anjo dele fez "Voz", a arma mágica que produz "Palavras", e estas têm sido a sabedoria pela qual Ele criou todas as coisas. A "Voz" é necessária

como um elo entre o Adepto e seu Anjo. O Anjo é o "Rei", Aquele que "pode", a "origem da autoridade e a fonte de honra"; também é o Rei (ou o Filho do Rei) que livra a Princesa Encantada, tornando-a sua Rainha. Ele é o "Regente", a "Vontade inconsciente"; não mais demovida pela vontade falsa, ignorante e caprichosa do homem consciente. Ele é o "Auxiliador", o autor do impulso infalível que envia a dormente Alma pelos céus, em sua devida trajetória, com tal ímpeto que a atração das órbitas alheias não mais é capaz de desviá-la. A cláusula "Escuta-me" agora é dita pela consciência normal humana, presa ao corpo físico; deliberadamente, o Adepto deve abandonar sua consecução, pois ela ainda não é o seu ser por completo, que se inflama diante do Bem-amado.]

SEÇÃO G: Espírito.

[Apesar de preso ao corpo, o Adepto terá mantido a Extensão de seu Símbolo. Agora, ele repete os sinais, assim como feito anteriormente, salvo fazer a Invocação com o Pentagrama Passivo do Espírito. Ele concentra a consciência dele no interior de seu Símbolo-Gêmeo do Eu, esforçando-se para adormecê-la. Entretanto, caso a operação seja realizada adequadamente, seu Anjo deverá aceitar a oferta do Orvalho, capturando com fervor o símbolo estendido da Vontade em direção a Si mesmo. Então, isso o agitará de modo veemente, com a vibração do amor reverberando com as Palavras da Seção. Até mesmo na audição física do Adepto ressoará um eco disso, mesmo que ele não esteja apto a descrevê-lo. Isso parecerá tão alto quanto um trovão e tão suave quanto o sussurro do vento da noite. Ao mesmo tempo, deverá ser inarticulado e significar mais do que tudo que ele já tiver escutado.

Que ele agora, com toda a força de sua Alma, tente resistir à Vontade de seu Anjo, ocultando-se na cela mais cerrada da cidadela da sua consciência. Que ele se consagre para resistir ao assalto da Voz e Vibração até que sua consciência desfaleça no Nada. Pois caso apenas um simples átomo do Ego falso permaneça não absorvido, esse átomo macularia a virgindade do Eu Verdadeiro e profanaria o Juramento; então, de tal modo, esse átomo seria inflamado pela aproximação do Anjo que sobrepujaria o restante da mente, tiranizando-a, tornando-se um déspota insano, para a completa ruína do reino.

Contudo, estando tudo morto para os sentidos, quem então estará habilitado para gladiar com o Anjo? Ele intensificará a pressão de Seu Espírito de forma que Suas legiões leais de Leões-Serpentes se lancem em emboscada, despertando o Adepto para testemunhar a Vontade deles, arrastando-o em entusiasmo com eles, de modo que conscientemente ele partilhe do propósito deles, e veja em sua simplicidade a solução de todas as suas perplexidades. Desse modo, então, o Adepto se conscientizará de que ele está sendo arrastado pela coluna de seu Símbolo de Vontade, e que, na verdade, Seu Anjo é ele mesmo, com uma intimidade tão intensa que se torna identidade, não em um simples Ego, mas em cada elemento inconsciente que compartilha dessa múltipla erupção.

Quase sempre esse êxtase é acompanhado por uma tempestade de luz brilhante e também, em muitos casos, por uma explosão de som, estupenda e sublime em todos os casos, embora suas características possam variar amplamente.[119]

A enorme quantidade de estrelas jorradas da cabeça do Símbolo da Vontade é espargida sobre o céu em galáxias deslumbrantes. Essa dispersão destrói a concentração do Adepto, cuja mente não pode dominar tal majestosa multiplicidade; como uma regra, simplesmente ele mergulha abalado no interior da normalidade, sem se recordar de nada dessa experiência, senão uma vaga, apesar de vívida, impressão de completa libertação e êxtase inefável. A repetição o permite perceber a natureza de sua consecução; e seu Anjo, uma vez estabelecido o elo, visita-o com frequência e sutilmente o treina para ser sensitivo à sua Santa presença e persuasão. Mas, pode ocorrer, especialmente depois de repetidos sucessos, que o Adepto não seja lançado de volta à sua mortalidade pela explosão do jorro de Estrelas, mas se identifique com um Leão-Serpente em particular, continuando consciente deste até encontrar seu apropriado lugar no Espaço, quando seu Eu secreto floresce como uma verdade, a qual o Adepto poderá levar de volta à terra.

Contudo, isso é um assunto secundário. O principal propósito do Ritual é estabelecer a relação do Eu subconsciente com o Anjo, de tal maneira que o Adepto esteja consciente de que seu Anjo é a Unidade que expressa a soma dos Elementos daquele Eu, de que sua consciência normal contém inimigos alheios introduzidos por acidentes do ambiente e de que seu Conhecimento e Conversação de Seu Santo Anjo Guardião destrói todas as dúvidas e delusões, confere todas as bênçãos, ensina toda a verdade e contém todos os deleites. No entanto, é importante que o Adepto não pare em uma mera realização inexpressiva de seu êxtase, mas, por concebê-la em termos racionais, se provoque no sentido de submeter a relação à análise e, por meio disso, iluminar sua mente e coração em um sentido superior ao do entusiasmo fanático, assim como a música de Beethoven é superior aos tambores de guerra da África Ocidental.]

Escuta-me:
IEOU (Sol Residente de Mim Mesmo!)
PUR (Tu, Fogo! Tu, iniciadora Estrela Sêxtupla, circundada com Força e Fogo!)
IOU (Alma Residente de Mim Mesmo!)
PUR [*Vide* supra]

---

119. Esses fenômenos não são inteiramente objetivos; e podem ser percebidos, embora frequentemente sob outras formas, mesmo pelo homem ordinário.

IAFTh (Sol-leão Serpente, salve! Todos o saúdam, tu Grande Besta Selvagem, tu IAO!)
IAEO (Alentos de minha Alma, alentos de meu Anjo!)
IOOU (Luxúria de minha Alma, Luxúria de meu Anjo!)
ABRASAX [*Vide* supra]
SABRIAM (Uma saudação ao Sangraal! Uma saudação à Taça de Babalon! Uma saudação ao meu Anjo se vertendo sobre minha Alma!)
OO (Tu, Olho! Satã, meu Senhor! A Luxúria do Bode!)
FF (Meu Anjo! Meu iniciador! Tu, em unidade comigo – a Estrela Sêxtupla!)
AD-ON-A-I[120] (Meu Senhor! Meu eu secreto além do eu, Hadith, Pai de Todos! Salve, ON, tu, Sol; tu, Vida do Homem; tu, Espada Quíntupla de Brilho! Tu, Bode exaltado sobre a Terra em Luxúria; tu, Serpente estendida sobre a Terra em vida! Mais santo Espírito! Mais sábia Semente! Bebê inocente. Donzela Inviolada! Geradora do Ser! Alma de todas as Almas! Palavra de todas as Palavras; Vem, mais oculta Luz!)
EDE (Tu me devoras!)
EDU (Tu Me devoraste!)
ANGELOS TON ThEON (Tu, Anjo dos Deuses!)
ANLALA (Eleva-te em Mim, fluindo livremente; Tu, que Nada és, que Nada és, e dizes tua Palavra!)
LAI (Eu também Nada sou! Eu Te quero! Eu Te contemplo! Meu Nada!)
GAIA (Salta, tu Terra!) [Esse também é um apelo agonizante para a Terra, a Mãe; pois nesse ponto da cerimônia o Adepto deve ser separado de seus elos mortais e morrer para si mesmo no orgasmo dessa operação.[121]]
AEPE (Tu, o Exaltado! Isso [ou seja, o "sêmen" espiritual, as ideias secretas do Adepto, irresistivelmente tiradas do "Inferno"[122] dele pelo amor do seu Anjo] salta; isso salta!)[123]

---

120. Em hebraico, ADNI, 65. Os iniciados gnósticos o transliteraram para lembrar a própria fórmula secreta deles; e assim os seguimos, em um excelente exemplo. ON é um Arcano dos Arcanos; seu significado é gradualmente ensinado na O.T.O. Do mesmo modo, AD é a fórmula paternal, HADIT; ON é seu complemento, NUIT; o YOD final significa, etimológica e essencialmente, "meu", a semente virginal do hermafrodita Mercurial (transmitida) – O Eremita do Tarô. Portanto, o uso do nome é no sentido de invocar o segredo mais íntimo da pessoa, considerado o resultado da conjunção de Nuit e Hadit. Caso um segundo *A* for incluído, sua importância será afirmar a operação do Espírito Santo e a formulação do Bebê dentro do Ovo, que precede o aparecimento do Eremita.
121. Uma compreensão perfeita de psicanálise notadamente contribuirá para uma apreciação apropriada desse Ritual.
122. Entre os homens, é dito que a palavra *Hell* [Inferno] se deriva de "helan", ocultar ou esconder, no idioma anglo-saxônico. Ou seja, é o lugar oculto, onde todas as coisas estão, em teu próprio eu, é o inconsciente, *Liber CXI (Aleph)*, cap. $\Delta\zeta$.
123. No entanto, compare o uso da mesma palavra na seção C.

DIATHARNA THORON (Vê! O rebento das sementes de Imortalidade!)

SEÇÃO Gg: A Consecução.

[O Adepto deveria perceber que seu Ato de União com o Anjo implica (1) a morte de sua mente antiga, salvo o tanto quanto seus elementos inconscientes preservem na memória dele, absorvendo-a, e (2) a morte de seus próprios elementos inconscientes. Todavia, a morte deles é mais um avanço para renovar suas vidas pelo amor. Desse modo, ele, pela compreensão consciente dos elementos, tanto separadamente quanto juntos, torna-se o "Anjo" de seu Anjo, da mesma forma como Hermes é a Palavra de Zeus, cuja própria voz é Trovão. Assim, nesta seção, o Adepto diz, tão articuladamente quanto permitam as palavras, o que seu Anjo é para Ele mesmo. Ele diz isso com seu *Scin-Laeca* inteiramente entrelaçado a seu corpo físico, compelindo seu Anjo para residir no coração dele.]

1. Eu sou Ele! o Espírito Não Nascido! Tendo a visão nos pés: Vigoroso, e o Fogo Imortal!

["Eu sou Ele" expressa a destruição do sentido de separação entre eu e Eu. Isso afirma a existência, mas somente de uma terceira pessoa. "O Espírito Não Nascido" está livre de todo o espaço, "tendo a visão nos pés" de modo que possam escolher o próprio caminho deles. "Vigoroso" é GBR, o magista acompanhado do Sol e da Lua (Ver *Liber D* e *Liber 777*). O "Fogo Imortal" é o Eu criativo; a energia impessoal que não pode perecer, não importa qual forma assuma. Combustão é Amor.]

2. Eu sou Ele! A Verdade!

["Verdade" é a relação necessária entre duas coisas quaisquer; então, ainda que implique dualidade, ela nos permite conceber as duas coisas como uma só, de forma que ela precisa ser definida pelos complementos. Desse modo, uma hipérbole é uma ideia simples, porém sua construção exige duas curvas.]

3. Eu sou Ele! O que odeia que o mal seja forjado no Mundo!

[O Anjo, assim como o Adepto o conhece, é um ente em Tiphereth, que obscurece Kether. O Adepto não está ciente oficialmente da Sephiroth mais alta. Ele não é capaz de perceber, como o Ipsissimus, que todas as coisas, seja o que forem, são igualmente ilusão e ao mesmo tempo Absolutas. Ele está em Tiphereth, cujo ofício é a Redenção, e deplora os eventos que causam o Sofrimento aparente do qual ele há pouco escapou. Ele também está ciente, mesmo no clímax de seu êxtase, dos limites e das falhas de sua consecução.]

4. Eu sou Ele, que relampeja e troveja!

[Isso se refere ao fenômeno que acompanha sua consecução.]

5. Eu sou Ele, de quem verte a Vida da Terra!

[Isso significa o reconhecimento do Anjo como o Eu Verdadeiro de seu eu subconsciente, a Vida oculta de sua vida física.]

6. Eu sou Ele, cuja boca sempre flameja!
[O Adepto percebe todo alento, toda palavra de seu Anjo como que carregada com fogo criativo. Tiphereth é o Sol, e o Anjo é o Sol espiritual da Alma do Adepto.]
7. Eu sou Ele, o Progenitor e Manifestador da Luz!
[Aqui está a essência do processo inteiro de trazer o Universo condicionado para o conhecimento de si, pela fórmula de geração;[124] uma alma se implanta em um corpo ludibriado pelos sentidos e em uma mente restringida pela razão, tornando-os sabedores da Ocupante deles e, desse modo, partilhando de sua própria consciência da Luz.]
8. Eu sou Ele, a Graça dos Mundos!
[Aqui, "Graça" em seu sentido próprio de "Agradabilidade". A existência do Anjo é a justificação do instrumento da criação.][125]
9. "O Coração Enroscado com uma Serpente" é meu nome!
[Essa linha deve ser estudada à luz de Liber LXV (*The Equinox* XI, p. 65).][126]

SEÇÃO H: A "Ordem ao Espírito".

[Essa recapitulação exige a ida do Adepto e de seu Anjo juntos, "para realizar o prazer deles sobre a Terra, entre os seres viventes."]
Vem, tu, segue-me, e faze todos os Espíritos sujeitos a mim, de modo que cada Espírito do Firmamento e do Éter: sobre a Terra e debaixo da Terra, no Território árido e na Água; no Ar Girante e no Fogo crepitante, e que cada Feitiço e Flagelo de Deus sejam obedientes a Mim!

SEÇÃO J: A PROCLAMAÇÃO DA BESTA 666.

IAF: SABAF
Tais são as Palavras!
[A Besta 666 legou o presente método de usar esse Ritual, testando-o pela sua prática para que fosse de força infalível quando adequadamente executado, e, agora, escrevendo-o para o mundo, ele deverá ser um adorno para o Adepto que adotá-lo, quando da Saudação de Seu nome ao final do trabalho. De mais a mais, isso encorajará o Adepto na Magia, recordando-lhe o fato de ter existido Um que, utilizando esse Ritual, atingiu o Conhecimento e a Conversação do Seu Santo Anjo Guardião, o qual não mais o abandonou, mas fez d'Ele um Mago, a Palavra do Éon de Hórus!

---

124. Ou seja, Yod He, Vontade e Entendimento, percebem-se nos gêmeos Vau He, Mente e Corpo.
125. Porém, veja também a solução geral do enigma da Existência no *Livro da Lei* e seu comentário – Parte IV do *Book 4*.
126. Comumente identificado como *The Equinox*, Vol. III, nº I (*The Blue Equinox*) (York Beach, ME: Samuel Weiser, 1973). – *Ed.*

Pois sabe que o Nome IAF, em seu sentido mais secreto e poderoso, expressa a Fórmula da Magia da Besta, segundo a qual ele forjou maravilhas. E porque quis que todo o mundo conquistasse essa Arte, agora Ele aqui a ocultará, de modo que o digno possa obter Sua Sabedoria.

Que I e F se voltem a todos;[127] todavia, que defendam A de um ataque. O Eremita de si mesmo, o Louco de antagonistas, o Hierofante dos amigos, Nove pela natureza, Nada pela consecução, Cinco pela função. Célere, sutil e secreto na fala; criativo, imparcial, sem limites em pensamento; gentil, paciente e persistente no agir. Para escutar, Hermes; para tocar, Dionísio; para observar, Pã.

Uma Virgem, um Bebê e uma Besta!

Um mentiroso, um Idiota e um Mestre de Homens!

Um beijo, uma gargalhada e um alarido; que aquele que tenha ouvidos para escutar, ouça!

Toma dez que são um, e um que é um em três, velando-os em seis!

Teu Bastão para todas as Taças, e teu disco para todas as Espadas, porém não traias teu Ovo!

Além disso, IAF, verdadeiramente, também é 666, pela virtude do número; e esse é um mistério entre mistérios; quem o conhece é o adepto entre adeptos, e Poderoso entre os magistas.

Agora esta palavra, SABAF, correspondente ao número Três vezes vinte mais Dez,[128] é o nome de Ayin, o Olho, e o Diabo nosso Senhor, e o Bode de Mendes. Ele é o Senhor do Sabbath dos Adeptos, e é Satã, portanto, também o Sol, cujo número de Magia é 666, o selo de Seu servo, a BESTA.

No entanto, mais uma vez, SA é 61, AIN, o Nada de Nuith; BA significa ir, por HADIT; e F é o filho deles, o Sol, que é Ra-Hoor-Khuit.

Portanto, que o Adepto ponha seu sigilo sobre todas as palavras que tiver escrito no Livro das Obras de sua Vontade.

E que ele, então, tudo finalize, dizendo, Tais são as Palavras![129] Pois, por intermédio disso, proclamará, diante de todos os que estiverem ao redor de

---

127. Se adotarmos a nova ortografia VIAOV (*Book 4*, Parte III,. Cap. V), devemos ler "O Sol-6-o-Filho", etc., para "tudo"; e, consequentemente, elaborar essa interpretação dada aqui de outros modos. Assim, no presente texto, O (ou F) agora será "Quinze pela função" no lugar de "Cinco", etc., e "na livre ação, firme, ambicionando, estático", no lugar de "gentil", etc.

128. Existe uma grafia alternativa, TzBA–F, em que a raiz, "uma Hóstia", tem valor 93. O *Practicus* deveria renovar esse Ritual por meio da Luz de suas pesquisas pessoais em Cabala, e assim fazê-lo sua propriedade peculiar. A grafia aqui sugerida significa que aquele que disser a Palavra afirma sua aliança aos símbolos 93 e 6; afirma que é um guerreiro do exército da Vontade e do Sol. 93 também é o número de AIWAZ, e 6, o da BESTA.

129. As consoantes de LOGOS, "Verbo", somam 93 (valores hebraicos). EPH, "Palavras" (de onde vem "Épico"), também possui este valor: ΕΙΔΕ ΤΑ ΕΠΗ pode ser a frase que elas significam: seu número é 418. Então, isso declararia a consecução da Grande Obra, a conclusão natural do Ritual. Cf. CCXX, III. 75.

seu Círculo, que essas Palavras são verdadeiras e fortes, que amarram o que ele quiser amarrar, e libertam o que ele quiser libertar.

Que o Adepto execute corretamente esse Ritual, sendo perfeito em cada parte dele; diariamente, uma vez durante uma lua; então, duas vezes, na aurora e no ocaso, por duas luas; depois, acrescentado o meio-dia, três vezes, por três luas; posteriormente, também à meia-noite, fazendo o percurso quatro vezes por dia, ao longo de quatro luas. Então, que a Lua Undécima seja inteiramente consagrada a esta Obra; que ele persista em ardor contínuo, desvinculando-se de tudo, a não ser de suas absolutas necessidades de comer e dormir.[130] Sabe, pois, a Fórmula[131] verdadeira, cuja virtude satisfez a Besta em sua Consecução, foi:

[COM FREQUÊNCIA, INVOCA[132]]

---

130. Essas modificações, tanto em quantidade quanto em qualidade, são necessárias durante o processo de Iniciação. *A priori*, a pessoa não deveria ficar ansiosa a respeito de sua saúde física ou mental, mas prestar atenção apenas aos sintomas indubitáveis de agonia que dali deveriam aparecer.

131. Os Oráculos de Zoroastro dizem isto:
"E quando, pela invocação frequente, todos os fantasmas desaparecem
Tu verás aquele Santo Fogo sem Forma, aquele Fogo cujas flechas e brilhos
Por meio de todas as Profundezas do Universo, tu escutarás a Voz do Fogo!
"Um Fogo brilhante parecido, estendendo-se pela rapidez do Ar, ou um Fogo sem forma de onde vem a Imagem de uma voz, ou mesmo uma abundante Luz brilhante, renovada, girante, gritando alto. Também existe uma visão do Corcel de Luz de fogo brilhante, ou também uma Criança, nascida sobre os ombros do Cavalo Celestial, fogoso, ou vestido com ouro, ou despido, ou atirando setas de luz com o arco, em pé sobre os ombros do cavalo, então, caso tua meditação se prolongue, unirás todos esses símbolos na Forma de um Leão."
Essa passagem – combinada com várias outras – encontra-se parafraseada em poesia, por Aleister Crowley, em seu Tannäuser, publicado em *The Works of Aleister Crowley* [As Obras de Aleister Crowley] (Foyers, Inglaterra: Society for the Propagation of Religious Truth, 1905-7; reimpressa por Yogi Publications Society em Homewood, IL, em 1978).
"E quando, pela invocação frequente, tu verás
Aquele Fogo sem forma; quando toda a terra tremer,
As estrelas não permanecem, e a lua se foi,
Todo o tempo comprimido dentro da Eternidade,
O Universo é atacado por um terremoto;
A Luz não é, e os trovões estrondeam,
O Mundo está feito:
Quando nas trevas do Caos chegarem novamente
No cérebro excitado;
Então, ó então não clamas o visível à tua visão
Imagem de Natureza, fatal é o Nome dela!
Não deseja Teu Corpo a contemplar
Aquela luz viva do Inferno,
A desalumiada, chama morta,
Até aquele corpo, o cadinho
132. Ver *The Equinox*, I, VIII, 22.
Passou, puro ouro!"

Assim, todos os homens podem, afinal, chegar ao Conhecimento e à Conversação do Santo Anjo Guardião: portanto, disse a Besta, roga a Seu próprio Anjo para que este livro seja como uma Lâmpada incandescente, e como uma Primavera vívida, de Luz e Vida, àqueles que leram isso.

666

PONTO

III

ESCÓLIOS SOBRE AS SEÇÕES G & Gg

O Adepto que tiver dominado esse Ritual, entendendo suficientemente a completa importância desse êxtase controlado, não deve permitir à sua mente se desprender da atenção sobre as imagens astrais do jorro de Estrelas, do Símbolo da Vontade, do símbolo da Alma, ou mesmo esquecer seu dever para com o corpo e às cercanias perceptíveis. Ele nem deveria descuidar de manter seu Corpo de Luz em contato íntimo com

Pois, dos confins do espaço material,
Os portais da matéria, o limiar da escuridão,
Diante das faces das Coisas que ficam
Nas moradas da Noite,
Mostrando-se à vista,
Demônios, com caras de cão, que não mostram sinais mortais
De verdade, mas profanam a Divina Luz,
Das seduções dos mistérios sagrados.
No entanto, apesar de tudo esse Povo de Medo é conduzido
À presença do raio vingativo
Que fende a abertura dos céus,
Contempla aquele Sem Forma e a Santa Flama
Que não tem nome
O Fogo que se lança e brilha, contorce e se arrasta
Sábia-cobra em paramento real
Enrolada naquela desaparecida glória do globo,
Naquele céu além das profundezas estreladas
Além do Labor do Tempo – então formula
Em tua própria mente, luminosa, concentrada,
O Leão da Luz, uma criança de pé
Na vasta espádua do Cavalo de Deus:
Ou alado, lançando flechas voadoras, ou calçado
Com as sandálias de fogo.
Então, eleva tuas mãos!
Centra em teu coração o pensamento escarlate
Límpido com a Luz brilhante do alto!
Arranca de dentro do nada
Toda vida, morte, ódio, amor:
Todo o eu concentrado em um só desejo –
Escuta tua Voz de Fogo!"

o fenômeno de seu próprio plano, de modo que sua consciência privada possa cumprir as funções devidas, de proteger da obsessão as suas ideias dispersadas.

Contudo, mediante prévia prática, ele deveria ter adquirido a faculdade de descartar esses elementos de sua consciência, a partir do centro articulado deles, assim que se tornassem (temporariamente) unidades responsáveis independentes, capazes de receber comunicações à vontade do quartel-general, quase perfeitamente hábeis para 1) tomar conta de si mesmos sem perturbar o chefe deles e, 2) reportar-se a ele na época adequada. Usando uma imagem, devem ser como oficiais subordinados, dos quais é esperado demonstrarem autoconfiança, iniciativa e integridade na execução da Ordem do Dia.

Portanto, o Adepto deveria ser capaz de contar com essas mentes individuais, de controlar as próprias condições delas durante o tempo necessário, sem interferência de si mesmo, e trazê-las de volta ao curso certo, recebendo um acurado relatório de suas aventuras.

Assim sendo, o Adepto estará livre para concentrar seu eu mais profundo, aquela parte dele que inconscientemente dirige sua Vontade verdadeira, na concretização de seu Santo Anjo Guardião. Na verdade, a ausência de sua consciência corpórea, mental e astral é fundamental para o sucesso, pois é a usurpação delas, da sua atenção, que o torna insensível à sua Alma, e a preocupação com os assuntos delas que o impede de perceber a Alma.

O efeito do Ritual tem sido:

a) Mantê-las tão ocupadas com o próprio trabalho até que parem de distraí-lo;

b) Separá-las tão completamente até que sua alma esteja despida delas;

c) Estimulá-lo a um entusiasmo tão intenso até que fique intoxicado e anestesiado, de modo que não possa nem sentir nem ressentir a agonia de sua vivissecção espiritual, precisamente como amantes acanhados, embriagados na noite de núpcias, visando a se tornarem impudicos ante a intensidade da vergonha que tão misteriosamente coexiste com o desejo deles;

d) Concentrar as forças espirituais necessárias para cada elemento e, simultaneamente, lançá-las na aspiração em direção ao Santo Anjo Guardião; e

e) atrair o Anjo por meio da vibração da voz mágica que O invoca.

Portanto, o método do Ritual é múltiplo.

Em primeiro lugar, existe uma análise do Adepto que o habilita para calcular seu curso de ação. Ele pode decidir o que deve ser banido, purificado e consagrado. Então, poderá concentrar a sua vontade sobre o elemento essencial, superando a resistência deste, que é automática como um reflexo fisiológico – destruindo inibições por meio de seu ego – de impressionante entusiasmo.[133] A outra parte do trabalho não necessita de tamanho esforço complexo; pois o seu Anjo é simples e não confuso, estando pronto o tempo todo para responder à aproximação corretamente dirigida.

Entretanto, os resultados do Ritual são muito variados para permitir uma descrição rígida. Alguém pode até dizer que, presumindo uma união perfeita, o Adepto não necessite reter memória, qualquer que seja, do que ocorreu. Ele pode estar meramente ciente de uma lacuna em sua vida, consciente, e julgar o conteúdo desta pela observação de que sua natureza foi transfigurada sutilmente. De fato, tal experiência poderá ser uma prova de perfeição.

Caso de algum modo o Adepto se torne consciente sobre seu Anjo, deve ser porque uma parte de sua mente está preparada para perceber o êxtase e para expressá-lo para si mesmo, de uma forma ou de outra. Isso envolve a perfeição dessa parte, liberta de preconceito e da assim chamada racionalidade.

Por exemplo: alguém poderá não receber a iluminação que a doutrina da evolução deveria emitir sobre a natureza da vida se estiver convencido apaixonadamente de que a humanidade não é essencialmente animal ou segura de que a causalidade é aversiva à razão. O Adepto deve estar pronto para a destruição total de seu ponto de vista a respeito de qualquer assunto, até mesmo da sua concepção inata sobre as formas e leis do pensamento.[134] Desse modo, poderá notar que o seu Anjo considera seus "negócios" ou seu "amor" como futilidades absurdas; e que também as ideias humanas de "tempo" são inválidas, e que as "leis" humanas de lógica apenas são aplicáveis às relações entre ilusões.

Ora, o Anjo fará contato com o Adepto em qualquer ponto em que ele estiver sensível à Sua influência. Naturalmente, tal ponto será aquele que

---

133. Requer-se um alto grau de iniciação. Isso significa que o processo de análise deve ter sido completamente feito. O Adepto precisa se tornar consciente de seus impulsos mais profundos e compreender seus significados verdadeiros. A "resistência" mencionada aqui é automática, ela aumenta indefinidamente no sentido contrário à pressão feita. É inútil tentar se forçar nessa questão, pois o Aspirante não iniciado, por mais ansioso que possa ser, certamente falhará. A pessoa deve saber como lidar com cada ideia interna, na medida em que ela apareça. É impossível sobrepujar as inibições de alguém pelo esforço consciente; a existência delas assim demonstra. Deus está ao lado delas, assim como está ao lado da vítima do *Instans Tyrannus*, de Browning. Um homem não pode se compelir ao amor, contudo, pode querer muito amar, por vários motivos racionais. Contudo, por outro lado, quando o impulso verdadeiro vem, ele subjuga todas as suas críticas; estas são ineficazes, seja para fazer, seja para derrubar um gênio; podendo apenas testemunhar para o fato de que ele encontrou seu mestre.
134. Obviamente, mesmo falsas doutrinas e modos da mente são verdades, em certo sentido. É apenas a aparência delas que se altera. Copérnico não destruiu os fatos da Natureza ou mudou os instrumentos de observação. Meramente, ele efetivou uma simplificação radical na ciência. De fato, o erro é um "nó de tolo". Além disso, a mesma tendência responsável

estiver se sobressaindo na personalidade do Adepto, aquele que for puro,[135] no sentido próprio da palavra.

Portanto, um artista direcionado para apreciar a beleza plástica provavelmente receberá uma impressão visual de seu Anjo em uma forma física, a quintessência sublimada de seu ideal. Um músico talvez seja arrebatado por uma melodia majestosa que jamais pensou poder escutar. Um filósofo poderá alcançar verdades tremendas, a solução dos problemas que o embaraçaram por toda a vida.

Em conformidade com essa doutrina, lemos sobre iluminações, experimentadas por homens de mente simples, tais como um operário que "viu Deus" e O comparou com "uma quantidade de pequenas peras". Novamente, sabemos que o êxtase, impingido sobre mentes desequilibradas, inflama ideias de idolatria e produz feroz fé fanática, até mesmo um frenesi, com intolerância e energia insanamente desordenadas, mas ainda assim tão poderosas a ponto de afetar o destino de impérios.

Contudo, fenômenos causados pelo Conhecimento e pela Conversação do Santo Anjo Guardião são de importância secundária; a essência da União é a questão mais íntima. A intimidade (ou melhor, a identidade) deles, Anjo e Adepto, depende de todas as formas parciais de expressão, que em sua melhor manifestação é tão inarticulada quanto o Amor.

A intensidade da consumação forçará, mais provavelmente, um escarro ou um clamor, pois qualquer gesto físico animal é simpático com o espasmo espiritual. Critica-se isso como autocontrole incompleto. Silêncio é mais nobre.

Em qualquer caso, o Adepto deve estar em comunhão com o seu Anjo, de modo que sua Alma esteja expandida com sublimidade, seja inteligível ou não, em termos de intelecto. É evidente que a pressão de tamanha possessão espiritual deve tender a sobrepujar a alma, especialmente no início. Realmente, ela sofre a partir dos excessos de seus êxtases, da mesma forma que o amor extremo produz vertigem. A alma cai e desmaia. Tamanha fraqueza é fatal, da mesma forma, tanto para seu divertimento quanto para sua apreensão. "Sê forte! Assim poderás aguentar mais gozo", diz o *Livro da Lei*.[136]

Portanto, o Adepto deve interpretar o homem, estimulando-se para temperar sua alma.

---

pela complicação é um dos elementos necessários para a situação. Ao final, nada está errado e não se pode atingir o "correto" ponto de vista sem o auxílio de uma particular perspectiva "errada". Se rejeitarmos ou modificarmos o negativo de uma fotografia, não teremos um positivo perfeito.

135. Isso significa livre de ideias que, embora possam ser excelentes, são estranhas ao propósito. Por exemplo, o interesse literário não tem lugar adequado em uma pintura.

136. *Liber AL vel Legis*, II, 61-68, em que os detalhes da devida técnica são discutidos.

Para esse fito, Eu, a Besta, examinei e testei diversos instrumentos. Destes, o mais potente é fazer o corpo lutar com a alma. Que os músculos se contraiam, como se estivessem combatendo. Que a mandíbula e a boca, em particular, sejam apertadas ao máximo. Respira profundamente, devagar, mas de modo forte. Mantém domínio sobre a mente, pelo murmúrio forçado e audível. Porém, a fim de que o murmúrio não perturbe a comunhão com o Anjo, fale apenas o Seu Nome. Portanto, até que o Adepto tenha escutado aquele Nome, não poderá permanecer na perfeita possessão de seu Bem-Amado. Assim, a tarefa mais importante é abrir seus ouvidos para a voz de seu Anjo, para que possa conhecê-lo, saber como ele é chamado. Pois, escuta! Esse Nome, compreendido de modo correto e completo, declara em cada ponto a natureza do Anjo e, por conseguinte, esse Nome é a fórmula da perfeição a que o Adepto deve aspirar, e também o poder da Magia a partir da qual deve trabalhar.

Então, aquele que ainda estiver ignorando o Nome, que repita a valiosa palavra deste Ritual particular. Tais são, Abrahadabra, a Palavra do Éon, que significa "A Grande Obra consumada"; e Aumgn, interpretada na Parte III do *Book 4* [Livro 4];[137] e o nome da BESTA, pois aquele Seu número expõe essa União com o Anjo, e Sua Obra não é outra senão fazer com que todos os homens compartilhem desse Mistério dos Mistérios da Magia.

Desse jeito, dizendo essa ou aquela palavra, que o Adepto combata seu Anjo e O enfrente, para que possa compeli-Lo a continuar em comunhão até se tornar capaz de uma clara compreensão e de uma acurada transmissão[138] da Verdade transcendente do Bem-Amado para o coração que O abriga.

A repetição constante de uma dessas Palavras permitirá ao Adepto manter o estado de União por vários minutos, até mesmo no princípio.

Em qualquer caso, ele deve reacender seu ardor, estimando o sucesso antes como um encorajamento à mais ardente aspiração do que um triunfo. Ele deveria aumentar seus esforços.

Que ele se acautele sobre "cobiça de resultado", de esperar muito, de perder coragem, se seu primeiro sucesso for seguido por uma série de falhas.

---

137. A essência dessa questão é que a palavra AUM, que expressa o ritmo da Respiração (da vida espiritual) desde a livre elocução por meio da concentração controlada até o Silêncio, é transmutada pela criação da letra composta ΜΓΝ que substitui M: ou seja, o Silêncio é obtido à medida que se passa por uma contínua vibração estática, da natureza do "Amor" sob "Vontade", como apresentada por ΜΓΝ = 40 + 3 + 50 = 93 ΑΓΑΠΗ, ΘΕΛΗΜΑ, etc., e a palavra inteira tem o valor de 100, Aperfeiçoada Perfeição, a Unidade incompleta, e equivalente a KP, a conjunção dos princípios essenciais macho e fêmea.

138. O intelecto "normal" é incapaz dessas funções; uma faculdade superior deve ter sido desenvolvida. Como diz Zoroastro: "Estende a mente vazia de tua alma àquela Inteligência que tu poderás aprender o Inteligível, pois ela subsiste além da Mente. Não queiras entendê-la como entendes as coisas comuns".

Porque o sucesso faz o sucesso parecer tão incrível que estará apto a criar uma fatal inibição nas tentativas subsequentes. Alguém teme falhar, o temor se intromete na concentração e assim torna realidade sua própria profecia. Sabemos o quanto uma relação amorosa muito prazerosa faz a pessoa recear se desgraçar nas poucas ocasiões seguintes; de fato, até que a familiaridade tenha acostumado a pessoa à ideia de que seu amante nunca a supôs como algo mais do que humano. A confiança gradativamente retorna. O êxtase inarticulado é substituído por um proveito mais sóbrio dos elementos que formam a fascinação.

Exatamente assim ocorre à pessoa, ofuscada quando do primeiro deleite de uma nova paisagem, à medida que continua a contemplá-la, apreciando os detalhes esquisitos da vista. Inicialmente, são nublados pela enganosa precipitação da beleza geral, depois, um a um, vão emergindo à medida que se acalma a comoção e o êxtase apaixonado se rende ao interesse inteligente.

Da mesma maneira, o Adepto quase sempre começa pelas torrentes líricas coloridas de extravagâncias místicas sobre "amor inefável", "bênção inimaginável", "inexpressáveis infinidades do mais alto ilimitado".[139] Normalmente, ele perde o senso de proporção, de humor, de realidade e de julgamento sadio. Frequentemente, seu ego fica inflado a ponto de explodir, e poderia até ser ridiculamente humilhante caso não fosse tão lamentavelmente perigoso para si mesmo e para os outros. Ele também tende a tomar seu novo achado, as "verdades da iluminação", por um novo corpo de verdade e insiste que elas são válidas e vitais para todos os homens, assim como são para ele.

Sábio é se manter em silêncio a respeito dessas "expressões ilegítimas" que alguém escutou "no sétimo céu". Isso pode não se aplicar ao sexto.

O Adepto deve se manter em controle, por mais que esteja incitado durante alguns dias a galgar um novo céu e uma nova terra, trombeteando seu triunfo. Ele deve dar um tempo e uma chance para reparar seu equilíbrio, muitíssimo agitado pelo impacto do Infinito.

Na medida em que se tornar ajustado ao intercurso com seu Anjo, notará que seu êxtase apaixonado desenvolve uma qualidade de paz e inteligibilidade que acrescenta poder enquanto informa e fortifica suas qualidades mental e moral, em lugar de obscurecê-las e arruiná-las. Nesse momento, ocorre algo que parecia impossível, ele se torna capaz de conversar com seu Anjo, pois agora sabe que o tormento sonoro, o qual supôs ser a Voz, era apenas o clamor de sua própria confusão. A tolice "infinita" nasceu de sua própria inabilidade para pensar claramente além de seus limites, exatamente como um Bosquímano, que,

---

139. Isso corresponde à bruma do emocional e do metafísico, que é característica do florescimento do pensamento a partir da homogeneidade. A diferenciação clara e concisa das ideias marca a mente adulta.

quando confrontado com números superiores a cinco, pode apenas chamá-los de "muitos".

A verdade dita pelo Anjo, à medida que aumenta imensamente os horizontes do Adepto, é perfeitamente definida e precisa. Ela não lida com ambiguidades e abstrações. Possui forma e reconhece lei, exatamente do mesmo jeito e grau que qualquer corpo de verdade. Ela está muito mais para a verdade das esferas material e intelectual do homem do que a Matemática da Filosofia, com suas "séries infinitas" e "continuidade Cantoriana", está para a aritmética do garoto da escola. Cada uma resulta na outra, apesar de ser possível se explorar a natureza essencial da existência, e isso para proveito do proprietário da casa de penhores.

Portanto, esse é o verdadeiro objetivo do Adepto em toda essa operação, assemelhar-se a seu Anjo pela continua comunhão consciente. Pois seu Anjo é uma imagem inteligível de sua própria Vontade verdadeira, a fazer o todo da lei de seu Ser.

Ao mesmo tempo, o Anjo aparece em Tiphereth, que é o coração de Ruach e, assim, o Centro de Gravidade da Mente. Ele também se encontra diretamente inspirado por Kether, o Eu final, por meio do Caminho da Alta Sacerdotisa, ou a intuição iniciada. Por conseguinte, o Anjo em verdade é o *Logos* ou a expressão articulada de todo o Ser do Adepto, de modo que, na medida em que cresce neste o entendimento perfeito de Seu nome, ele se aproxima da solução do problema derradeiro: quem ele, ele mesmo, verdadeiramente é?

Para esse último enunciado, o Adepto pode confiar em seu Anjo para guiá-lo. Pois somente a consciência de Tiphereth está conectada pelos caminhos às várias partes de sua mente.[140] Então, nada, senão Ele ter o conhecimento, é requisito para calcular as combinações de conduta que organizarão e equilibrarão as forças do Adepto, até o momento em que se tornará necessário confrontar o Abismo. O Adepto deve controlar uma massa compacta e coerente, caso faça questão de lançá-la com um gesto nítido.

Eu, A Besta 666, ergo minha voz e juro que eu mesmo fui trazido até aqui pelo meu Anjo. Depois de ter conquistado o Conhecimento e a Conversação d'Ele, pela virtude de meu ardor a Ele e por esse Ritual que entrego aos homens, meus companheiros, e principalmente pelo grande Amor que Ele guarda por mim, sim, verdadeiramente, Ele me levou ao Abismo; Ele me propôs que repudiasse tudo o que eu tinha e tudo o que eu era; e Ele me abandonou naquela Hora. Entretanto, quando surgi além do Abismo, para renascer de dentro do útero de BABALON, então, a mim Ele veio, obedecendo-me em meu coração virgem, Senhor e Amante dele!

---

140. Veja os mapas "Minutum Mundum", em *The Equinox*, 1, 2 e 3, e as relações gerais detalhadas em *Liber 777*.

Ele também me tornou um Mago, expressando por meio de Sua Lei a Palavra do Éon, o Éon da Criança Coroada e Conquistadora.[141] Assim, ele realizou a minha vontade para trazer liberdade completa à raça dos Homens.

Sim, muito além disso, Ele também forjou em mim uma Obra de Mistério, mas sobre esse assunto jurei guardá-lo em minha paz.

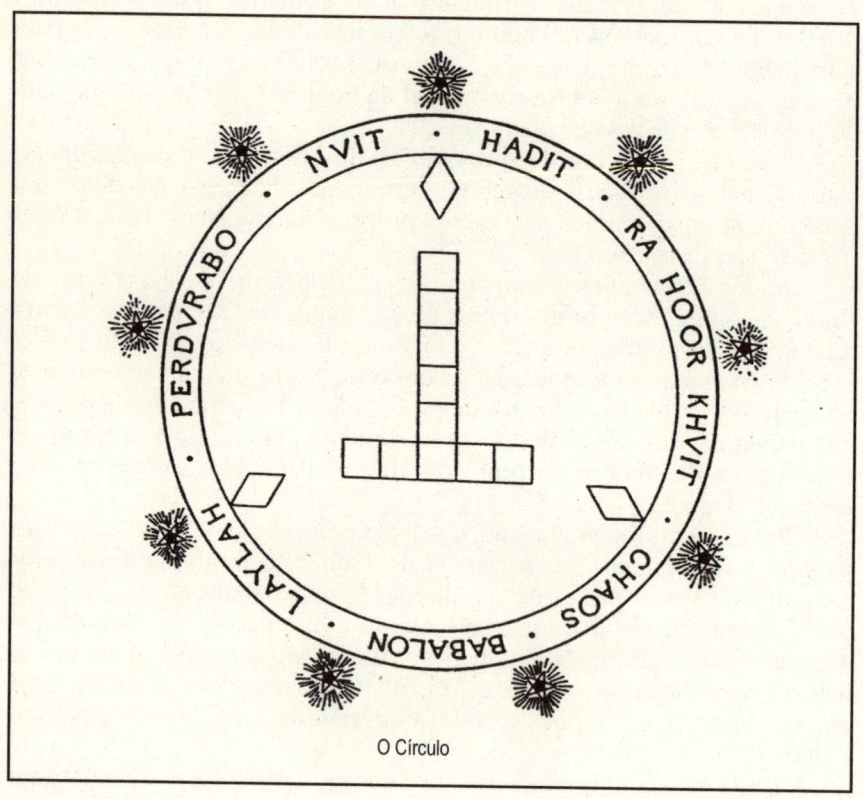

Uma figura do Magick, *de Aleister Crowley (York Beach, ME: Samuel Weiser, 1974), p. 51.*

A figura acima é um exemplo de roteiro de trabalho de *Liber Samekh*, que inclui apenas palavras, direções e diagramas necessários para se memorizar e ensaiar a cerimônia. Lembro ao leitor que isso é uma inovação minha para o ritual. Não deve ser confundido com o *Liber Samekh* original de Crowley ou considerado um documento oficial.

---

141. Para um relato a respeito dessas questões, veja *The Equinox*, Vol. I, "The Temple of Solomon the King", Liber 418, *Liber Aleph*, John St. John, The Urn e *Book 4*, Parte IV [*The Book of the Law*, com comentários, que se encontra em preparação].

CERIMÔNIA DE INVOCAÇÃO DO SANTO ANJO GUARDIÃO
ELABORADA POR
L.M.D.[142]

baseada em texto e notas do
LIBER SAMEKH
de Aleister Crowley

---

142. Comentários e orientações do presente autor estão entre parênteses – *Ed.*

O preâmbulo: o Adepto faz uma concentração geral de todas as suas forças mágicas e uma declaração de sua vontade.

A seção Ar Thiao: Ele viaja ao Leste infinito, entre as hostes de anjos convocados pelas palavras. Uma espécie de "Elevação nos Planos", mas feita na direção horizontal.

As mesmas observações são aplicadas às próximas três seções, nos demais quadrantes.

A seguir, na grande invocação, ele estende o Shivalingam a uma altura infinita, cada letra de cada palavra representando uma exaltação deste em progressão geométrica. Tendo observado isso satisfatoriamente, ele se prostra em adoração.

Quando a consciência começar a retornar, ele usará a fórmula final para elevá-la no Shivalingam, brotando a partir de seus pés no momento de se unir com ela e, finalmente, dirá a suprema canção do iniciado, começando assim: "Eu sou Ele! O Espírito Não Nascido, tendo a visão nos pés: Vigoroso, e o Fogo Imortal!"

(Assim realizada, a invocação leva em média cerca de meia hora do mais intenso trabalho mágico já imaginado – um minuto disso representaria o equivalente a aproximadamente 12 horas de Asana.)[143]

Equinox, Vol. I, Nº VIII

"Que o Adepto execute corretamente este Ritual, sendo perfeito em cada parte dele; diariamente, uma vez durante uma lua; então, duas vezes, na aurora e no ocaso, por duas luas; depois, acrescentado o meio-dia, três vezes, por três luas; posteriormente, também à meia-noite, fazendo o percurso quatro vezes por dia, ao longo de quatro luas. Então, que a Lua Undécima seja inteiramente consagrada a esta Obra; que ele persista em ardor contínuo, desvinculando-se de tudo, a não ser de suas absolutas necessidades de comer e dormir. Sabe, pois, que a Fórmula verdadeira, cuja virtude satisfez a Besta em sua Consecução, foi: COM FREQUÊNCIA, INVOCA."

[Antes da Invocação, o Templo é banido, purificado e consagrado do modo como o Adepto estiver capacitado para fazê-lo. Sobre o chão do Templo, está desenhado um círculo que circunda a Cruz Tau das Sephiroth. O Adepto está vestido como um Adeptus Minor, armado com Bastão e Taça, permanecendo em pé dentro do círculo, acima do quadrado de Tiphereth. Todo o ritual é executado em seu Corpo de Luz.]

---

143. Aleister Crowley, *The Equinox*, Vol. I, nº VIII (York Beach, ME: Samuel Weiser, 1992), p. 18.

. O Juramento

A Ti invoco, o Não Nascido.
A Ti, que criaste a Terra e os Céus.
A Ti, que criaste a Noite e o Dia.
A Ti, que criaste a escuridão e a Luz.
Tu és RA-HOOR-KHUIT, Eu mesmo feito perfeito: a quem nenhum homem em qualquer tempo viu.
Tu és IA-BESZ.
Tu és IA-APOPHRASZ.
Tu tens diferenciado entre o Justo e o Injusto.
Tu fizeste a Fêmea e o Macho.
Tu produziste as Sementes e o Fruto.
Tu formaste os Homens para amarem uns aos outros e para odiarem uns aos outros.
Eu sou _____[144] teu Profeta, a quem Tu outorgastes Teus Mistérios, as Cerimônias de THELEMA.
Tu produziste o úmido e o seco, e aquilo que alimenta toda a Vida criada.
Escuta-me, pois Eu sou o Anjo de NU, o Anjo de HAD, o Anjo de RA-HOOR-KHU: esse é Teu Nome Verdadeiro, legado pelos Profetas de THELEMA. [Dirija-se ao Leste, movendo-se na direção contrária dos ponteiros do relógio. Faça Pentagramas de Invocação (Espírito e Ar ativos) com os sinais, sigilos e palavras apropriados.]

Sinal da Abertura do Véu — EHIEH

Sinal do $2^{\underline{o}} = 9^{\underline{o}}$ — IHVH

Escuta-me:
AR ThIAF RhEIBET A-ThELE-BER-SET A BELAThA
ABEU EBEU PhI-ThETA-SOE IB ThIAF
Escuta-me, e faze todos os Espíritos sujeitos a mim, de modo que cada Espírito do Firmamento e do Éter: sobre a Terra e debaixo da Terra, no Território árido e na Água; no Ar Girante e no Fogo crepitante, e que cada Feitiço e Flagelo de Deus sejam obedientes a Mim. [Dirija-se ao Sul, movendo-se na direção contrária dos ponteiros do relógio. Faça Pentagramas de Invocação (Espírito e Fogo ativos) com os sinais, sigilos e palavras apropriados.]

---
144. O Mote do Adeptus Minor.

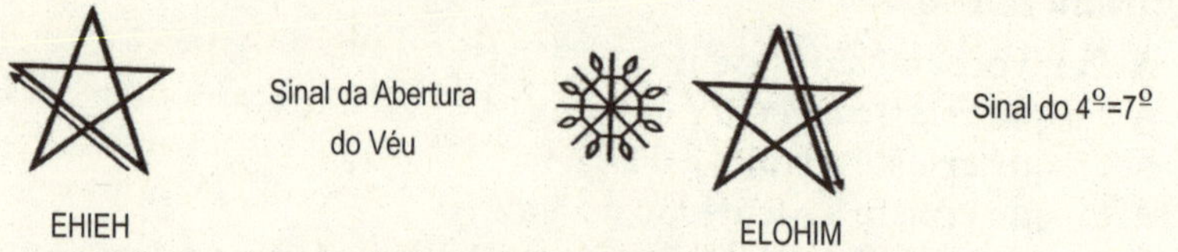

EHIEH — Sinal da Abertura do Véu

ELOHIM — Sinal do 4º=7º

Eu te invoco, Deus Terrível e Invisível:
Que habitas no Lugar Vazio do Espírito:
AR-O-GO-GO-RU-ABRAO SOTOU MUDORIO
PhALARThAO OOO AEPE
O Não Nascido

Escuta-me, e faze todos os Espíritos sujeitos a mim, de modo que cada Espírito do Firmamento e do Éter: sobre a Terra e debaixo da Terra, no Território árido e na Água; no Ar Girante e no Fogo crepitante, e que cada Feitiço e Flagelo de Deus sejam obedientes a Mim. [Dirija-se ao Oeste, movendo-se na direção contrária dos ponteiros do relógio. Faça Pentagramas de Invocação (Espírito e Água passivos) com os sinais, sigilos e palavras apropriados.]

AGLA — Sinal de Cerrar o Véu

EL — Sinal do 3º=8º

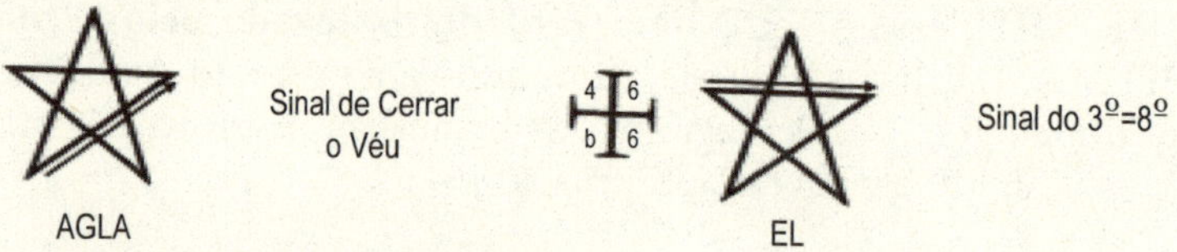

Escuta-me:
RU-ABRA-IAF MRIODOM
BABALON-BAL-BIN-ABAFT. ASAL-ON-AI APhEN-IAF
I PhOTETh ABRASAX AEOOU ISChURE
Poderoso Não Nascido!

Escuta-me, e faze todos os Espíritos sujeitos a mim, de modo que cada Espírito do Firmamento e do Éter: sobre a Terra e debaixo da Terra, no Território árido e na Água; no Ar Girante e no Fogo crepitante, e que cada Feitiço e Flagelo de Deus sejam obedientes a Mim. [Dirija-se ao Norte, movendo-se na direção contrária dos ponteiros do relógio. Faça Pentagramas de Invocação (Espírito e Terra passivos) com os sinais, sigilos e palavras apropriados.]

AGLA — Sinal de Cerrar o Véu

ADONAI — Sinal do 1º= 10□

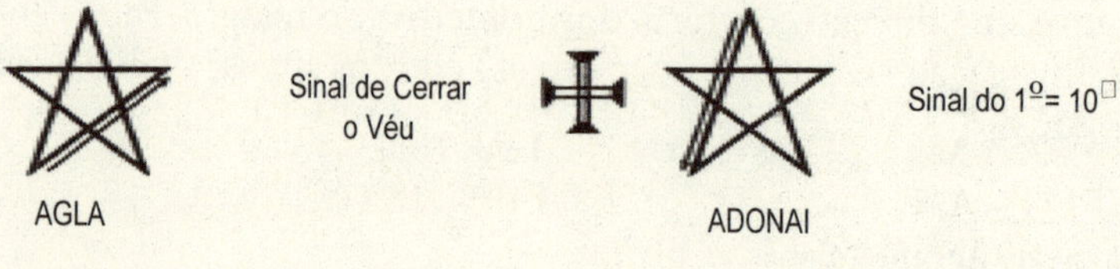

Eu Te invoco:
MA BARRAIO IOEL KOThA AThOR-e-BAL-O ABRAFT
Escuta-me, e faze todos os Espíritos sujeitos a mim, de modo que cada Espírito do Firmamento e do Éter: sobre a Terra e debaixo da Terra, no Território árido e na Água; no Ar Girante e no Fogo crepitante, e que cada Feitiço e Flagelo de Deus sejam obedientes a Mim. [Dirija-se de volta ao quadrado de Tiphereth, movendo-se na direção contrária dos ponteiros do relógio. Faça o Pentagrama de Invocação do Espírito ativo com os sinais, sigilos e palavras apropriados; trace a Marca da Besta e dê os Sinais de L.V.X.]

Sinal da Abertura do Véu

Sinais de L.V.X.

EHIEH

Escuta-me:
AFT ABAFT BAS-AUMGN. ISAK SA-BA-FT
[Cai prostrado em adoração].
Este é o Senhor dos Deuses:
Este é o Senhor do Universo:
Este é Ele, a quem os Ventos temem.
Este é Ele, que tendo feito Voz dos Seus mandamentos, é o Senhor de todas as Coisas; Rei, Regente e Auxiliador.
Escuta-me, e faze todos os Espíritos sujeitos a mim, de modo que cada Espírito do Firmamento e do Éter: sobre a Terra e debaixo da Terra, no Território árido e na Água; no Ar Girante e no Fogo crepitante, e que cada Feitiço e Flagelo de Deus sejam obedientes a Mim. [Faça o Pentagrama de Invocação do Espírito passivo com os sinais, sigilos e palavras apropriados; trace a Marca da Besta e dê os sinais de L.V.X.]

Sinal de Cerrar o Véu

Sinais de L.V.X.

AGLA

Escuta-me:
IEOU PUR IOU PUR IAFTh IAEO IOOU ABRASAX
SABRIAM OO FF AD-ON-A-I EDE EDU ANGELOS TON
ThEON ANLALA LAI GAIA AEPE DIATHARNA
THORON [Volte a ficar de pé].

Eu sou Ele! O Espírito Não Nascido! Tendo a visão nos pés: Vigoroso, e o Fogo Imortal!

Eu sou Ele! A Verdade!

Eu sou Ele! O que odeia que o mal seja forjado no Mundo!

Eu sou Ele, que relampeja e troveja!

Eu sou Ele, de quem verte a Vida da Terra!

Eu sou Ele, cuja boca sempre flameja!

Eu sou Ele, o Progenitor e Manifestador da Luz!

Eu sou Ele, a Graça dos Mundos!

"O Coração Enroscado com uma Serpente" é meu nome!

Vem, tu, segue-me, e faze todos os Espíritos sujeitos a mim, de modo que cada Espírito do Firmamento e do Éter: sobre a Terra e debaixo da Terra, no Território árido e na Água; no Ar Girante e no Fogo crepitante, e que cada Feitiço e Flagelo de Deus sejam obedientes a Mim!

IAF: SABAF

Tais são as Palavras!

Capítulo Nove

Os Ritos Solares

Existe uma porta secreta que eu farei para firmar tua senda em todos os quadrantes (estas são as adorações, como escreveste)...

– Liber Al Vel Legis, III, XXXVIII.

Em um contexto religioso, a Magia é descrita como um culto solar. A única coisa nova e revolucionária sobre isso é a relação do "adorador" com o Sol. O estudante moderno de religiões comparadas não deve levar muito tempo para perceber as incontáveis semelhanças e paralelos inerentes às chamadas Grande Religiões do mundo. Podemos até mesmo dizer (caso permitamos a nós mesmos a emancipação de uma mente verdadeiramente aberta) que as religiões do passado, de fato, são apenas aspectos de *uma* religião, cujo objeto de culto é o Sol e cujas cerimônias, observâncias e dias santos são fundamentados no drama anualmente repetido, ou seja, o calendário solar.

A vida terrestre apresenta com pantomima a criação da vida pelo Sol, nas capacidades reprodutivas de cada organismo. Nossos ancestrais traçaram um paralelo direto entre o Sol e o falo, e entre a luz do Sol, sangue e sêmen. Essa correlação assume dimensões profundas na medida em que constantemente aplicamos nossa compreensão de Astronomia, Física e Medicina no desenvolvimento dessa grande religião.

A simples "verdade" da morte do Sol foi destruída pela "verdade" do sistema heliocêntrico que, por sua vez, foi destruída pela "verdade" de que nosso sistema solar gira ao redor de *algo* central, que pode muito bem ser uma dimensão negativa, negra e inescrutável. Teoricamente, tudo se originou de uma singular negatividade, compacta, preexistente (que por alguma razão não poderia conter a si mesma); e, com toda probabilidade, algum dia todas as coisas retornarão para esse nada.

Por enquanto, estamos descobrindo que todas as coisas que fomos, somos e que seremos estão codificadas sob um "chip" químico denominado DNA, que se faz presente em nossas células, fluindo como um rio externo por meio do sangue de infinitas gerações, cuja função mais importante é servir como uma "arca" orgânica para o desenvolvimento da vida.

Todos os rituais thelêmicos expressam a fórmula da nova consciência solar, porém dois deles, em particular, incorporam o próprio Sol como o elemento central da cerimônia: *Liber Resh* e *A Missa da Fênix*.

Resh é uma série simples de quatro adorações realizadas ao amanhecer, ao meio-dia, ao ocaso e à meia-noite. Elas estão formatadas como adorações egípcias clássicas, mas customizadas para satisfazer a ideia de Crowley de uma nova fórmula mágica. *Resh* serve como um excelente modo de se obter concentração e exige o reconhecimento do nosso relacionamento mágico com o Sol, pelo menos quatro vezes em nosso atarefado dia.

> Em primeiro lugar, o objetivo dessa prática é lembrar a Grande Obra ao aspirante, em intervalos regulares; em segundo, trazer para sua consciência uma relação pessoal com o centro de nosso sistema; em terceiro, para estudantes avançados fazerem um contato com a energia espiritual do Sol e, assim, atraírem a força real dele.[145]

A Missa da Fênix é uma cerimônia eucarística criada para ser celebrada no ocaso, com o intuito de fortificar o conhecimento do magista em relação ao Sol, durante a jornada noturna deste. Da mesma forma que o *Rubi Estrela* e a *Safira Estrela*, esse ritual também foi publicado pela primeira vez em *The Book of Lies*, no Capítulo 44.[146]

Por conta de haver na *Missa da Fênix* o que parece ser um elemento de automutilação, continua existindo um considerável mal-entendido sobre esse ritual, e as opiniões escandalosas de extremistas a respeito de todas as finalidades do espectro mágico, em geral, levaram muitos estudantes sérios a evitá-lo. No Capítulo 20 do *Magick in Theory and Practice*, Crowley escreveu que a *Missa da Fênix* "...deveria ser diariamente executada no ocaso, por todo magista". Ele realmente esperava que colocássemos em risco nossa saúde, ferindo os peitos a cada entardecer?

Confesso que, quando era um jovem tolo, eu celebrei a *Missa da Fênix* usando um bisturi de cirurgião no lugar do cinzel para *"fazer... o devido sinal"*. Para meu assombro, a lâmina quase que inteiramente desaparecia,

---

145. *The Confessions of Aleister Crowley* (London: Penguin/Arkana, 1989).
146. 44 = DM = Sangue (hebraico).

sem dor, dentro da carne de meu peito antes que eu percebesse o que estava acontecendo. O corte era extremamente nítido e, por um momento, não havia sangramento. Então, ele vinha... escorrendo rapidamente, em um fio grosso sobre a frente de meu corpo. Determinado a completar a cerimônia, tentei estancar o sangue com o Bolo de Luz,[147] apenas para desintegrá-lo em meus dedos em um jorro de sangue quente. O Sol havia parcialmente se posto no horizonte, e sua luz levemente alaranjada banhou meu peito e meus dedos encharcados de sangue. Corri para o banheiro enquanto papagueava: "...com angústia aqui adentrei; hoje feliz, sigo a agradecer; sobre a terra meu prazer eu terei; com a legião de seres a viver". Estava assustado, agitado, ferido e envergonhado. *Não* me senti muito espiritual.

Que o sangue de meu sacrifício lave tua mente, deixando-a pura de qualquer tentação de fazer tamanha estupidez a ti mesmo!

A partir do texto, é óbvio que o magista realmente extrai sangue para consagrar o Bolo de Luz antes de consumi-lo. Mas, em parte alguma é indicado que um elemento de dor, que deixe cicatriz ou ferimento, seja exigido para a cerimônia. Ela é uma Eucaristia e não um ritual de automutilação.

Um modo excelente de "fazer o devido sinal"[148] é usar uma sovela de mecânico (uma verga de aço com ponta extremamente afiada). É fácil de ser esterilizada e, caso o magista seja cuidadoso, com ela é possível arranhar o símbolo sobre a carne. Isso permanecerá visível por várias horas. Aplicando um pouco mais de pressão em uma área pequena perto do arranhão, o instrumento romperá a pele apenas o suficiente para uma gota bem pequena de sangue surgir na superfície dela. Isso satisfaz a interpretação literal do ritual sem machucar o magista, permitindo que ele se concentre no real propósito da cerimônia: em outras palavras, isto é, uma Eucaristia solar.

A ambientação ideal para *A Missa da Fênix* é ao ar livre, ou diante de uma janela aberta para acomodar a visão do Sol poente. O ritual é tão breve que o magista poderá começá-lo assim que o Sol tocar o horizonte, pois terá tempo de "carregar" o sangue sobre o peito com os últimos raios do Sol. Então, esse sangue santo consagrado pelo Sol é retido pelo Bolo de Luz e comido pelo magista. Quando a missa terminar, a essência do Sol estará seguramente protegida no corpo do magista até a aurora. Se executada com regularidade por um certo período, o corpo do magista será renovado, célula por célula, por esse alimento solar.

Raramente alguém terá um estilo de vida que favoreça a celebração perpétua de *A Missa da Fênix*; porém, o ritual é um excelente compo-

---

147. Veja *Liber AL vel Legis*, III, 23.
148. Uma cruz ou X dentro de um círculo ou a "Marca da Besta", ambos são sinais apropriados.

nente no regime diário de um retiro mágico. *Liber Resh* é tão curto que poderá ser executado praticamente em qualquer lugar, pelo menos de um modo informal, e Crowley encorajava seus estudantes a nunca omitir sua observância.[149]

---

149. Ele também insistia a respeito da realização de "Vontade", antes da principal refeição do dia:
Faze o que queres há de ser o todo da Lei.
Qual é tua Vontade?
Minha vontade é comer e beber.
Para qual fito?
Para que, por isso, meu corpo seja fortificado.
Para qual fito?
Para que eu possa completar a Grande Obra.
Amor é a lei, amor sob vontade
À ceia.
– de *Magick in Theory and Practice* (Nova York: Magickal Childe, 1990), pp. 102, 103. Originariamente publicado em Paris, por Lecram Press, 1929.

LIBER RESH VEL HELIOS
SUBFIGURA CC[150]

---
150. LIBER RESH pode ser encontrado em *The Equinox*, Vol. I, nº VI (York Beach, ME: Samuel Weiser, 1990), de Aleister Crowley.

0. Essas são as adorações a serem executadas pelos aspirantes a A∴A∴
1. Que ele saúde o Sol, na aurora, de frente para o leste, dando o sinal de seu grau. E que diga em voz alta: **Saudações a Ti, que és Rá em Teu nascente, a Ti que és Rá em Tua força, que viajas pelos Céus em Tua barca no Alvorecer do Sol.**

   Tahuti em Seu esplendor, de pé à proa, e Ra-Hoor aguarda no leme.
   Saudações a Ti das Moradas da Noite!
2. E também ao meio-dia, que ele saúde o Sol, de frente para o sul, dando o sinal de seu grau. E que diga em voz alta: **Saudações a Ti, que és Ahathoor em Teu triunfo, a Ti que és Ahathoor em Tua beleza, que viajas pelos Céus em tua barca no curso Mediano do Sol.**

   Tahuti em Seu esplendor, de pé à proa, e Ra-Hoor aguarda no leme.
   Saudações a Ti das Moradas da Manhã!
3. E também ao ocaso, que ele saúde o Sol, de frente para o oeste, dando o sinal de seu grau. E que diga em voz alta: **Saudações a Ti, que és Tum em Teu poente, a Ti que és Tum em Teu gozo, que viajas pelos Céus em tua barca no Pôr do Sol.**

   Tahuti em Seu esplendor, de pé à proa, e Ra-Hoor aguarda no leme.
   Saudações a Ti das Moradas do Dia!
4. Finalmente, à meia-noite, que ele saúde o Sol, de frente para o norte, dando o sinal de seu grau. E que diga em voz alta: **Saudações a Ti, que és Khephra em Teu retiro, a Ti que és Khephra em Teu silêncio, que viajas pelos Céus em tua barca na Hora do Meio da Noite.**

   Tahuti em Seu esplendor, de pé à proa, e Ra-Hoor aguarda no leme.
   Saudações a Ti das Moradas do Anoitecer!
5. Depois de cada uma dessas invocações, tu darás o sinal de silêncio e, em seguida, executarás a adoração que te foi ensinada pelo teu Superior. Então, acalma-te em meditação santa.
6. Também será melhor se nessas adorações tu assumires a forma-Deus que estiveres adorando, como se te unisses a Ele em adoração àquilo que está além d'Ele.
7. Assim, sempre estarás diligente à Grande Obra a qual te responsabilizaste por executar e, desse modo, serás fortalecido para que nela perseveres, até a consecução da Pedra dos Sábios, o *Summum Bonum*, a Sabedoria Verdadeira e a Felicidade Perfeita.

Notas e Comentários do Autor

1. A imagem é aquela do barco (barca) solar egípcio, que em todo anoitecer, ao Sol poente, carrega Osíris glorificado, desde o horizonte ocidental à Terra dos Mortos, conduzindo seguramente por debaixo da Terra o Sol eterno, até o amanhecer sobre o horizonte oriental a cada manhã como Rá.

   Tahuti (Thoth) – o psicopompo, com cabeça de Íbis dos egípcios, é posicionado à proa, e Hórus, o Filho do Sol, atua como timoneiro divino.

2. **Ahathoor** – a Vênus egípcia, de quem o mês de novembro (Escorpião) indica a cruz do quadrante do ano em que as trevas triunfam sobre a luz.

3. **Tum, Tmu** – Deus do oeste, o Sol poente – Deus do Sol à noite.

4. **Khephra** – do mesmo modo que o escaravelho egípcio do deserto, que sempre rola uma bola de estrume em que são postos seus ovos, assim o faz Khephra, o escaravelho celestial, rolando a esfera do Sol através dos céus.

5. Conforme alguns relatos, Crowley ensinou os residentes da Abadia de Thelema a recitar como adorações os seguintes trechos do *Livro da Lei*:

Mas desvela o Um exterior!
    De Teu sopro, adoro o poder;
Ó Deus terrível e superior,
    A fazer de deuses e do morrer,
Diante de Ti, seres em tremor.
    Eu te adoro, com muito amor!

Sobre o trono de Rá aparece!
    E os caminhos do Khu vêm abrir!
Os percursos do Ka incandesce!
    Vem pelas sendas do Khabs seguir!
Para me excitar ou aplacar!
    Aum! Pois que venha me completar!

Luz minha; raios a me acabar
    Eu ali fiz um secreto portão
Na Casa de Rá e Tum a fechar,
    De Khephra e de Ahathoor eles são.
Pois teu Tebano sou eu, Ó Mentu,

E o profeta Ankh-af-na-khonsu!

Por Bes-na-Maut em meu peito eu bato;
  Sábio Ta-Nech meu encanto trato.
Ó Nuit, em glória estrelada,
  Dá-me de viver em tua Morada,
Serpente alada de luz, ó Hadit!
  Permanece comigo, Ra-Hoor-Khuit![151]

6. Isso é um exercício particularmente efetivo, em especial para o magista que estiver aprendendo a (ou que já for proficiente na) assunção de formas-deus.

---

151. De *Liber AL vel Legis*, Cap. III, versículos 37 e 38.

LIBER XLIV
A MISSA DA FÊNIX

Com seu peito desnudo, o Mago se encontra em pé, diante de um altar, sobre o qual estão Cinzel, Sino, Turíbulo e dois Bolos de Luz. Com o Sinal do Entrante, estende as mãos por cima do altar, em direção ao Oeste, e clama:

> **Salve Rá, que em tua embarcação**
> **Vai para as grutas da escuridão!**

Ele executa o sinal do Silêncio, e toma o Sino e o Fogo em suas mãos.

> **Vê-me erguido a Leste do Altar**
> **Luz e Música estão em meu palmar.**

Toca 11 vezes o Sino, no ritmo 333-55555-333, e põe o Fogo no Turíbulo.

> **Toco o Sino, queimo o Archote**
> **E clamo o misterioso Mote**
> **ABRAHADABRA.**

Toca Onze vezes o Sino,

> **Começo a suplicar: Tu Criança**
> **Santa e pura é tua lembrança**
> **Vem teu reino, teu querer é presente**
> **Aqui o Pão, e o Sangue à frente**
> **Do Sol da meia-noite e através**
> **Salva-me do Mal e salva-me do Bem!**
> **Que tua coroa, única das Dez,**
> **Seja minha, aqui, agora, Amém.**

Põe o primeiro Bolo no Fogo do Turíbulo.

> **Queimo o Bolo-incenso enquanto**
> **Adorações a Teu nome eu canto.**

Novamente, toca o sino 11 vezes. Com o Cinzel, faz em teu peito o devido sinal. Os Bolos são preparados conforme prescrito em *Liber Legis*.[152]

> **Atenta para meu peito sangrado**
> **Cortado com o símbolo sagrado.**

Põe o Segundo Bolo no ferimento.

> **A hóstia suga, o Sangue para**
> **E o alto sacerdote declara!**

Come o segundo Bolo.

---

152. As Adorações. Veja a linha 5 de *Liber Resh* – *Ed.*

> Como do pão e faço a Promissão
> Enquanto em mim arde a oração:
> "Graça não há, mas nem culpa esperes;
> Essa é a Lei: Faze o que queres!"

Toca 11 vezes o Sino e grita:

> **ABRAHADABRA.**
> Se com angústia aqui adentrei
> Hoje feliz, sigo a agradecer
> Sobre a terra meu prazer eu terei
> Com a legião de seres a viver.

Ele segue.

ΚΕΦΑΛΗΞΒ [153]
ENTENDES?

A Fênix tem um Sino para Soar; Fogo para Visão; uma Faca para Toque; dois bolos, um para provar e outro para cheirar.

Ele permanece de pé, diante do Altar do Universo, no Poente, quando a Vida da Terra se esvai.

Ele convoca o Universo e coroa-o com Luz MÁGICA para substituir a luz natural do Sol.

Ele ora e rende homenagens a Ra-Hoor-Khuit: a Este, então ele sacrifica.

O primeiro bolo, queimado, ilustra o benefício extraído da trama da encarnação.

O segundo, misturado ao sangue da vida dele e comido, ilustra o uso da vida mais baixa a nutrir a vida mais alta.

Então, ele presta o Juramento e torna livre – incondicionado – o Absoluto.

Inflamando-se na chama de sua Oração, mais uma vez renasce – a Fênix!

---

[153]. Capítulo 62 do *The Book of Lies* (York Beach, ME: Samuel Weiser, 1981), p. 134. "Este capítulo em si é um comentário do Capítulo 44." (*A Missa da Fênix* também pode ser encontrada no *The Book of Lies*.)

Capítulo Dez

Misticismo Thelêmico

Agrupa as demais imagens à minha volta para me apoiar: que todas sejam adoradas, pois elas serão reunidas para me exaltar. Sou o objeto visível de adoração; os demais são secretos; à Besta & sua Noiva eles são: e para os vencedores do Ordálio x. O que é isso? Tu saberás.

— Liber Al Vel Legis, III, 22

Finalmente, vamos para duas obras extraordinárias, únicas entre os Rituais de Classe D. Na verdade, todos os rituais discutidos até o momento poderiam ser considerados exercícios preparatórios à Alta Magia nelas incorporada. *Liber NV* e *Liber HAD*[154] são documentos de preparação para as invocações dos mais altos conceitos da cosmologia thelêmica, Nuit e Hadit.

Em suas execuções, apesar de essas invocações serem obviamente mágicas, de modo inegável, essencialmente elas também são místicas, pois requerem que o magista não apenas *faça* algo, mas que *seja* algo. Perfeitamente simples de se dizer, para invocar Nuit, o magista deve ser Hadit; e para chamar Hadit, deve ser Nuit.

Esse é um preceito bem difícil, e muito provavelmente não se tornará a preocupação principal que consome a maioria dos habitantes do nosso planeta. *Liber NV* e *Liber Had* são para os "vencedores do Ordálio x."[155]

---

154. Originalmente, ambos apareceram em *The Equinox*, Vol I, nº 7.
155. "O Ordálio x será tratado privadamente." *The Equinox*, Vol. I, nº 10.

LIBER NV
SUBFIGURA XI
A∴A∴ Publicação em Classe D.

(para os vencedores do Ordálio x).

000. Esse é o Livro do Culto do Exterior Infinito.

00. O Aspirante é Hadit. Nuit é a expansão infinita da Rosa; Hadit, a concentração infinita da Cruz.

(*Instrução de V.V.V.V.V.*)

0. Primeiro, que o Aspirante saiba decorado o Primeiro Capítulo do *Livro da Lei*.

(*Instrução de V.V.V.V.V.*)

1. Adora, ou seja, identifica a ti mesmo com o Khabs, a Luz secreta do âmago do coração. Novamente, nesse âmago, está Hadit, recolhido.

Essa é a primeira prática de Meditação (ccxx, I, 6 e 21).

2. Adora e compreende a extremidade da Estela da Revelação.

**Acima, em azul ornada
Nuit é nua em esplendor;
Com êxtase beija curvada
De Hadit, o secreto ardor.**

Essa é a primeira prática de Inteligência (ccxx, I. 14).

3. Evita qualquer ato de escolha ou discriminação.

Essa é a primeira prática de Ética (ccxx, I. 22).

4. Considera, de seis e cinquenta, que 50/6 = 0,12

   0 – a circunferência de Nuit.
   , – o centro, Hadit.
   1 – a unidade procedente, Ra-Hoor-Khuit.
   2 – o mundo de ilusão.
   Desse modo, Nuit compreende o Todo em Nada.
   Também, 50 + 6 = 56 = 5 + 6 = 11, a chave de todos os Rituais.
   E 50 x 6 = 300, o Espírito da Criança interior.
   (Note que ΝΓιϛ 72, o Shemhamphorash e os Quinários dos Zodíacos, etc.)

Essa é a segunda prática de Inteligência (ccxx, I. 24, 25).

5. O resultado dessa Prática é a Consciência da Continuidade da Existência, a Onipresença do Corpo de Nuit.

Em outras palavras, o Aspirante está ciente apenas do Universo Infinito como um Ser simples. [Note, a respeito disso, a importância do Parágrafo 3. – *Ed.*]¹⁵⁶

Essa é a primeira indicação da Natureza do Resultado (ccxx, I. 26).

6. Medita a respeito de Nuit como a Resoluta Contínua no Nada e no Dois como as fases do ser dela. [Pois sendo o Universo autocontido, deve ser capaz de se expressar pela fórmula $(n - n) = 0$. Porquanto

---

156. Todos os parênteses do editor encontrados nos textos de *Liber NV* e *Liber Had* são de Crowley.

se assim não for, que seja expresso pela fórmula $n - m$ p. Ou seja, o infinito move de outro modo o mesmo para dentro de si, o que é um absurdo. – *Ed.*)
Essa é a segunda prática de Meditação (ccxx, I. 27).
7. Medita a respeito dos fatos de Samadhi em todos os planos, a liberação de calor na química, gozo na história natural, "Ananda" em religião, quando duas coisas se unem para se perder em uma terceira.
Essa é a terceira prática de Meditação (ccxx, I. 28, 29, 30).
8. Que o Aspirante renda a reverência máxima à Autoridade da A∴A∴ e siga Suas instruções, e que ele preste o grande Juramento de Devoção a Nuit.
Essa é a segunda prática de Ética (ccxx, I. 32).
9. Que o Aspirante se guarde de exercitar a sua vontade contra outro ser, o mínimo que seja. Assim, estar deitado é uma postura melhor do que ficar sentado ou de pé, pois opõe menos resistência à gravidade. Ainda que seu primeiro dever seja para com a força mais próxima e mais potente, ele poderá se erguer para saudar um amigo.
Essa é a terceira prática de Ética (ccxx, I. 41).
10. Que o Aspirante exercite sua vontade sem a mínima consideração a qualquer outro ser. Essa orientação não pode ser entendida, muito menos executada, até que a prática anterior tenha sido perfeita.
Essa é a quarta prática de Ética (ccxx, I. 42, 43, 44).
11. Que o Aspirante compreenda que essas duas práticas são idênticas.
Essa é a terceira prática de Inteligência (ccxx, I. 45).
12. Que o Aspirante viva a Vida de Beleza e de Conforto. Pois logrou essa liberdade, porém, que cada ato, em especial o de amor, seja inteiramente devotado à sua verdadeira senhora, Nuit.
Essa é a quinta prática de Ética (ccxx, I. 51, 52, 61, 63).
13. Que o Aspirante, sob as estrelas da Noite, anseie vividamente por Nuit, com um amor dirigido pela Vontade Mágica dele, e não meramente agindo pelo coração.
Essa é a primeira prática da Arte Mágica (ccxx, I. 57).
14. O Resultado dessa Prática na vida subsequente do Aspirante é preenchê-lo com gozos inimagináveis; para lhe dar a certeza em relação à natureza do fenômeno chamado de morte; para lhe dar uma inexprimível paz, descanso e êxtase.
Essa é a segunda indicação da Natureza do Resultado (ccxx, I. 58).
15. Que o Aspirante prepare um perfume de madeiras resinosas e gomas, conforme sua inspiração.
Essa é a segunda prática da Arte Mágica (ccxx, I. 59).

16. Que o Aspirante prepare um Pantáculo, do seguinte modo:

Inscreva um círculo dentro de um Pentagrama, colocando-os sobre uma base quadrada ou sobre outra base com formato conveniente escolhido por ele. Que o círculo seja escarlate e o Pentagrama, negro, e a base de azul-real ornada com estrelas douradas.

Dentro do círculo, em seu centro, estará pintado um sigilo que será revelado ao Aspirante por Nuit, Ela mesma.

Seu Pantáculo servirá como uma Imagem Telesmática, ou como um Espectro, ou como um Foco à sua mente.

Essa é a terceira prática da Arte Mágica (ccxx, I, 60).

17. Que o Aspirante encontre um local isolado, se possível no Deserto de Areia, ou, se não, um lugar não frequentado, e sem objeções que o perturbem. Tais locais são pântanos, brejos, céu aberto, rios caudalosos e campos abertos. E também, especialmente, os topos das montanhas.

Nesse local e à medida que tiver Sabedoria e Entendimento para fazê-lo, que ele invoque a Deusa. Mas que essa prece seja feita por um coração puro, ou seja, devotado inteiramente a Ela, e que ele se lembre de que é Hadit, Ele mesmo, no local mais secreto, que aqui invoca.

Essa é a quarta prática da Arte Mágica (ccxx, I, 61).

18. Então, o Aspirante vai se deitar um pouco no seio dela.

Essa é a terceira Indicação da Natureza do Resultado (ccxx, I, 61).

19. Que o Aspirante, em ato ou em pensamento, permaneça sobre o topo de um precipício. E que ele imagine e sofra o medo da queda.

Depois, ajudado por isso, que imagine que a Terra esteja caindo com ele, ou ele caindo dela; e considerando o infinito espaço, que excite seu medo interior até o ponto de êxtase, o qual em nada se compare nem com o mais terrível sonho de cair que ele já tivera.

Essa é a quarta prática de Meditação (Instrução de V.V.V.V.V.)

20. Assim, tendo compreendido a natureza dessa Terceira Indicação, que em seu Rito Mágico ele caia de si mesmo dentro de Nuit, ou se expanda dentro d'Ela, no modo como sua imaginação o compelir.

E, naquele momento, desejando ardentemente o Beijo de Nuit, que ele dê uma partícula de poeira, ou seja, que Hadit se dê inteiramente a Ela.

Essa é a quinta prática da Arte Mágica (ccxx, I, 61).

21. Então, ele tudo perderá nessa hora.

Essa é a quarta Indicação da Natureza do Resultado (ccxx, I, 61).

22. Que o Aspirante componha uma canção de amor e de rapto à Deusa, ou que ele seja por Ela inspirado a isso.

Essa é a sexta prática da Arte Mágica (ccxx, I, 63).

23. Que o Aspirante esteja coberto com um robe único. Um *abbai* escarlate, forjado com ouro, será mais adequado. [O *abbai* não é parecido com

o quimono japonês. Simplesmente, deve cair sobre o peito sem faixa ou outra amarração. – *Ed.*]

Essa é a sétima prática da Arte Mágica (ccxx, I, 61).

24. Que o Aspirante use um rico adereço na cabeça. Uma coroa de ouro adornada com safiras ou diamantes com um capuz azul-real de apoio, ou nemmes, é mais adequada.

Essa é a oitava prática da Arte Mágica (ccxx, I, 61).

25. Que o Aspirante use tantas joias quanto possua.

Essa é a nona prática da Arte Mágica (ccxx, I, 63).

26. Que o Aspirante prepare um Elixir ou libação, na medida em que tenha bom senso para fazê-lo.

Essa é a décima prática da Arte Mágica (ccxx, I, 63).

27. Que o Aspirante invoque, deitado de costas, estendendo seu robe como se fosse um tapete.

Essa é a undécima prática da Arte Mágica (Instrução de V.V.V.V.V.)

28. Sumário. Preliminares.

    Estes são os bens necessários.
    1. A Coroa ou o adereço na cabeça.
    2. As Joias.
    3. O Pantáculo.
    4. O Robe.
    5. A Canção ou Encantamento.
    6. O Local de Invocação.
    7. O Perfume.
    8. O Elixir.

29. Continuação do Sumário. Preliminares.

    Estas são as compreensões necessárias.
    1. As Naturezas de Nuit e Hadit, e a relação deles.
    2. O Mistério da Vontade Individual.

30. Continuação do Sumário. Preliminares.

    Estas são as necessárias meditações a serem efetuadas.
    1. A descoberta de Hadit no Aspirante, e identificação com Ele.
    2. Aquela que é Contínua.
    3. O Valor da Equação $n + (-n)$.
    4. Cremnofobia.

31. Continuação do Sumário. Preliminares.

    Estas são as Práticas Éticas a serem efetuadas.
    1. Asserção do ponto de vista de Kether.
    2. Reverência à Ordem.
    3. Abolição da vontade humana.
    4. Exercício da vontade verdadeira.

    5. Devoção a Nuit por toda uma vida tornada bela.
32. Continuação do Sumário. O Rito Real.

    1. Retirar-se ao deserto com coroa e demais insígnias.
    2. Queimar perfume.
    3. Cantar o encantamento.
    4. Beber o Elixir a Nuit.
    5. Deitar-se de costas, com olhos fixos nas estrelas, praticar a sensação de cair no nada.
    6. Estando verdadeiramente no seio de Nuit, que Hadit se renda.
33. Conclusão do Sumário. Os Resultados.

    1. Expansão da consciência ao Infinito.
    2. A "Perda de tudo", a suprema realização mística.
    3. Sabedoria Verdadeira e Felicidade Perfeita.

LIBER HAD
SUBFIGURA DLV
A∴A∴ Publicação em Classe D.

(para os vencedores do Ordálio x)

000. Este é o Livro do Culto do Exterior Infinito.

00. O Aspirante é Nuit. Nuit é a expansão infinita da Rosa; Hadit, a concentração infinita da Cruz.

(*Instrução de V.V.V.V.V.*)

0. Primeiro, que o Aspirante saiba decorado o segundo capítulo do *Livro da Lei*.

(*Instrução de V.V.V.V.V.*)

1. Adora, ou seja, identifica a ti mesmo com Nuit, como uma bruxuleante flama de azul, tudo tocando, tudo penetrando, suas adoráveis mãos sobre a terra negra, e o flexível corpo dela arqueado para o amor, e seus pés macios sem danificar as flores pequenas, assim como Ela é retratada na Estela da Revelação.

Essa é a primeira prática de Meditação (ccxx, I. 26).

2. Que além disso ele se identifique com o coração de Nuit, cujo Êxtase está naquele das crianças delas, e a satisfação é ver o gozo delas, que diz: Eu vos amo! Desejo-vos. Pálida ou púrpura, velada ou voluptuosa, eu que sou toda prazer e púrpura, e embriaguez no sentido mais íntimo, desejo-vos. Vesti as asas e subi o esplendor serpentino de dentro de vós: vinde a mim!... Canta para mim a entusiasmada canção de amor! Queima aromas para mim! Usa joias para mim! Bebe para mim, pois eu te amo! Eu te amo! Sou a filha de pálpebras azuis do Ocaso; sou o esplendor desnudo do céu noturno voluptuoso. A mim! A mim!

Essa é a segunda prática de Meditação (ccxx, I. 13, 61, 63, 64, 65).

3. Que o Aspirante se empenhe em compreender Hadit como um ponto recolhido, coberto com inefável Luz. E que ele se cuide a fim de que não seja ofuscado por aquela Luz.

Essa é a primeira prática de Inteligência (ccxx, II. 2).

4. Que o Aspirante se empenhe em compreender Hadit como o centro ubíquo de toda esfera concebível.

Essa é a segunda prática de Inteligência (ccxx, II. 3).

5. Que o Aspirante se empenhe em compreender Hadit como a alma de todo homem e de toda estrela, conjugando isso em seu Entendimento com o Verbo (ccxx, I. 2); "Todo homem e toda mulher é uma estrela". Que essa concepção seja aquela de Vida, o doador de Vida, e que ele, portanto, perceba que o conhecimento de Hadit é o conhecimento de morte.

Essa é a terceira prática de Inteligência (ccxx, II. 6).

6. Que o Aspirante se empenhe em compreender Hadit como o magista ou como aquele que faz Ilusão, e o Exorcista ou o destruidor de Ilusão, sob a figura do eixo da Roda, e o cubo no círculo. Também como a Alma Universal de Movimento. [Essa concepção harmoniza Thoth e Harpócrates de um modo muito complexo e miraculoso. Ao mesmo

tempo, Thoth é o Mago do Tarô (veja *Liber 418*) e o Mercúrio Universal; Harpócrates é, ao mesmo tempo, o destruidor de Typhon e o Bebê sobre o Lótus. Note que a "posição da Íbis" formula essa concepção de modo mais exato. – *Ed.*]

Essa é a quarta prática de Inteligência (ccxx, II. 7).

7. Que o Aspirante se empenhe em compreender Hadit como o perfeito, que é Não, e que por sua correta Engenhosidade solucione o mistério dos números de Hadit e de seus componentes.

Essa é a quinta prática de Inteligência (ccxx, II. 15, 16).

8. Que o Aspirante, comportando-se como um grande Rei, arranque e destrua sem piedade todas as coisas fracas, imundas ou doentes de si mesmo e de suas cercanias, ou qualquer outra coisa sem valor. E que ele se exceda em orgulho e júbilo.

Essa é a primeira prática de Ética (ccxx, II. 18, 19, 20, 21).

9. Que o Aspirante se empenhe em compreender Hadit como a Cobra que concede Conhecimento e Deleite e glória brilhante, que lança o coração dos homens à embriaguez. Essa cobra é de azul e ouro; seus olhos são vermelhos e seu brilho é verde e ultravioleta. (Ou seja, como a mais exaltada forma da Serpente Kundalini.)

Essa é a sexta prática de Inteligência (ccxx, II. 22, 50, 51).

10. E que além disso ele se identifique com essa Cobra.

Essa é a segunda prática de Meditação (ccxx, II. 22).

11. Que o Aspirante tome vinho e drogas estranhas, conforme seu conhecimento e experiência, e que se embebede disso. [O Aspirante estará em uma condição de tamanha sensitividade que uma simples gota, e talvez até mesmo o cheiro, seja suficiente. – *Ed.*]

Essa é a primeira prática da Arte Mágica (ccxx, II. 22).

12. Que o Aspirante concentre sua consciência na Cruz colocada sobre a montanha, e se identifique com Ela. Que ele esteja bem consciente a respeito da diferença entre a Sua alma e aquele pensamento que habitualmente desperta em sua própria mente.

Essa é a terceira prática de Meditação e, como será depois percebida, uma compreensão, harmonia e absorção das práticas de Inteligência (ccxx, II. 22).

13. Que o Aspirante se empenhe em compreender Hadit como a Unidade que é Negativa. [Ain Elohim. – *Ed.*]

Essa é a sétima prática de Inteligência (ccxx, II. 23).

14. Que o Aspirante viva a vida de um ser vigoroso e belo, orgulhoso e exaltado, insolente e feroz a respeito de tudo aquilo que for baixo e vil.

Essa é a segunda prática de Ética (ccxx, II. 24, 25, 45-49, 52, 56-60).

15. Que o Aspirante se empenhe em compreender Hadit conforme esse versículo 26 do segundo capítulo de *O Livro da Lei*. E que isso seja fácil para ele, caso tenha consumado a Terceira Prática de Meditação.

Essa é a oitava prática de Inteligência (ccxx, II. 26).

16. Que o Aspirante destrua em si mesmo a Razão, conforme a prática de *Liber CDLXXIV*.[157]

Essa é a quarta prática de Meditação (ccxx, II. 27-33).

17. Que o Aspirante regularmente observe as Festas indicadas pela A∴A∴ e execute os tais rituais dos elementos, assim como se os possuísse, invocando-os exatamente em suas estações.

Essa é a primeira prática da Arte Mágica (ccxx, II. 35-43).

18. Que o Aspirante se empenhe em compreender Hadit como um bebê no ovo do Espírito [Akasha. – *Ed.*], invisível nos quatro elementos.

Essa é a nona prática de Inteligência (ccxx, II. 49).

19. Que o Aspirante, sentado em sua Asana, de repente comece a estranhamente respirar, e isso sem a Operação de sua vontade; a Aspiração estará associada ao pensamento de excitamento intenso e de prazer, até a exaustão; e a Expiração muito rápida e forçada, como se esse excitamento fosse liberado subitamente.

Essa é a primeira e última Indicação do Sinal do Início desses Resultados (ccxx. II. 63.)

20. Uma luz aparecerá ao Aspirante, inesperadamente. Hadit se erguerá dentro dele, e Nuit se concentrará sobre ele do exterior. Ele se submeterá, e a Conjunção do Infinito Exterior com o Infinito Interior tomará lugar em sua alma, e o Um será resolvido em Nenhum.

Essa é a primeira Indicação da Natureza do Resultado (ccxx, II. 61, 62, 64).

21. Que o Aspirante fortaleça o corpo por todos os meios em seu poder, e que com igual passo refine tudo o que nele estiver visando ao ideal verdadeiro da Realeza. Além disso, que sua fórmula, tornada como a de um Rei, seja Excessiva.

Essa é a terceira prática de Ética (ccxx, II. 70, 71).

22. Ao Aspirante que segue nessa prática, o resultado vem de modo crescente, até o clímax em sua morte física na apropriada época. Entretanto, esse hábito deveria prolongar a vida.

Essa é a segunda Indicação da Natureza do Resultado (ccxx, II. 66, 72-74).

---

157. *Liber Os Abysmi Vel DAATH*. Em *The Equinox*, Vol I, nº 7 (York Beach, ME: Samuel Weiser, 1992), p. 77.

23. Que o Adepto aspire à prática de *Liber XI*, e pregue-a à humanidade.
    Essa é a quarta prática de Ética (ccxx, II. 76).
24. Que o Adepto adore o Nome, quádruplo, místico, maravilhoso, da Besta, e o nome de Sua casa; e dê bênção e adoração ao profeta da Estrela adorável.
    Essa é a quinta prática de Ética (ccxx, II. 78, 79).
25. Que o Aspirante expanda sua consciência à de Nuit, trazendo-a rápida para dentro. Pode ser praticada imaginando que os Céus estão caindo e, então, transferindo a consciência para eles.
    Essa é a quinta prática de Meditação (Instrução de V.V.V.V.V.)
26. Sumário. Preliminares.
    Estes são os bens necessários.
    1. Vinho e drogas estranhas.
27. Continuação do Sumário. Preliminares.
    Estas são as compreensões necessárias.
    1. A Natureza de Hadit (e de Nuit, e a relação deles).
28. Continuação do Sumário. Preliminares.
    Estas são as necessárias meditações a serem efetuadas.
    1. Identificação com Nuit, corpo e espírito.
    2. Identificação com Hadit como a Cobra.
    3. Identificação de Hadit como a Cruz.
    4. Destruição da Razão.
    5. A Queda dos Céus.
29. Continuação do Sumário. Preliminares.
    Estas são as Práticas Éticas a serem efetuadas.
    1. A destruição de toda indignidade no Eu e em suas cercanias.
    2. Plenitude, quase violência, de vida.
30. Continuação do Sumário. Preliminares.
    Estas são as Artes Mágicas a serem praticadas.
    1. Durante a preparação, execute a invocação dos elementos.
    2. Observar as Festas indicadas pela A∴A∴
31. Continuação do Sumário. A Prática real.
    1. Procure a intoxicação adequada.
    2. Como Nuit, case-se com a força infinita sobre Hadit.
32. Continuação do Sumário. Os Resultados.
    1. Começa uma respiração automática e peculiar.
    2. Uma luz aparece.
    3. Samadhi de dois infinitos, dentro do Aspirante.

        4. Intensificação de 3 em repetição.
        5. Prolongamento de vida.
        6. Morte se torna o clímax da prática.
33. Conclusão do Sumário.
        Essas são as práticas a serem executadas em lembrança de Agradecimento pelo sucesso.
        1. Aspiração de *Liber XI*.
        2. Pregação de θελημα à humanidade.
        3. Bênção e adoração ao profeta da Estrela encantadora.

Capítulo Onze

Os Ritos de Elêusis

A Roda gira àqueles métodos eficazes de invocação empregados nos Mistérios antigos e hoje por certos corpos secretos de iniciados. O objetivo deles é, quase invariavelmente, a invocação de um Deus, aquele Deus concebido em uma forma particular mais ou menos material. Portanto, esses Rituais são bem adaptados para tais pessoas que são capazes de entender o espírito da Magia como oposto à letra.

— *Magick in Theory and Practice*

Primeiramente, os rituais de Thelema que até aqui discutimos foram elaborados para que o magista trabalhasse sozinho para o benefício de sua edificação espiritual. Eles são técnicos e requerem uma base perfeita em teoria mágica. O magista se esforça para executá-los com grande arte e precisão científica. Na conclusão da cerimônia, ele examina, desapaixonadamente, os resultados e registros pontualmente feitos sobre os rituais em um diário. É um trabalho solitário, pois, na verdade, o único material que o magista tem para trabalhar é o *magista* – as únicas reais mudanças que podemos operar com nossos labores mágicos são transformações em nós mesmos. Todavia, mesmo apesar de os efeitos espirituais da Magia serem profundamente pessoais, a Magia, em si, necessita não ser um exercício solitário.

O drama também é Magia – de fato, é a mais velha forma de Magia. Vemos elementos de ritual dramático pré-histórico pintados nas paredes das cavernas e gravados sobre os ossos de animais extintos. As tragédias e comédias dos gregos antigos foram escritas para entreter e provocar o pensamento, porém, antes disso e principalmente, eram observâncias religiosas (celebradas no templo de Dioniso). Podemos não pensar nelas como tais, mas o palco, a tela e até mesmo a televisão são templos mágicos. À medida que assistimos e escutamos, tornamo-nos triângulos de evocação vivos.

Gargalhadas, lágrimas e terror literalmente são *evocados* em nós pela Magia da peça ou do filme.

O potencial mágico do drama não foi perdido por nossos ancestrais. Sabendo que apenas um número relativamente reduzido de indivíduos de toda uma geração é emocional e intelectualmente equipado para dominar as ciências naturais e espirituais, os hierofantes do passado descobriram que ainda era possível trazer um significante nível de iluminação às massas. Por exemplo, era muito importante para a população de trabalhadores das culturas agrárias antigas conhecer as épocas melhores para o plantio e o cultivo de seus grãos. Contudo, para a maior parte de um labor baseado na força, não era realmente importante (ou sequer útil) entender a cadeia de eventos astronômicos que causavam a mudança das estações.

Era muito mais fácil (e, em certo nível, mais verdadeiro) personificar como deuses as forças e fatos da Natureza, e, então, fazer desses deuses personagens de uma lenda ou peça simples e inesquecível. No caso do drama da agricultura, a lenda poderia simplesmente pretender revelar a lição de que é melhor plantar no começo da primavera do que no outono.

Um grande potencial espiritual do ritual dramático reside no fato de que, como indivíduos, cada um de nós, na verdade, pode se tornar o personagem principal no drama sagrado. Esse é o método de iniciação praticado pelas escolas de mistério do passado e pelas sociedades iniciáticas de hoje. As antigas escolas de mistério não eram exatamente sistemas de instrução, mas, particularmente, eram escolas de experiências – experiências dramáticas habilmente planejadas para induzir mudanças profundas na consciência de um grande número de indivíduos.

A tradição nos informa que as técnicas das escolas de mistério alcançaram seu mais alto nível de perfeição na Grécia. Desde cerca de 2000 a.C. até aproximadamente trezentos anos da Era Cristã, os mistérios da agricultura de Deméter e Perséfone eram celebrados dentro da cidade murada de Elêusis. Tão estritos eram os juramentos de segredo impostos aos iniciados que ainda não estamos inteiramente certos a respeito do que ocorria nas cerimônias[158] propriamente ditas. Sabemos de fontes indiretas que um dos ciclos de iniciações começava com um banho de purificação no mar, em Atenas, seguido por uma marcha cerimonial de Atenas a Elêusis. As atividades secretas tinham lugar por um certo número de dias e incluíam comida, bebida, música, dança, peças e leituras sagradas.

A maioria dos eventos era executada perante uma grande assembleia de participantes. Todavia, o apogeu era privadamente conferido a um candidato de cada vez. Eruditos modernos indicam a evidência de que, antes desse sublime momento, muito provavelmente, ao candidato lhe era

---

158. Mesmo a palavra inglesa "ceremony" deriva dos Ritos de Elêusis. Ceres é outro nome para Deméter.

dada uma substância psicodélica para comer ou beber. Qualquer que tenha sido a técnica deles, os hierofantes de Elêusis se sucederam por mais de 2 mil anos, causando profundas mudanças na consciência de incontáveis milhares de indivíduos – pessoas que depois de suas experiências iniciáticas proclamaram com a maior das convicções que jamais sentiriam novamente medo da morte.

O Rito de Ártemis

Vinde agora, qual baile de máscaras, quais danças teremos,
Para nos ocupar nestas três longas horas
Entre a ceia e a hora de ir à cama?

– Teseu – Sonho de uma Noite de Verão

Pode-se pensar o que as cerimônias inspiradoras de medo que ocorriam no cavernoso Templo de Deméter, em Elêusis, teriam em comum com as diversões da alta sociedade após o jantar, no salão de visitas da Londres eduardiana, mas esse é precisamente o local em que a ideia dos Ritos de Elêusis, escritos por Crowley, foi concebida.

Em um evento meio frio, na primavera de 1910 E.V., para entreter seus convidados (ou talvez meramente para cantar na ceia deles), Crowley e sua amante/discípula, a senhorita Leila Waddell, uniram-se em uma batalha curiosa que colocava poesia contra música. Primeiro, Crowley recitou um poema, o qual ele achava que levaria a mente de todos a um estado exaltado. Então, convidou Waddell, uma virtuosa violinista, a complementar e a engrandecer o ânimo com uma peça musical.

Os presentes logo se tornaram loucamente intensos e entusiasmados. Depois de algumas notas, todos no salão estavam elevados a um nível factível de êxtase. Quando o momento se acalmou, diante daquela bem-aventurança, Crowley percebeu que descobrira a fórmula básica da técnica de Elêusis. Mais ainda, agora tinha um veículo para introduzir a iluminação científica e a Magia de Thelema para uma audiência ainda mais vasta. Imediatamente, passou a trabalhar na criação de um ritual dramático de indução ao êxtase, a ser encenado publicamente.

O Rito de Ártemis[159] foi apresentado ao público e a membros da imprensa na tarde de 23 de agosto de 1910 E.V., em Londres, como um trabalho do *The Equinox*. À combinação de poesia e música foi acrescentado um elemento de dança, na pessoa de Victor Neuburg, que, além de ser um dos maiores poetas de sua geração, possuía tremenda habilidade de dançar com

---

159. O Rito de Ártemis posteriormente seria desenvolvido como o Rito da Lua, o sétimo e último dos Ritos de Elêusis.

um abandono bacanálico, até entrar em colapso, inconsciente sobre o chão. Isso era muito impressionante.

Outra adição à combinação artística era a apresentação da taça de libação, que era oferecida à audiência várias vezes durante a cerimônia, para facilitar a rapidez do êxtase. O conteúdo da taça provavelmente era uma mistura de ervas, álcool, suco de frutas e botões de mescal (perfeitamente legal, naquela época); todos sentiam o êxtase.

A reação foi bastante positiva. No dia seguinte, Raymond Radclyffe escreveu, na edição de 24 de agosto da revista *The Sketch*:

> ...belamente concebido e belamente realizado. Se existir qualquer forma de expressão artística superior àquela grande poesia e grande música, ainda terei de conhecê-la. Não pretendo compreender o ritual que se passa como uma corrente de magia pelos encontros da A∴A∴, eu sequer sei o que a A∴A∴ é. Porém, sei que toda a cerimônia era impressionante, artística, produzindo naquele momento um sentimento tal qual deve ter tido Crowley quando escreveu:

> "Assim, tu conquistarás o Espaço e finalmente subirás
> As muralhas do Tempo;
> E pela senda dourada o grande caminhou
> E a Deus alcançou!"

Ninguém estava mais extasiado que Crowley. Ele estava na estrada para se tornar um empresário mágico.

Os Ritos de Elêusis, de Crowley

Em outubro e novembro de 1910 E.V., Crowley, com a assistência de Waddell, Neuburg e um punhado de discípulos, publicamente representou uma série de rituais dramáticos intitulada "Os Ritos de Elêusis". Eles eram executados em sete quartas-feiras consecutivas, à noite, no Caxton Hall, Westminster. Londres jamais havia visto qualquer coisa parecida. Não obstante o título, esses rituais não eram tentativas de representar novamente as antigas cerimônias dos mistérios eleusinos. Na verdade, a única coisa nos Ritos de Elêusis de Crowley que havia em comum com seus homônimos era o simples fato de que (como nas cerimônias originais) foram escritos e executados no sentido de evocar uma específica variedade de êxtase nos participantes e na audiência.

Ambiciosamente, Crowley escolheu para esse formato os sete planetas dos antigos, arranjando as sete cerimônias conforme o modo pelo qual as esferas planetárias (Sephiroth) apareciam na Árvore da Vida. Começando do topo, a terceira sephirah, Binah, é a esfera de Saturno e a esfera planetária mais alta. À medida que descemos na Árvore, a ordem das esferas planetárias são Saturno, Júpiter, Marte, Sol, Vênus, Mercúrio e Lua. Essa é a sequência dos sete Ritos de Elêusis. Na verdade, eles são sete atos de um drama mestre, a lenda da descida do espírito (divindade) para dentro da matéria (humanidade), e o segredo para nosso retorno à divindade.

Por causa de os ritos demonstrarem uma descida pela Árvore da Vida, cada cerimônia não é exatamente a lenda da exaltação do deus planetário, porém, principalmente, é a lenda de seu declínio e queda. (Lua, o rito final, também sugere todas as estrelas novamente exaltadas). O rito de Saturno dá início à tarefa pelo suicídio do herói Saturnino, ao final da peça. O próximo rito, Júpiter, começa com a declaração:

> Sê silencioso e secreto! Pois é pela discrição que estamos reunidos aqui. Sabe que Saturno, ludibriado, engoliu uma pedra negra pensando que era seu filho, a criança Júpiter. No entanto, Júpiter está aqui, entronizado, e derrubará seu pai. Cuida-te, então, a fim de que não viole o silêncio – até que Júpiter esteja pronto para guerrear!

A guerra, é claro, necessitará da energia de Marte, que é o próximo rito da sequência, e assim por diante.

A seguinte análise foi escrita por Crowley e era parte do folheto entregue aos espectadores dos ritos.

> Permitam-nos adicionar uma pequena análise da presente série de ritos; eles podem ser tomados como ilustrando a Humanidade, e seu destino, ao mesmo tempo bom e mau.
>
> O homem, incapaz de resolver a Charada da existência, aconselha-se com Saturno, de idade extremamente avançada. A resposta, tal como este tem, é uma palavra: "Desespero".
>
> Existirá mais esperança na dignidade e sabedoria de Júpiter? Não; pois o nobre ancião carece do vigor de Marte, o guerreiro. Seu conselho é vão, sem a determinação para realizá-lo.
>
> Marte, invocado, talvez seja capaz da vitória: porém, ele já perdeu a sabedoria controlada das idades; no momento da conquista, desperdiçou os frutos desta, nos braços da luxúria.
>
> Por meio da fraqueza que está em sua natureza dupla, o homem aperfeiçoado, o Sol, é arruinado em sua glória pelo seu gêmeo perverso. Assim, o triunfante Senhor dos Céus, o bem-amado de Apolo e das Musas, é rebaixado para dentro do pó; e quem o lamentará senão sua Mãe Natureza, Vênus, a senhora de amor e de pesar? Bem, isso será, caso ela traga em seu íntimo o Segredo da Ressurreição!
>
> Mas Mercúrio também é encontrado em espera. Não é apenas nele que está o segredo para a cura de todas as mazelas da raça humana. Rápido como sempre, ele passa, dando lugar à mais jovem entre os Deuses, a Lua Virginal.

Observa-a, seu jeito de Madona, no trono e coroada, velada, silenciosa, esperando a promessa do Futuro.

Ela é Ísis e Maria, Istar e Bhavani, Ártemis e Diana.

Porém, Ártemis ainda se encontra sem esperança, até que o espírito do Todo Infinito, o grande Pãn, rasgue em duas partes o véu e lhe mostre a esperança da humanidade, a Criança Coroada do Futuro. Tudo isso é simbolizado nos ritos santos que recuperamos das trevas da história, e que agora, na plenitude do tempo, revelamos para que o mundo possa ser redimido.[160]

Ao final dos anos de 1970, sob a responsabilidade de vários corpos locais da O.T.O.[161] no norte e no sul da Califórnia, os Ritos de Elêusis foram ressuscitados e novamente apresentados. Eles foram um imediato êxito. Hoje, em grande parte graças aos esforços dos corpos da O.T.O., os sete ritos são executados anualmente em várias localidades por todo o mundo. Eles são extraordinariamente "produtíveis". Cada rito requer apenas um punhado de membros para o elenco, além de cenários e vestuários reduzidos. São facilmente encenados em uma sala de estar ou em um jardim, do mesmo modo como o são em um teatro, sala de apresentações, em um deserto ou em uma montanha.

Se dou a impressão de ser entusiasmado a respeito dos Ritos de Elêusis, de Crowley – eu sou. Nos últimos 25 anos tivemos, Constance e eu, o prazer de encenar algumas vezes a série inteira de ritos, bem como participamos das produções de outros grupos. Em primeira mão, descobrimos que essa pequena coleção de poesia, música e dança é mais que peças com um tema mágico. Na mais pura tradição dos mistérios eleusinos, elas realmente são experiências iniciáticas nas quais tanto o elenco quanto a audiência são levados a uma altamente personalizada mudança de consciência.

Infelizmente, o espaço nos proíbe de reproduzir todos os sete rituais neste livro. Escolhi o Rito do Sol porque, claramente, ele apresenta as maiores referências de elenco e da forma que caracteriza todos os ritos.

---

160. Copyright© Ordo Templi Orientis. JAF Box 7666, Nova York, NY 10116. USA. www.oto.org

161. Veja *Ordens Thelêmicas*, no Capítulo Doze.

O Rito do Sol[162]

Quarto nas Séries de Os Ritos de Elêusis
Executados pela primeira vez no Caxton Hall, Westminster
Na Quarta-Feira, 9 de novembro de 1910 E.V., às 21 h
pela srta. Leila Waddell e o Sr. Aleister Crowley
com Ilustre Assistência

Nota: Os Ritos foram escritos e produzidos por Aleister Crowley, exceto partes dos Ritos de Marte e de Mercúrio, que foram escritas por um adepto que deseja permanecer no anonimato.

Os solos foram escolhidos do seu repertório pela srta. Leila Waddell. Notas adicionais por Lon Milo DuQuette.

OFICIAIS

SOL. *Pele de Leopardo. Nêmis dourada-e-branca e sobre robe branco com mangas compridas. Lança.*
ÁRIES.[163] *Robe branco, lança.*
LEO.[164] *Robe vermelho, lança.*
SATÃ-TYPHON.[165] *Robe violeta.*
SCORPIO-APOPHIS.[166] *Robe verde.*
BESZ.[167] *Robe preto.*
QUATRO PROBACIONISTAS.

O SOL é entronizado no Leste; atrás dele está um véu negro que oculta uma grande cruz escarlate. Diante dele está um segundo véu. Ele está sustentado à direita por ÁRIES e por LEO à esquerda. Os demais oficiais aguardam fora do templo. Nas apresentações públicas, um terceiro véu divide o templo da congregação.

LEO *parte do véu mais exterior e, avançando, recita o refrão de* Atalanta in Calydon.[168]

---

162. Copyright© Ordo Templi Orientis. JAF Box 7666, Nova York, NY 10116. USA. www.oto.org.
163. O Sol está exaltado em Áries.
164. O Sol rege Leão.
165. Satã (ou o Set egípcio) era irmão de Osíris (o Sol) e conspirou para o assassinato deste. O equivalente grego de Satã era o demônio de cem cabeças, Typhon.
166. No equinócio outonal, diz-se que o Escorpião de Scorpio ferroa o Sol até a morte, da mesma forma que as horas das trevas se tornam maiores do que as horas de luz solar. Apophis é o nome para o deus serpente egípcio, Apep, que está em batalha eterna com Rá, o deus Sol. A cada anoitecer, Apep triunfa, enquanto Rá é vitorioso em cada manhã.
167. Originalmente um deus núbio, Besz era o deus egípcio da travessura. Em cada um dos sete Ritos de Elêusis existe um personagem que injeta um elemento divino de caos à ação. Esse personagem finalmente se manifesta como o próprio grande deus Pãn no Rito final, Lua. No Rito do Sol, Satã-Typhon, Scorpio-Apophis e Besz representam a tríade das forças do mal, que juntos conspiram para matar o Sol nos clássicos mitos solares. Os três agressores do mito maçônico de Hiram, além de Judas, Herodes e Caifás no mito cristão, são apenas dois exemplos da mesma ideia.
168. Algernon Charles Swinburne (1837-1909).

Bem antes da primeira aurora,
    Chegou para o homem nascido
O tempo, e com um dom que chora;
    Pesar, com um espelho partido;
Prazer, com mágoas fermentadas;
    Verão, com suas flores caídas;
Dos céus chegam elas recordadas,
    Loucuras, do inferno surgidas;
Força, mas sem mãos para açoite;
    Amor, um alento é consorte;
Na sombra da luz, está a noite,
    E vida, na penumbra da morte.
E os deuses tomam em mãos-cheias
    Chama e lágrimas derramadas,
No meio de instáveis areias
    Sob a base das eras achadas;
Na espuma e agito do mar;
    E no pó para a terra varrer;
E nos corpos das coisas a estar
    Nas casas do nascer e do morrer;
E forjam, no chorar e no sorrir,
    Criam, com ódio e estima,
Com vida, no antes e no devir,
    E morte, abaixo e acima,
Que por um dia, noite e manhã,
    Seu vigor perdure mais um tanto,
Com a dor de um pesado afã,
    Do homem, o espírito santo.
Do norte e do sul vêm os ventos,
    Juntos, como que para a lida;
Na boca lhes sopram alentos,
    Suprindo o seu corpo de vida;
Lavraram a visão e o falar
    Aos véus da alma ali a morar,
Um tempo ao labor e ao pensar,
    Um tempo a servir e a pecar;
Eles iluminam suas vias,
    Com amor, espaço e com prazer,
E beleza durante os dias,
    E nas noites, de sono perecer.
Na palavra um fogo lampejo;
    Nos lábios um duro versista;
No coração um cego desejo,

Nos seus olhos, a morte prevista;
Tece e se veste com derrisão;
   Planta, mas do fruto não é dono;
Sua vida é guarda ou visão
   Por entre um sono e um sono.

LEO *retorna.*

Uma pausa.

ÁRIES *bate 333-333.*[169]

LEO *bate 333-333.*

ÁRIES. Irmão Leo, qual é o lugar?

LEO. O Templo do Sol, sobre a Montanha de Abiegnus!

ÁRIES. Irmão Leo, qual é a hora?

LEO. A hora do pôr do sol!

ÁRIES. É a hora do sacrifício.

LEO. Irmão Áries, qual é o sacrifício?

ÁRIES. Ele é oculto a mim.

Silêncio.

SOL. (atrás do véu) bate 1-22-22-1.

ÁRIES. Escuta! É o Chamado do Rei.

LEO. É o Senhor do Céu que desperta as Crianças da Luz.

Eles tiram o véu – todas as luzes são acesas – e se ajoelham.

ÁRIES. Permita-nos O Exaltado adorar!

LEO. *Declama.*

Vida da Vida, teus lábios quentes
   A emanarem fôlego e amor;
Teus risos, antes que caiam ausentes
   Do ar frio fazem fogoso ardor;
Quem contempla essas aparências
Desmaia, envolto em demências.

Criança de Luz! Teus membros queimam
   Pela veste que tenta inibi-los;
Como os brilhos da aurora reinam
   Nas nuvens que anseiam dividi-los;
Está aqui, neste mais divino ar
O abrigo, de onde tu vais brilhar.

---

169. Até o encerramento da cena (depois da morte do Sol), são somadas seis batidas às baterias, o número da sephirah Tiphareth, a Esfera do Sol.

Outras são belas; ninguém te observa,
    Porém tua voz, baixa e benquista
É a mais bonita, pois que preserva
    Do fáustico líquido, tua vista,
Todos sentem, mesmo sem verem a ti,
Perdidos eternos, como me senti!

Farol da Terra! Por onde andares
    Eras turvo, mas agora tu brilhas,
E as almas, aquelas que amares
    Sobre os ventos serão andarilhas,
Até caírem, como eu agora,
Perdido, sem lamento ou demora!

ÁRIES. A ti saúdo. Ó tu que és exaltado em teu vigor, que viajas pelos Céus em Tua Barca, pelo Esplendor do meio-dia!

ÁRIES *e* LEO *retornam aos tronos.*

UM PROBACIONISTA *recita a Glorificação Duodécupla de Deus.*

Eu
Te adoro
pelas Doze
Glorificações
e por sua Unidade.

1. Ó Glória, seja a Ti, Ó Deus meu Deus, pois eu te contemplo no Leão Exuberante da aurora: Tu esmagaste com tua pata a encolhida leoa da Noite, de modo que ela possa rugir à Glória de Teu Nome.

2. Ó Glória, seja a Ti, Ó Deus meu Deus, pois eu te contemplo no regaço dos vales férteis: Tu adornaste os fortes membros deles com um robe de botões de papoulas, de modo que possam gargalhar à Glória de Teu Nome.

3. Ó Glória, seja a Ti, Ó Deus meu Deus, pois eu te contemplo na confusão dourada das dançarinas: Tu decoraste o centro desnudo delas com flores perfumadas, de modo que possam dançar à Glória de Teu Nome.

4. Ó Glória, seja a Ti, Ó Deus meu Deus, pois eu te contemplo no gozo barulhento da tempestade: Tu estremeceste a poeira dourada das entranhas das montanhas, de modo que possam cantar à Glória de Teu Nome.

5. Ó Glória, seja a Ti, Ó Deus meu Deus, pois eu te contemplo nas estrelas e meteoros da Noite. Tu adornaste os corcéis cinzas dela com luas de pérolas: de modo que possam se mover à Glória de Teu Nome.

6. Ó Glória, seja a Ti, Ó Deus meu Deus, pois eu te contemplo nas pedras preciosas da terra negra: Tu a iluminaste com uma miríade de olhos de magia, de modo que ela possa acenar à Glória de Teu Nome.

7. Ó Glória, seja a Ti, Ó Deus meu Deus, pois eu te contemplo no orvalho cintilante das clareiras das selvas: Tu as cobriste como que para uma grande festa de regozijo, de modo que possam resplandecer à Glória de Teu Nome.

8. Ó Glória, seja a Ti, Ó Deus meu Deus, pois eu te contemplo na imobilidade dos lagos congelados: Tu fizeste as faces deles mais deslumbrantes do que um espelho de prata, de modo que possam brilhar à Glória de Teu Nome.

9. Ó Glória, seja a Ti, Ó Deus meu Deus, pois eu te contemplo na fumaça velada de fogo das montanhas: Tu as inflamaste como leões que cheiram um desatento cervo, de modo que eles possam se encolerizar à Glória de Teu Nome.

10. Ó Glória, seja a Ti, Ó Deus meu Deus, pois eu te contemplo no semblante de minha querida: Tu a desnudaste dos lírios brancos e das rosas carmesim, de modo que ela possa se ruborizar à Glória de Teu Nome.

11. Ó Glória, seja a Ti, Ó Deus meu Deus, pois eu te contemplo nas lágrimas das nuvens passageiras: Tu as preencheste com o leite dos seios azuis dos rios, de modo que possam revolver à Glória de Teu Nome.

12. Ó Glória, seja a Ti, Ó Deus meu Deus, pois eu te contemplo nas ondas âmbares das tempestades: Tu desceste teu chicote sobre esfinges das águas, de modo que elas possam ribombar à Glória de Teu Nome.

13. Ó Glória, seja a Ti, Ó Deus meu Deus, pois eu te contemplo na flor de lótus do interior de meu coração: Tu embelezaste minha trombeta com o estandarte do leão, de modo que eu possa retumbar à Glória de Teu Nome.

Ó Glória, esteja em Ti, por todo o Tempo
e por todo o Espaço: Glória,
e Glória sobre Glória,
Eternamente. Amém,
e Amém, e
Amém.

Entra SCORPIO-APOPHIS *trajando um robe branco translúcido, os cabelos dela estão em desordem.*
ÁRIES *e* LEO *se levantam e se curvam.*

ÁRIES. Saudações a ti! De onde vens?
SCORPIO-APOPHIS. Da Casa de Deus.[170]
ÁRIES. O que trazes como oferenda ao nosso Senhor?
SCORPIO-APOPHIS. A Casa de Deus está arruinada. Nada mais resta por lá. Portanto, nada trago, senão eu mesma.
LEO. Vamos queimá-la no altar em que as oferendas ardem.[171]
SCORPIO-APOPHIS. Mas no fogo minhas lágrimas se esgotariam; e essas lágrimas são as minhas oferendas ao Senhor.
LEO. Vamos lançá-la ao crocodilo sagrado.[172]
SCORPIO-APOPHIS. Mas na água meu coração se esfriaria; e esse coração é minha oferenda ao Senhor.
LEO. Vamos lançá-la aos ventos das Torres de Vigília do Silêncio.[173]
SCORPIO-APOPHIS. Mas no vento meus hinos não seriam escutados; e esses hinos são minhas oferendas ao Senhor.
LEO. Vamos enterrá-la na montanha consagrada![174]
SCORPIO-APOPHIS. Mas na terra os vermes devorariam minha carne; e essa carne é minha oferenda ao Senhor. Ó Senhor, que teus servos retornem aos tronos deles e que possa Te adorar como eu quiser!
SOL *bate 22-1-1-22.*
ÁRIES *e* LEO *retornam aos tronos deles.*
SCORPIO-APOPHIS *toca sua melodia apaixonada, sua melodia sedutora, sua desesperada melodia "Venus em Tannhauser". Ela bate nos pés e nos joelhos de SOL, porém ele não dá sinal de vida.*
Finalmente, ÁRIES *e* LEO *se levantam de seus tronos.*
Uma pausa.
ÁRIES *bate bem alto 333-333.*
LEO *bate ainda mais alto 333-333.*
ÁRIES. A hora do sacrifício já se passou.
SCORPIO-APOPHIS. A hora do sacrifício está chegando.
LEO. O sacrifício não é aceito.
SCORPIO-APOPHIS. O sacrifício é aceito.
ÁRIES. Deixa-nos, tu coisa suja!
ÁRIES *e* LEO *levantam-na e marcham para fora do templo.*
ÁRIES *liderando,* LEO *a segue.*
ÁRIES *e* LEO *voltam e retomam seus tronos.*
Uma pausa.

---

170. No Tarô, "A Destruição da Casa de Deus" é outro título do Trunfo XVI, A Torre, que representa Marte. Como o Rito de Marte era uma cerimônia que precedia o Rito do Sol, Scorpio-Apophis demonstra como cada rito nasce do final catastrófico de seu predecessor.
171. Um sacrifício de Fogo.
172. Um sacrifício de Água.
173. Um sacrifício de Ar.
174. Um sacrifício de Terra.

ÁRIES *bate* 333-333.
LEO *bate* 333-333.
ÁRIES. Irmão Leo, isso é um mau presságio.
LEO. Irmão Áries, sem dúvida é um mau presságio.
ÁRIES. Hoje não haverá mais sacrifício.
LEO. Hoje não haverá mais sacrifício.
ÁRIES. O sol já está descendo.
LEO. Os pássaros da noite já saíram.
ÁRIES. Cresce a escuridão.
LEO. A senda é muito escarpada e perigosa para que qualquer peregrino venha até aqui.
ÁRIES. Não existe lua esta noite.
LEO. Penso que choverá.
ÁRIES. Que cerremos o sepulcro.
LEO. O disco solar ainda não está totalmente obscurecido.
ÁRIES. Mas nenhum peregrino agora virá.
LEO. Nenhum peregrino agora virá. Porém, é regra do templo que o sepulcro permaneça aberto até a última réstia da luz do sol.
ÁRIES. Irmão Leo, eu lhe suplico que feches comigo o sepulcro.
LEO. Isso não pode ser feito.
ÁRIES. Irmão Leo, conheço a regra. Entretanto, disso, certamente o mal virá até nós.
LEO. Irmão Áries, a Lei não pode ser burlada.
ÁRIES. Irmão Leo, a Lei é feita de modo que o sábio a possa burlar conforme se necessite.
LEO. Irmão Áries, em meu coração está a fidelidade – fidelidade – fidelidade.
ÁRIES. Irmão Leo, um deus sussurrou em meu ouvido: é tolice – tolice – tolice.
LEO. O sol estará obscurecido em um instante: e nenhum peregrino virá à noite.
ÁRIES. Nenhum peregrino virá à noite.
LEO. Não haverá mais sacrifício.
ÁRIES. Não haverá mais sacrifício.
SATAN-TYPHON, SCORPIO-APOPHIS *e* BESZ *silenciosamente entram em procissão.*
A luz se torna momentaneamente mais fraca.
ÁRIES. Saudações, irmãos! Vós viestes para adorar o esplendor do sol?
SATAN-TYPHON. Nós viemos sacrificar.
ÁRIES. Quais são as oferendas?
BESZ. Dança.
SCORPIO-APOPHIS. Música.
SATAN-TYPHON. Silêncio e Imobilidade.

Ele se prostra e permanece imóvel.
SCORPIO-APOPHIS *curva-se ao SOL e toca uma adoração.*
BESZ *dança em adoração, em um tempo de três.*
SATAN-TYPHON *ergue-se e se curva.*
ÁRIES. De onde viestes, irmãos?
SATAN-TYPHON. Do local da morada do Sol.
ÁRIES. Quem sois vós, irmãos?
SATAN-TYPHON. Eu sou o irmão gêmeo do Sol.
SCORPIO-APOPHIS. Eu sou a bem-amada do Sol.
ÁRIES para BESZ. Mas quem tu és, irmão?
BESZ *começa a gaguejar.*
LEO. Quem tu és?
Com suas lanças, eles o ameaçam.
BESZ *se curva com medo e escapa em direção ao oeste.*
SATAN-TYPHON. Eu teria de falar com meu irmão, o Sol.
ÁRIES. Concordo.
LEO. Não concordo. Existe perigo aqui para meu Senhor.
Ele obstrui o caminho.
ÁRIES. O falar não pode danificar nosso Senhor.
LEO. Irmão, se sem dúvida és nosso irmão, o que queres dizer?
SATAN-TYPHON. Ó Sol, meu irmão, tua vontade é que eu fale contigo? Pois me deito contigo nas nove luas no útero de nossa mãe, pois amamos como ninguém amou; pois estou mais intimamente entrelaçada a ti do que estão luz e escuridão ou do que estão vida e morte!
SOL *bate 2-1-1-2.*
LEO *abre caminho e retorna ao seu trono, bem triste.*
SATAN-TYPHON *avança na direção do SOL e ÁRIES cerra o véu sobre eles.*
BESZ *pula e corre contraído.*
As luzes são apagadas.
SCORPIO-APOPHIS *toca sua perversa melodia.*
LEO *recita.*[175]

Mortais nunca aprendem com as histórias
    Como são formados os tempos ruins;
Ao vencedor recaem as glórias
    Tocadas nos tambores e nos clarins
"Mestre!" de milhões chega esse clamor
    Onde se tece a sombra do terror.

---

175. Extrato do poema de Crowley "The Mothers' Tragedy". *The Collected Works of Aleister Crowley*, Vol. I, p. 156. Copyright © Ordo Templi Orientis. JAF Box 7666, Nova York, NY 10116. USA. www.oto.org. Originalmente publicado por Foyers, Inglaterra, Society for the Propagation of Religious Truth, 1905-7. Reimpresso por Homewood, IL: Yogi Publications Society [*c.* 1978].

Toda hora diz um homem absorto:
"Ao menos está ferido e morto."
Mas a circunstância é singular:
"Aquilo e seus efeitos, vão passar."
Um só terror – antagonista sutil!
"Eu a derrubei, aparição hostil."
Não sabem, por cálculo ou ensino,
Quão discreto age o Destino
Na sua teia está a esperar;
E sabe também como acumular
Migalhas, que um mestre irá fazer
De alma forte de que quer se esquecer.

Surge uma tênue luz vermelha. BESZ entra, guiando quatro PROBACIONISTAS que carregam o Pastos. Eles o põem diante do altar.
ÁRIES. Que é essa oferenda?
BESZ. O devorador de Carne é o meu nome.
ÁRIES. Ó, nosso Senhor, nosso Senhor! Eleva-te em teu poder, e que teus inimigos sejam dispersos!
ÁRIES *e* LEO *retiram o véu.*
O trono é jogado ao chão.
Sobre o véu negro está uma grande cruz vermelha, sobre a qual o SOL está crucificado.
Diante dele permanece SATAN-TYPHON *no sinal de Apophis e Typhon.*
ÁRIES *e* LEO *caem como se estivessem mortos.*
SCORPIO-APOPHIS *toca sua melodia assassina.*
Nesse ínterim, os PROBACIONISTAS *avançam e sob a direção de Typhon, que de modo correto alanceia o* SOL *com a lança deste;*[176] *retira o* SOL *da cruz, deitando-o no Pastos. Eles o cobrem.*
BESZ *realiza sua dança brutal e demoníaca sobre a tampa do esquife.*
Exeunt OMNIS *exc.* SOL.
Isso é finalizado em completa escuridão.
Silêncio.
Em um brilho momentâneo de luz, o palco é apresentado vazio. Apenas uma pálida luz permanece.
Agora SCORPIO-APOPHIS *furtivamente entra sobre o palco e toca uma melodia secreta deprimida.*
A luz vermelha se torna mais forte.
Ela descobre e abraça o cadáver. Então, cobre-o mais uma vez, segue para o trono e se instala nele.

---

176. Em imitação da lança de Cristo, cuja tradição nos informa que penetrou pelo seu flanco direito até perfurar o coração.

Surge uma luz verde cada vez mais brilhante, à medida que a luz vermelha se enfraquece até se apagar.
SCORPIO-APOPHIS *bate 7777777.*[177]
Os PROBACIONISTAS *e demais oficiais entram, eretos.*
SCORPIO-APOPHIS. Crianças, ordenem-se diante de mim e adorem aos meus pés.
ÁRIES. Nosso Senhor está morto. E tu que assumiste o Trono dele, quem és?
LEO. Nosso Senhor está morto. E tu que assumiste o Trono dele, quem és?
SCORPIO-APOPHIS. Eu sou a Mãe dos Deuses e a Irmã do Tempo e a Filha do Espaço. Eu sou a Natureza que suporta o poder quando se exaure o esforço do homem... Irmão Leo, eu sou a deusa que chega cavalgando sobre o Leão. Vê! Eu te bato com o meu Bastão e te inspiro. Eu te ordeno a me declarar diante da multidão.[178]
LEO *recita.*[179]

Vê! No espaço do noturno sideral
    Vestem trevas fundas, vias majestosas
Moram a aurora e a luz divinal,
    Vibram sem paixão as faces não vistosas
Eremitas, santos, glória magistral.
    Céus de tartaruga, guardas nebulosas
Esperam pelo dito, hora do nascer
Através do cinturão, um emudecer.

Na espuma com fama, subi aos ares.
    Eleva-me na sege, dobra flor do mar,
Erguem-se as auroras, brilham seus lares
    O céu ri e a terra: meu encarcerar,
Sob forte cúpula, jazem os mares
    Brilham com meu esplendor. Luz a enfeitar
Na Terra seus orvalhos, fogo encontrei,
"Mas este é o dia!" Olhei e chorei.

---

177. Scorpio-Apophis mata o Sol, assim como Vênus, a Estrela da Manhã, *eleva-o*. Ela se anuncia com sete batidas representando a sétima sephirah, Netzach, a Esfera de Vênus.
178. Isso era um artifício óbvio para permitir que Crowley (que interpretava o Irmão Leo) fizesse a verdadeira recitação dos atributos de Scorpio-Apophis.
179. "Natureza", do poema de Crowley "Orpheus". *The Collected Works of Aleister Crowley*, Vol. III, p. 155. Copyright © Ordo Templi Orientis. JAF Box 7666, Nova York, NY 10116. USA. www.oto.org. Originalmente publicado por Foyers, Inglaterra, Society for the Propagation of Religious Truth, 1905-7. Reimpresso por Homewood, IL: Yogi Publications Society [c. 1978].

São gotas de orvalho, sóis de meu seio,
    E pelos meus cílios, vêm lua e sol
Noite de sutil rosto; raios permeio
    Queimo pelo poente, no céu sou farol
Rir com gozo e amor, a graça veio
    Meu corpo inclinado, busca o crisol
Sou a aurora da flor, ligeiro amor
Espírito do homem, em mim és ardor!

A manhã agita, fogo de meu caso
    Fragrância de flores, em minhas tranças!
Meu corpo escurece, Luz do ocaso
    Mistura à canção, carícias mansas
Pelo mundo giro, em um voo áptero
    Jardim sem estrelas, da luz nem lembranças
Além dos limites, voltas universais,
Há de minha alma, retratos sepulcrais.

Sou Natureza e Deus: reino sozinha.
    Separado ninguém há: não hão de durar
De meu ente crescido, tiram a minha
    Mas outro seio não há, a alimentar
De todos os corações, sou a rainha
    Azul-ouro e rubra, para estimar
O ser de minha vida, não outro dos teus;
    Sou tua Natureza, tua Mãe e Deus.
Sou esposa de leite, são mil a mamar,
    E Tártaro e Gaia: mas virgem também
Gêmeos em meu ventre, caos de meu par
    Vai-se negra e feia, a irmã aquém
De Erebus e Noite, sou mãe a arar
    Sandálias nos campos, fogos de além,
Minha irmã despencou, treva infernal
Em meu útero quente, mutou-se umbral

Estranha, uterina: sou escuridão.
    Lançada na aurora, com cheiro de flor;
Prisão funda e turva, de vinho e grão,
    Crianças e estrelas, distante ardor
Aguda e sem forma, santa adversão,
    Vem de um fogo brando, sombra a dispor
Sem qualquer escuridão, raios a brilhar
Mesclados e casados, na luz do raiar!

Flama de meu eu central, sou o coração
    Busca a vida toda, por se misturar
Meu poder e alteza, com sua paixão,

Até que as enchentes, façam-no vibrar
Perdidos em meus mares, eles brilharão
    O sol da luz externa, único amar
Os lábios e beijos: cerne ardente
Par da graça imortal de nosso ente.

Maior e a mínima: estou sozinha
    Romper vida e coisas. O poder tenso
De mundos são meus nervos, raiz eu tinha
    De matas que ondulam, em bosque denso
São pelos de meu corpo. Água caminha
    Uma lágrima feita, mimo intenso
Gero uma criança, e em mim mesma,
Em um sistema de muitos astros em resma!

A menor e a maior: sou vida leve
    Diminuto inseto, que pode vibrar
Rainha e esposa, chame-me breve
    A planta aquática, a se disfarçar
O amor sob a fronde; fala e ferve
    Com luta e o demais, vai desmoronar
O meu bruto guerreiro, meu beijo caça,
De quem a dor queimará, está em graça!

Sou palavra alguma, além da pena
    Som do reino expressa, minha estação,
Quem é que coroado, do Sol acena,
    A espuma marinha, no peito varão,
Trazendo em meu seio, a lua plena,
    Virgem rosa perene, flor da Criação!
Pois é terra, céu e mar: a vida em flor
Para mim retornarão, que lhes sou autor!

Sou dos seres e homens, o desafio
    Como rio partido, a meu regaço
Senhor do Silêncio, do Lótus crio
    Ou em um mero suspiro, ambos desfaço
É Mãe de um Destino: olhar macio
    Com anéis de safira, o céu eu traço
Nova vida traçada, flor e gramado
De meu pensar antigo, mais elevado.

Não sou senão mais além, o movimento
    As palavras envolvem, malha dourada
Espiral ou não, o amor vem com vento

Enche uma esfera, cresce amada
Todos os portões, levam-no a contento.
   Como anéis brilhosos, joia somada
Escalam na luz do sol, as esperanças
No abismo do Tempo, minhas crianças.

Eu sou: à minha frente, os mortos anos,
   Pelo sol são forjadas, ardentes chaves
No vermelho e ouro, de meus arcanos:
   Mar e céu misturados, em minhas naves:
São vida, luz e amor, meus oceanos,
   Eles nasceram de mim, em meus conclaves.
São as minhas lágrimas: nos mundos estou
Gotas de meus lábios: os beijos eu sou.

Ela puxa LEO *até ela. Os demais se ajoelham em adoração.*
SCORPIO-APOPHIS *toca sua melodia voluptuosa e suave.*
ÁRIES. Irmão LEO, qual é a hora?
LEO. A estrela do anoitecer já surgiu.
ÁRIES. O sacrifício está consumado.
LEO. Qual é o sacrifício?
ÁRIES. Homem.
LEO. Quem é a sacerdotisa?
ÁRIES. Mulher.
LEO. A qual Deus?
ÁRIES. Ele é oculto a mim.
LEO. Que cada homem siga para sua casa.
ÁRIES *bate* 1-333-1–1.
LEO *bate* 1-333-1-1.
SCORPIO-APOPHIS *bate* 1-1-333-1.

Capítulo Doze

Ordens Thelêmicas

2. Em todos os sistemas de religião será encontrado um sistema de Iniciação que pode ser definido como o processo pelo qual um homem chega a aprender a respeito daquela Coroa desconhecida.

3. Mesmo que ninguém possa dizer como conquistar o conhecimento ou o poder disso, algo que podemos chamar de Grande Obra, ainda assim é possível, para iniciados, guiarem outros.

— Liber LXIVEL Causae

Antes de começar a organizar o material para esse manual de rituais, olhei para cerca de trinta anos atrás, quando minha luta para estudar a Magia de Thelema começou. Foi como se eu tivesse sido empurrado a um trabalho de pós-graduação sem ter completado o estudo da gramática escolar. Tive a sorte de fazer contato com vários dos estudantes pessoais de Crowley, que foram suficientemente gentis em responder minhas questões e de modo frequente encorajavam-me com sugestões inestimáveis. Aprendi que existe uma aproximação passo a passo sobre os assuntos e me esforcei para organizar o material deste texto ao longo de uma mesma escala linear. Embora isso não signifique um compêndio completo de rituais de Aleister Crowley, espero que possa ser um instrumento valioso tanto para principiantes como para estudantes avançados.

Por conta de minha associação com contemporâneos de Crowley, frequentemente me perguntam se é necessário se afiliar a uma organização, no sentido de se tornar um magista thelêmico. Invariavelmente, essa questão tem me desapontado, pois revela que quem pergunta é fundamentalmente ignorante a respeito do que significa ser um thelemita.

Não! Ninguém precisa entrar para qualquer organização, sociedade, ordem, clube, associação, fraternidade, colégio, loja, capítulo, templo, coven, tribo, partido, liga, irmandade, união, guilda, time, tropa ou fazer pacto, para ser um thelemita ou praticar Magia thelêmica.

Não existe lei além de Faze o que queres. O próprio termo "organização thelêmica" me parece ser um paradoxo. Um conjunto de militantes individualistas, todos se esforçando para fazer suas próprias vontades – isso soa como uma receita para o caos; e em muitos exemplos é exatamente isso que ocorre. Ainda assim, Crowley parecia inspirado pelo pensamento de uma sociedade do Novo Éon que pudesse consolidar os preceitos de uma completa liberdade pessoal com as necessidades de uma disciplina espiritual autoimposta. Ele experimentou várias linhas, porém, finalmente, montou em duas "Ordens", as quais esperava que prosperassem pelo milênio seguinte a sua morte: a A∴A∴ e a O.T.O.

A∴A∴

A A∴A∴[180] foi fundada em 1907 por Crowley e George Cecil Jones. Baseada no clássico sistema de graus rosacruciano da Aurora Dourada, a A∴A∴ requer que o magista, na verdade, conquiste os estados de consciência e poderes incorporados em cada uma das dez Sephiroth (ou seja, o magista será apenas um Adeptus Minor quando de fato conquistar o Conhecimento e a Conversação com o Santo Anjo Guardião).

A A∴A∴ não é um sistema de Lojas e é inteiramente secreta. É uma ordem de teste, e não uma ordem de doutrinamento. Oficialmente, o aspirante apenas conhece uma pessoa na Ordem, seu superior. Cada magista é, na maior parte, deixado sozinho para realizar o trabalho como lhe for adequado. Idealmente, o contato com o superior é breve e não frequente, podendo ser caracterizado mais como sugestivo do que como instrutivo. O avanço para o grau seguinte simplesmente é o indicativo da realização.

O superior está pelo menos um grau à frente do aspirante e teoricamente é capaz de reconhecer o nível iniciático de seu estudante. O superior é de responsabilidade de outro superior, etc. Depois de um certo nível de realização ter sido suficientemente conquistado e reconhecido, o aspirante pode então responsabilizar-se por um estudante e se tornar parte da corrente. Enquanto Crowley estava vivo, obviamente era ele quem permanecia no topo dessa corrente e, apesar de a prática nem sempre estar alinhada ao ideal, podia-se

---

180. Comumente, acredita-se que A∴A∴ seja a representação para Argenteum Astnim (Estrela de Prata). Fui informado, em termos incertos, de que esse não é o caso.

confiar razoavelmente no sistema. Desde sua morte, as questões se tornaram mais confusas. Basicamente, a presente situação é esta:

Hoje ainda existe um certo número de indivíduos que tiveram relacionamento formal com a A∴A∴, seja com Crowley, seja com um de seus vários discípulos. Alguns desses indivíduos escolheram continuar aceitando estudantes, os quais, por sua vez, têm tomado novos discípulos, e assim por diante. Como a natureza desses relacionamentos é secreta e há falta de afiliação, não existe modo de se avaliar a qualidade do trabalho mágico feito.

Também há um certo número de propaganda publicada sobre a A∴A∴ (e grupos que indicam que são a "entrada" para a A∴A∴), fazendo com que qualquer um possa contatá-la mediante uma simples resposta aos anúncios de seus jornais. Como Crowley enfatizava a privacidade do sistema e, particularmente, proibia qualquer operação que envolvesse dinheiro com a A∴A∴ (sob a penalidade de expulsão imediata), inclino-me a ver tais grupos com um certo ar de ceticismo.

Enquanto não tenho razão para duvidar da sinceridade ou da competência dos indivíduos em quaisquer das categorias anteriormente descritas, devo alertar o leitor contra enfatizar demasiadamente linhagens e papeladas. O trabalho real sempre será realizado sozinho pelo aspirante. Muitas vezes, o estudante aprende mais graças ao esforço do instrutor em ajudá-lo, e não como resultado daquilo.

As respostas virão, tão logo o estudante seja sábio o suficiente para formular as questões. Não há razão para esperar um adepto aparecer para tornar a Grande Obra fácil para você. Qualquer um que for sério a respeito de sua filiação na A∴A∴ pode imediatamente começar a trabalhar examinando o material prescrito,[181] delineando um regime de estudo e prática, ajustando-se ao trabalho. Caso exista qualquer validade no conceito de Mestres Secretos, uma tal exibição de sinceridade determinada certamente atrairá a atenção deles e formará o exigido contato no plano interno. Requer-se um pouco de paciência e tenacidade para localizar um contato consanguíneo, mas eles estão por aí, fique certo. Entretanto, alerto o leitor contra casuais ostentações a respeito da própria posição ou realizações na "A∴A∴", se quem assim se posiciona não for de fato afiliado à A∴A∴. Tamanha pretensão provavelmente cria um obstáculo à afiliação tomada de boa-fé, e também maus costumes.

---

181. Israel Regardie convenientemente compilou a maioria do material necessário, incluindo vários Juramentos e Tarefas dos Graus, em *Gems from the Equinox* [Joias do Equinócio] (Phoenix, AZ: Falcon Press, 1982).

Seguem excertos de *One Star in Sight*[182] [Uma Estrela à Vista], que proverão um esboço básico da estrutura e deveres do sistema de graus da A∴A∴.

A Ordem da S.S.
Ipsissimus $10^\circ = 1^\circ$
Magus $9^\circ = 2^\circ$
Magister Templi $8^\circ = 3^\circ$

A Ordem da R.C.
(Bebê do Abismo – o elo)

Adeptus Exemptus $7^\circ = 4^\circ$
Adeptus Major $6^\circ = 5^\circ$
Adeptus Minor $5^\circ = 6^\circ$

A Ordem da G.D.
(Dominus Liminis – o elo)

Philosophus $4^\circ = 7^\circ$
Practicus $3^\circ = 8^\circ$
Zelator $2^\circ = 9^\circ$
Neófito $1^\circ = 10^\circ$
Probacionista $0^\circ = 0^\circ$

Estudante – Seu tema é adquirir um conhecimento intelectual geral a respeito de todos os sistemas de consecução, como declarados nos livros prescritos. (Ver currículo.)

Probacionista – Seu principal tema é começar as práticas, do modo como preferir, e escrever um relatório cuidadoso das mesmas durante um ano.

Neófito – Tem de adquirir controle perfeito do plano astral.

Zelator – Seu trabalho principal é ter sucesso completo em Asana e Pranayama. Ele também começa a estudar a fórmula da Rosa-Cruz.

Practicus – Espera-se que complete seu treinamento intelectual e, em particular, que estude Cabala.

Philosophus – Espera-se que complete seu treinamento moral. É testado na devoção à Ordem.

Dominus Liminis – Espera-se que demonstre domínio em Pratyahara e Dharana.

Adeptus (exterior) – Espera-se que execute a Grande Obra e conquiste o Conhecimento e a Conversação do Santo Anjo Guardião.

Adeptus (interior) – É admitido à prática da fórmula da Rosa-Cruz, ingressando no Colégio do Espírito Santo.

---

182. *Magick* (York Beach, ME: Samuel Weiser, 1989).

Adeptus (Maior) – Obtém um domínio geral da prática da Magia, embora sem compreensão.

Adeptus (Exemptus) – Completa em perfeição todas essas questões. Desse modo, ou ele(a) se torna um Irmão do Caminho da Mão Esquerda ou (b) é despido de todas as suas conquistas e também de si, até mesmo de seu Santo Anjo Guardião, e se torna um Bebê do Abismo, que, transcendendo a razão, nada faz senão crescer no útero de sua mãe. Assim, ele se descobre um Magister Templi.

Magister Templi (Mestre do Templo) – Cujas funções são inteiramente descritas em *Liber 418*, conforme está na iniciação completa do Adeptus Exemptus. Veja também "Aha!" Seu principal tema é atender ao seu "jardim" de discípulos e obter uma compreensão perfeita do Universo. Ele é um Mestre de Samadhi.

Magus – Conquista a sabedoria, declara sua lei (ver *Liber I, vel Magi*) e é um Mestre de toda a Magia, em seu maior e mais alto sentido.

Ipsissimus – Está além disso tudo e de toda compreensão desses graus mais inferiores.

Na metade da década de 1940, Karl Germer, um oficial administrativo fundamental da O.T.O., escreveu para Crowley pedindo por uma opinião definitiva sobre a diferença entre a A∴A∴ e a O.T.O. A contestação de Crowley foi a seguinte:

> A diferença entre a A∴A∴ e a O.T.O. é muito clara e simples. A A∴A∴ é uma instituição sempiterna e inteiramente secreta. Não existe comunicação entre seus membros. Teoricamente, um membro apenas conhece o superior que o aceitou e qualquer outra pessoa que tenha sido recebida por esse membro. A Ordem prossegue em linhas puramente espirituais.
>
> A finalidade dos seus membros também é inteiramente simples. O primeiro objetivo é o Conhecimento e a Conversação do Santo Anjo Guardião. O objetivo seguinte, que omite considerações relacionadas aos graus VI = V e VII = V, é a travessia do abismo e a conquista do mestrado do Templo. Isso se encontra descrito, bem de forma geral, especialmente em *Liber 418*. Bem menos está escrito sobre o grau V = VI, ou seja, o Conhecimento e a Conversação, por conta de isso ser muito secreto e individual. É impossível delinear condições ou descrever as experiências envolvidas em detalhes.
>
> A O.T.O. nada tem a ver com isso, exceto pelo fato de que o LIVRO DA LEI e a palavra do éon são princípios essenciais aos seus membros. A respeito de tudo mais, ela se mantém como um corpo similar à Maçonaria, porém envolvendo a aceitação de um sistema social e

econômico, cuja intenção é pôr o mundo a seus pés. Existe também, é claro, o segredo do IX°, que é, por assim dizer, a arma que eles poderão usar para favorecer esses propósitos.

– 666, 16 de setembro de 1946.

O.T.O.

Em contraste com a A∴A∴, a O.T.O. (Ordo Templi Orientis) funciona pública e semipublicamente de um modo semelhante à moderna Maçonaria. De fato, Karl Kellner, seu pai fundador, era um maçom austríaco de alto grau, que tomou a estrutura de graus depois da Loja Azul, o Arco Real, o Conselho dos Príncipes de Jerusalém, a Rosa-Cruz e Kadosch da Maçonaria continental, como modelo básico da Ordem.

Kellner viajou bastante e estava fascinado com as práticas mágicas do Oriente e do Oriente Próximo. De acordo com o que é reportado, durante uma de suas peregrinações burtonescas, ele encontrou três adeptos que progressivamente lhe revelaram uma série de poderosas técnicas de magias de natureza sexual. Após ter compreendido as completas implicações dessas informações, Kellner viu que esse "Segredo dos Segredos" era a chave que descobria os mistérios tanto da Maçonaria quanto do misticismo cristão. Ele não perdeu tempo em incorporar essa revelação aos mais altos graus de sua Loja local. Em 1902, a existência da O.T.O. era revelada no *Oriflamme*, uma publicação maçônica alemã, em que era anunciada que a Ordem ensinava o "segredo da magia sexual".

Em 1912, foi dada a Crowley a liderança da O.T.O. nos países de língua inglesa e ele refez os Rituais dos Graus para conformá-los com o *Liber AL* e com a *Lei de Thelema*. Uma história excelente da Ordem é esquematizada em *The Equinox* Vol. III, nº 10,[183] e encorajo qualquer um que esteja interessado na O.T.O. a examiná-la.

Ser membro da O.T.O., por si só, não confere *status* na Maçonaria. Recentemente, isso levou à confusão, em ambas as instituições, alguns Irmãos menos informados. O que se segue é uma declaração oficial retirada do *website* da O.T.O., que poderá desfazer qualquer mal-entendido:

> Aproximadamente há cem anos, quando a O.T.O. foi estabelecida na Alemanha, ela estava estritamente aliada a vários ritos da Maçonaria europeia. Contudo, em outubro de 1918, devido aos ensinamentos religiosos únicos da O.T.O., Aleister Crowley determinou que era apropriado para a O.T.O. se separar de todas as linhas maçônicas e formalmente renunciar a qualquer reivindicação de se "fazer maçons". Nessa época, enquanto reteve o uso de certos costumes e

---

183. Nova York: Thelema Publications, 1986.

terminologias convenientes usadas na Maçonaria primitiva, Crowley revisou os rituais, as insígnias e o modo de reconhecimento da O.T.O., para evitar infringir os legítimos privilégios das autoridades estabelecidas e reconhecidas da Maçonaria moderna. Revisões posteriores, de linhas similares, têm sido implementadas nos anos mais recentes.

A despeito de algumas semelhanças entre nomes e títulos usados na O.T.O. e os utilizados na Maçonaria, em várias igrejas e em outras organizações, a conferência de qualquer grau, posto, ofício ou *status* na O.T.O. não constitui conferência de qualquer grau, posto, ofício ou *status* em qualquer outra organização ativa – seja maçônica, religiosa ou qualquer outra, não mais do que um posto de "sargento" no Exército de Salvação equivale ao posto de sargento nos Fuzileiros Navais dos Estados Unidos.

A Ordo Templi Orientis está mais ativa hoje do que durante a vida de Crowley. Ela tem corpos oficiais em 17 países e proporciona iniciação de Graus, missas gnósticas e um sortimento de eventos públicos e semipúblicos, incluindo os Ritos de Elêusis de Crowley. A O.T.O., sem discussão, é a organização thelêmica mais visível da Terra.

Não existe dúvida de que a série de rituais dramáticos que compõem os Graus Iniciáticos da O.T.O. pode ter um efeito mágico duradouro e profundo sobre o candidato. Também é verdade que a fraternização com outros thelemitas pode ser uma experiência recompensadora e agradável. Contudo, como mencionamos em nosso comentário a respeito da A∴A∴, o real trabalho é feito pelo indivíduo. Ninguém pode revelar a você um segredo *real*. Ninguém pode lançar uma iluminação sobre você. Se espera que a afiliação a alguma organização vá tornar mais leve seu pesado trabalho mágico, está equivocado; e, caso esteja aguardando por um instrutor que incorpore a perfeição, ou um grupo em que não houver imbecis, você irá esperar para sempre.

Abaixo se encontra parte de uma das cartas de Crowley, originalmente publicada em *Magick Without Tears* (Hampton, NJ: Thelema, 1954), em que ele esboça, brevemente, o sistema da O.T.O.

... O que é um Ritual Dramático? É uma celebração da aventura de Deus, a quem se pretende invocar. (*The Bacchae*, de Eurípides, é um exemplo perfeito disso.) Agora, na O.T.O., sendo a finalidade da cerimônia a Iniciação do Candidato, é para ele que a Senda na Eternidade é mostrada em uma forma dramática.

O que é a Senda?
1. O Ego é atraído para o Sistema Solar.
2. A Criança experimenta o Nascimento.
3. O Homem experimenta a Vida.

4. Ele experimenta a Morte.
5. Ele experimenta o Mundo além da Morte.
6. Esse ciclo inteiro de Eventos Principais é retirado da Aniquilação.

Na O.T.O., esses estágios sucessivos são representados do seguinte modo:

1. 0º (Minerval)
2. Iº (Iniciação)
3. IIº (Consagração)
4. IIIº (Devoção)
5. IVº (Perfeição ou Exaltação)
6. I.P. (Iniciado Perfeito)

Desses Eventos e Estações sobre o caminho, todos, exceto três (IIº) são experiências solitárias críticas. Nós, no entanto, estamos mais preocupados com as muitas experiências de vida variadas.

Todos os Graus subsequentes da O.T.O. estão em conformidade a um aprimoramento do IIº, pois em uma simples cerimônia é difícill delinear, mesmo no mais breve esboço, o Ensinamento dos Iniciados em relação à Vida. Então, os Rituais do Vº ao IXº são instruções para o Candidato de como ele deveria se conduzir; e eles gradualmente conferem sobre o Candidato os Segredos Mágicos que o farão Mestre de Vida.

❦

Enquanto a Ordo Templi Orientis é uma organização mágica e fraternal, na matriz da Ordem pode ser encontrada uma joia que oferece a todos os aspirantes um meio, único e belo, para a expressão da religiosidade thelêmica. Público ou privado, é o ritual central da O.T.O. – a Missa da Ecclesia Gnostica Catholica.

Capítulo Treze

A Religião de Thelema

A Eucaristia é uma das mais simples e mais completas cerimônias de Magia. Ela consiste em tomar coisas comuns, transmutá-las em coisas divinas e consumi-las.

— *Magick in Theory and Practice*

Não foi por acidente que escolhi fazer de *Liber XV* o capítulo final deste Manual dos Rituais de Thelema. Qualquer um que tenha tido o privilégio de celebrar a Missa Gnóstica compreenderá por que guardei o melhor para o final. Essa cerimônia eucarística expressa o elemento mais puro da cosmologia e filosofia thelêmicas; e isso é feito de tal maneira que pode ser apreciado pela maior gama possível de buscadores da verdade.

A "Lei é para todos" e, para muitos de nós, pode ser tão fascinante quanto o estudo da Magia de Thelema o fato de que a vasta maioria da população nunca será atraída às teorias e técnicas que delineamos neste livro. Não somente o desinteresse deles a respeito dos aspectos técnicos da Magia os excluiria de abraçar a Lei de Thelema como também de aplicar a fórmula do Novo Éon em suas vidas.

Do mesmo modo como ocorre na Missa Romana ou Ortodoxa do Éon de Osíris, *Liber XV* serve para reunir a comunidade thelêmica para afirmar um credo comum e prover uma oportunidade a todos de diretamente participarem da fórmula mágica da Era. Contudo, no sentido de todos diretamente participarem da fórmula mágica da missa, esta deve ser conduzida de modo que realmente comunique aquela fórmula. Infelizmente, basta apenas uma leve mudança do foco, por parte da equipe do ritual ou da congregação, para degenerar a missa de uma cerimônia da religião do futuro para um ritual que exalta a fórmula espiritual do passado.

O templo da Missa Gnóstica é um espaço ritualístico muito bonito e altamente simbólico. No leste (direção de Boleskine) existe um santuário ou Altar Maior. Esse santuário suporta uma Estela da Revelação, *o Livro da Lei* e os Elementos Sagrados da Eucaristia. O Altar Maior é o ponto focal do serviço do culto. É onde a Magia do Éon da Criança Coroada e Conquistadora toma lugar. Todas as coisas ditas e feitas nas demais áreas do templo são atos meramente preparatórios à Magia que tomará lugar sobre o Altar Maior.

O Altar Maior se encontra acima do restante do templo. Ele está colocado no nível mais alto de um palco de três degraus. Esse é o *Local Superior* do templo e tem uma disposição adequada para o eventual clímax mágico da cerimônia.

Uma vez que a Sacerdotisa tenha tomado seu lugar sobre o Altar Superior e o véu tenha sido retirado da frente do santuário, o Sacerdote ascende ao Altar Superior pelos três degraus do palco. À medida que faz isso, para em cada degrau, e ele, a Sacerdotisa e o Diácono poeticamente revelam o mistério fundamental do serviço do culto – ou seja, a fórmula do culto no Éon de Hórus se desenvolve, degrau a degrau, da fórmula dos dois Éons anteriores.[184]

O Primeiro Degrau representa o Éon de Ísis, a Era da Deusa, e é no primeiro degrau que a Deusa é cultuada na Missa Gnóstica. Aqui, a Sacerdotisa é identificada como a Deusa Nuit. É sobre o primeiro degrau que o Sacerdote canta: *"Ó Nuit, contínua do Céu, que assim sempre seja; que os homens não falem de Ti como Uma, mas como Nenhuma; e que não falem de ti de nenhuma maneira, desde que és contínua"*. E é enquanto permanece sobre o primeiro degrau que ele escuta a Sacerdotisa conceder a beleza dela, na fala *"porém, amar-me é melhor do que todas as coisas"*.

Como cultuadores, poderíamos ficar sobre o primeiro degrau cultuando a Deusa e para sempre aderir à sua fórmula. De fato, muita gente faz apenas isso. No entanto, nós, as Crianças do Éon de Hórus, não cultuamos a Deusa como um fim, mas como um meio. Demoramos sobre o primeiro degrau apenas o suficiente para ativar a fórmula da Deusa dentro de nós mesmos, para nos prepararmos para as bodas – apenas o suficiente para permitir que sejamos elevados pela essência da divindade dela, antes de subirmos ao próximo nível de adoração.

O Segundo Degrau representa o Éon de Osíris, a Era do Deus Moribundo, e é sobre o segundo degrau que o Sacerdote é identificado como o Deus Hadit, o amante inescrutável no centro do corpo infinito de Nuit. *"Sou a chama que queima em cada coração de homem, e no cerne de cada estrela."* Ele é uma reminiscência de Osíris, Krishna, Cristo e qualquer outro Deus moribundo, que irá dizer: *"Sou Vida e o doador de Vida; contudo, o conhecimento de mim é o conhecimento de morte"*.

---

184. O material concernente aos Três Degraus da Adoração foi escrito por Constance Jean DuQuette e por mim mesmo, como parte de nosso seminário *The Miracle of the Mass* [O Milagre da Missa].

Como cultuadores, poderíamos ficar sobre o segundo degrau cultuando o Deus Moribundo e para sempre aderindo à sua fórmula. De fato, muita gente faz apenas isso. Mas nós, as Crianças do Éon de Hórus, não cultuamos o Deus Moribundo como um fim, mas como um meio. Demoramos sobre o segundo degrau apenas o suficiente para ativar a fórmula do Deus Moribundo dentro de nós mesmos; apenas o suficiente para arrebatar o pulso vibrador da vida e da morte do Senhor patriarcal, no sentido de nos prepararmos para as bodas – bodas que celebraremos no terceiro e último degrau.

É sobre o **Terceiro Degrau** que alcançamos a síntese. É sobre o terceiro degrau que o casamento místico será consumado. É sobre o terceiro degrau que o verdadeiro objetivo do culto aparecerá – Ra-Hoor-Khuit, a Criança Coroada e Conquistadora, a Criança da Deusa e do Deus dos últimos dois Éons.

Damos graças e respeito à Deusa e à Sacerdotisa que a incorpora. Todavia, ao final da Missa, não é ela a quem cultuamos, não é ela a quem adoramos. Não é com ela que nós comungaremos.

Como logo veremos, a Missa da Igreja Gnóstica Católica é um decreto de um grande e maravilhoso segredo mágico. O objetivo desse segredo é a criação de uma Criança, seja esta um objetivo material ou emocional do desejo do coração de vocês, ou o conhecimento e a conversação do Santo Anjo de vocês.

É verdade que sem a Deusa e sem o Deus a Criança não poderia nascer. Entretanto, aqueles que tratam a Missa Gnóstica como uma cerimônia de culto à Deusa estão inteiramente equivocados em um ponto. Como todos os adoradores do Éon de Ísis, não poderão subir acima do primeiro degrau de adoração.

Ao final da cerimônia, cada celebrante deverá permanecer espiritualmente no terceiro degrau de adoração – nossa atenção focada com completa concentração, não sobre a Sacerdotisa, não sobre o Sacerdote, mas sobre a *Criança*, como incorporada na Hóstia e no Vinho. Apenas aqueles que tiverem alcançado e então transcendido o despertar da Deusa; apenas os que alcançaram e transcenderam a concentrada potência do Deus; apenas aqueles que aniquilaram em êxtase, tanto Deus quanto Deusa, permanecem sobre o terceiro degrau e consomem – e então se tornam a criança da união deles. Apenas aqueles que tiverem tomado o terceiro degrau espiritual são dignos de serem chamados de Adoradores do Éon de Hórus.

Atualmente, devido ao grande crescimento da O.T.O., a Missa Gnóstica é celebrada regularmente por todo o mundo. Ela é usada na festa dos três dias de *O Livro da Lei*, para marcar os nascimentos de comunidades thelêmicas, ritos de passagens, casamentos e falecimentos. Para o iniciado, *Liber XV* é uma casa do tesouro de informações técnicas relacionadas à técnica suprema de Alta Magia, porém, para todos nós, é uma festa jubilosa, um ato de adoração e a celebração de um milagre.

LIBER XV
O.T.O.
ECCLESIAE GNOSTICAE
CATHOLICAE CANON MISSAE

Editada a partir de Antigos Documentos Assírios e Gregos pelo Mestre Therion[185]

---

185. Escrita em 1915, enquanto visitava Moscou. O Mestre Therion, claro, é Aleister Crowley. – *Ed.*

I
DA MOBÍLIA DO TEMPLO

No Leste, ou seja, na direção de Boleskine, que está situado na costa Sudeste do Lago Ness, na Escócia, a 3,2 quilômetros ao Leste de Foyers, localiza-se um santuário ou Altar Maior. Suas dimensões são de 2,1 metros de comprimento, 90 centímetros de largura e 1,2 metros de altura.[186] O Altar será coberto com um tecido carmesim, em que pode estar bordada uma flor-de-lis dourada ou uma chama solar, ou outro emblema adequado.

Em cada um de seus lados se encontra um pilar ou obelisco, um preto e o outro branco.

Abaixo deste, há um palco com três degraus, em quadrados pretos e brancos.

Acima dele estará o altar superior e no topo deste se encontra uma reprodução da Estela da Revelação, com quatro velas em cada lado. Abaixo da Estela, há um lugar para *O Livro da Lei*, com seis velas de cada lado. Novamente, mais abaixo disso, está o Santo Graal, com rosas em cada lado. Na frente da Taça, espaço para a Pátena. Diante das rosas, em cada um dos lados, estão duas velas grandes.

Tudo isso está guardado por um grande Véu.

Formando o ápice de um triângulo equilátero, que tem a base na linha desenhada entre os pilares, está um pequeno altar preto e quadrado formado por dois cubos sobrepostos.

Ao tomar esse altar como o centro da base de um triângulo idêntico, no ápice desse segundo triângulo estará uma pequena fonte circular.

Repetindo, o ápice do terceiro triângulo é uma tumba colocada verticalmente.

II
DOS OFICIAIS DA MISSA

O SACERDOTE: Traz a Lança Sagrada e, em princípio, veste um simples robe branco.

A SACERDOTISA: Na verdade, deverá ser uma Virgo Intacta ou especialmente dedicada para o serviço da Grande Ordem. Ela é vestida em branco, azul e dourado. Traz a Espada em um cinto vermelho, a Pátena com Hóstias ou Bolos de Luz.

O DIÁCONO: Veste-se de branco e amarelo. Traz *O Livro da Lei*.

Duas CRIANÇAS: Uma vestida de branco e a outra, de negro. Uma traz um jarro d'água e um pouco de sal, a outra carrega um incensório, com fogo e um frasco de perfume.

---

186. São as dimensões do sarcófago da Câmara do Rei da Grande Pirâmide de Gizé – Ed.

III
DA CERIMÔNIA DE ENTRADA

O DIÁCONO abre a porta do Templo, admite a congregação e toma seu posto, permanecendo entre o pequeno altar e a fonte. (Deveria existir um porteiro para cuidar da entrada.) O DIÁCONO avança e se curva diante do santuário aberto, em que o Graal está exaltado. Beija três vezes *O Livro da Lei* e o abre, colocando-o sobre o Altar Maior. Depois, ele se vira para o Oeste.

O DIÁCONO: Faze o que tu queres, há de ser o todo da Lei. Eu proclamo a Lei de Luz, Vida, Amor e Liberdade em nome de IAΩ.

A CONGREGAÇÃO: Amor é a lei, amor sob vontade.

O DIÁCONO se dirige a seu posto, entre o altar do incenso e a fonte, fica de frente para o leste e dá o passo e o sinal de um Homem e um Irmão. Todos o imitam.[187]

O DIÁCONO *e todas as* PESSOAS: Eu creio em um SENHOR secreto e inefável; e em uma Estrela na Companhia das Estrelas de cujo fogo somos criados, e para onde retornaremos; e em um Pai de Vida, Mistério do Mistério, em Seu nome CAOS, o único vice-regente do Sol sobre a Terra; e em um Ar que alimenta todos os que respiram.

E creio em uma Terra, a Mãe de todos nós, e em um Útero onde todos os homens são gerados e dentro do qual descansarão, Mistério do Mistério, em Seu nome BABALON.

E creio na Serpente e no Leão, Mistério do Mistério, em Seu nome BAPHOMET.

E creio em uma Igreja Gnóstica e Católica de Luz, Vida, Amor e Liberdade, a Palavra de cuja Lei é ΘΕΛΗΜΑ.

E creio na comunhão dos Santos.

E tendo em vista que, diariamente, comida e bebida são em nós transmutadas em substância espiritual, eu creio no Milagre da Missa.

E confesso um Batismo de Sabedoria pelo qual completamos o Milagre da Encarnação.

E confesso minha vida una, individual e eterna, que foi, é, e virá.

AYMΓN. AYMΓN. AYMΓN.

Música agora é tocada. A criança entra com o jarro e o sal. A VIRGEM entra com a Espada e a Pátena. A outra criança entra com o incensório e o perfume. Elas se posicionam de frente para o DIÁCONO; colocam-se em uma linha imaginária entre os dois altares.

---

[187]. Muitos dos passos e sinais são apenas para o proveito dos iniciados da O.T.O., não dizendo respeito para não membros. – *Ed.*

A VIRGEM: Saudações da Terra e do Céu!

Todos dão o sinal de Saudação de um magista,[188] orientados pelo DIÁCONO.

A SACERDOTISA, com a criança negativa à sua esquerda e com a criança positiva à sua direita, sobe os degraus do Altar Maior. As crianças esperam embaixo. Ela põe a Pátena na frente do Graal. Depois de adorá-lo, ela desce e, com as crianças a seguindo, a positiva ficando mais próxima a ela, move-se de um modo sinuoso, perfazendo 3,5 círculos ao longo do Templo. (No sentido horário em torno do altar, no anti-horário ao redor da fonte, no sentido horário em torno do altar e da fonte, no anti-horário em torno do altar, e assim por diante, até a Tumba no Oeste.) Ela retira sua Espada e com ela abre o véu que ali está.

A **SACERDOTISA: Pelo poder do + Ferro, eu te digo, Levanta. Em nome de nosso Senhor + o Sol, e de nosso Senhor +... que tu possas ministrar as virtudes aos Irmãos.**

Ela guarda a Espada.

O SACERDOTE, saindo da Tumba, trazendo com ambas as mãos, direita sobre a esquerda, a Lança ereta sobre seu peito, executa os três primeiros passos regulares. Entrega a Lança à SACERDOTISA e dá os três sinais penais. Então, ele se ajoelha e adora a Lança com ambas as mãos. Música penitencial.

O SACERDOTE: Eu sou um homem entre os homens.

Novamente, ele toma a Lança, abaixando-a. Ele se ergue.

O SACERDOTE: Como eu poderia ser digno de ministrar as virtudes aos Irmãos?

A SACERDOTISA pega da criança a água e o sal, misturando-os na fonte.

A **SACERDOTISA: Que o sal da Terra admoesta a água a levar a virtude do Grande Oceano. (Ela se ajoelha) Mãe, sê tu adorada!**

Ela volta ao Oeste. Com a mão aberta, ela faz + sobre fronte, peito e corpo do SACERDOTE!

Seja o SACERDOTE puro de corpo e alma!

A SACERDOTISA pega o incensório da criança, coloca-o sobre o pequeno altar. Põe incenso nele.

Que o Fogo e o Ar tornem doce o mundo! (ajoelha-se) Pai, sê tu adorado!

Ela volta ao Oeste, com o incensório faz três + diante do SACERDOTE, assim como antes.

---

188. O Sinal de Saudação de um magista: posicione a mão direita de modo a fazer um esquadro. Lance a mão esquerda ao alto perpendicularmente, para formar um esquadro. Ponha a mão esquerda para cima, com o braço esquerdo horizontalmente, alinhando o ombro com o cotovelo, e perpendicularmente do cotovelo ao final dos dedos, com o polegar e indicador, formando um esquadro.

Seja o SACERDOTE intenso de corpo e alma!
As crianças novamente pegam suas armas, após serem utilizadas.
Agora, o DIÁCONO pega a Túnica consagrada que está no Altar Maior e a leva para a SACERDOTISA. Ela veste o SACERDOTE com a Túnica dele, dourada e escarlate.
Seja a chama do Sol tua atmosfera, ó tu, SACERDOTE do SOL!
O DIÁCONO traz a coroa do Altar Maior. (A coroa pode ser de ouro ou platina, ou de *electrum magicum*; mas sem outros metais, senão em pequena porcentagem, necessária a uma combinação de metal mais adequada. A coroa pode estar enfeitada, à vontade, com joias diversas. Contudo, deverá possuir a serpente Uraeus enroscada sobre ela, e a cor do capuz de apoio tem de ser compatível com o escarlate da túnica. Sua textura deve ser de veludo.)
Seja a Serpente tua coroa, Ó tu, SACERDOTE do SENHOR!
Ajoelhando-se, ela pega a lança entre as palmas de suas mãos abertas, fazendo com que elas corram muito suavemente sobre a lança, para cima e para baixo, 11 vezes.
Seja o SENHOR presente entre nós!
Todos dão o Sinal de Saudação.
AS PESSOAS: Que assim o seja.

IV
DA CERIMÔNIA DE ABERTURA DO VÉU

O SACERDOTE: Portanto a ti, a quem adoramos, nós também invocamos.
Pelo poder da Lança elevada!
Ele eleva a Lança. Todos repetem o Sinal de Saudação. Um trecho de música triunfante. Com sua mão esquerda, o SACERDOTE segura a mão direita da SACERDOTISA, mantendo a Lança elevada.
Eu, SACERDOTE e REI, seguro-te, Virgem pura sem máculas; Eu te elevo, eu te conduzo ao leste; eu te ponho sobre o cume da Terra.
Ele entroniza a SACERDOTISA sobre o altar. O DIÁCONO e as crianças o seguem em fila. A SACERDOTISA pega *O Livro da Lei*, volta ao seu lugar e o mantém aberto com as duas mãos sobre seu peito, fazendo com os polegares e os indicadores um triângulo descendente. O SACERDOTE entrega a Lança ao DIÁCONO, pega o jarro da criança e asperge a SACERDOTISA, fazendo-lhe cinco cruzes na testa, nos ombros e nas coxas. O polegar do SACERDOTE se posiciona entre seus dedos médio e indicador, sempre que ele não estiver segurando a Lança. O SACERDOTE pega o incensório da criança e faz cinco cruzes, como antes. As crianças depositam as armas em seus altares respectivos. O SACERDOTE beija *O Livro da Lei* três vezes. Ele se ajoelha por um tempo em adoração, com mãos unidas, punhos cerrados, polegares na posição anteriormente descrita. Levantando-se, ele fecha o véu sobre o altar todo. Ao comando, todos se levantam. O SACERDOTE pega a Lança do DIÁCONO, segurando-a do mesmo modo que antes, como Osíris

ou Pthah. Ele circula três vezes pelo Templo, seguido pelo DIÁCONO e pelas crianças, da mesma forma que antes. (Estas últimas, quando não estiverem usando as mãos, mantêm os braços cruzados sobre o peito.) Na última circunvolução, eles deixam o SACERDOTE e vão para o local entre a fonte e o pequeno altar, no qual se ajoelham em adoração, suas mãos estão juntas, palma contra palma, elevadas sobre suas cabeças. Todos imitam esse gesto. O SACERDOTE volta ao Leste e sobe o primeiro degrau do altar.

O SACERDOTE: Ó círculo de Estrelas, do qual nosso Pai nada é senão o irmão mais jovem, o maravilhoso além da imaginação, a alma do espaço infinito, perante quem o Tempo se encabula, a mente se desnorteia e o entendimento se turva; não podemos te conquistar a menos que Tua imagem seja Amor. Portanto, pela semente e raiz, pela haste e botão, pela folha e flor e pelo fruto, nós Te invocamos.

Então o sacerdote respondeu & disse à Rainha do Espaço, beijando suas amoráveis sobrancelhas, e o orvalho da luz dela banhando o corpo inteiro dele em um perfume doce de suor: Ó Nuit, contínua do Céu, que assim sempre seja; que os homens não falem de Ti como Uma, mas como Nenhuma; e que não falem de ti de nenhuma maneira, desde que és contínua.

Ao longo desse discurso, a SACERDOTISA se desveste completamente de seu robe. Veja CCXX I: 62.

A SACERDOTISA: Porém, amar-me é melhor do que todas as coisas: se neste instante, sob as estrelas noturnas no deserto, queimas meu incenso diante de mim, invocando-me com um coração puro, e neste a chama da Serpente, virás um pouco a deitar em meu peito. Então, estarás querendo dar tudo por um beijo; mas quem der uma partícula de pó, tudo perderá nessa hora. Vós reunireis mercadorias e suprimentos de mulheres e especiarias; usareis ricas joias, excedereis as nações da terra em esplendor & orgulho; mas sempre no amor de mim, e assim vireis ao meu gozo. Ardentemente, ordeno a vós que venhais diante de mim em um robe único, e cobertos com um adereço valioso na cabeça. Eu vos amo! Desejo-vos! Pálida ou púrpura, velada ou voluptuosa, eu que sou toda prazer e púrpura, e embriaguez no sentido mais íntimo, desejo-vos. Vesti as asas e subi o esplendor serpentino de dentro de vós: vinde a mim! Canta para mim a entusiasmada canção de amor! Queima aromas para mim! Usa joias para mim! Bebe para mim, pois eu te amo! Eu te amo! Sou a filha de pálpebras azuis do Ocaso; sou o esplendor desnudo do céu noturno voluptuoso. A mim! A mim!

O SACERDOTE sobe o segundo degrau.

O SACERDOTE: Ó segredo dos segredos, que estás oculto no ser de tudo o que vive, não é a Ti que adoramos, pois Tu és aquele que também adora. Tu és Aquilo, e Aquilo sou Eu.

Sou a chama que queima em cada coração de homem e no cerne de cada estrela. Sou Vida e o doador de Vida; contudo, o conhecimento de mim é o conhecimento de morte. Estou só: não existe Deus onde estou.

O DIÁCONO e todos os demais se levantam, fazendo o Sinal de Saudação.

    O DIÁCONO: **Porém vós, ó meu povo, erguei e despertai!**
    Que os rituais sejam realizados corretamente com gozo & beleza!
    Existem rituais para os elementos e festas das estações.
    Uma festa para a primeira noite do Profeta e sua Noiva!
    Uma festa para os três dias de escrita do Livro da Lei.
    Uma festa para Tahuti e a criança do Profeta – secreto Ó Profeta!
    Uma festa para o Ritual Supremo e uma festa para o Equinócio dos Deuses.
    Uma festa para o fogo e uma festa para a água; uma festa para a vida e uma festa maior para a morte!
    Uma festa todos os dias em vossos corações no gozo de meu êxtase!
    Uma festa toda noite para Nu, e o prazer de deleite extremo!

O SACERDOTE sobe o terceiro degrau.

    O SACERDOTE: **Tu que és Um, nosso Senhor no Universo, o Sol, nosso Senhor em nós mesmos, cujo nome é Mistério do Mistério, mais alto ser, cujo brilho, ao iluminar os mundos, também é o sopro que faz todo Deus, e mesmo a Morte, tremer perante Ti – Pelo Sinal da Luz + mostra-Te, glorioso sobre o trono do Sol.**
    Abre a senda da criação e da inteligência, entre nós e nossas mentes. Ilumina nosso entendimento.
    Encoraja nossos corações. Que tua luz se cristalize em nosso sangue, completando-nos de Ressurreição.
    A ka dua
    Tuf ur biu
    Bi a'a chefu
    Dudu nur af an nuteru[189]

A SACERDOTISA: Não existe lei além de Faze o que queres.

O SACERDOTE rompe o véu com a sua lança. Durante a fala anterior, se necessário quando em países selvagens, a SACERDOTISA deve vestir o seu robe.

    O SACERDOTE: ΙΩ ΙΩ ΙΩ ΙΑΩ ΣΑΒΑΟ ΚΥΡΙΗ ΑΒΡΑΣΑΧ ΚΥΡΙΗ ΜΕΙΘΡΑΣ ΚΥΡΙΗ ΦΑΛΛΗ. ΙΩ ΠΑΝ, ΙΩ ΠΑΝ ΠΑΝ ΙΩ ΙΣΧΥΡΟΣ, ΙΩ ΑΘΑΝΑΤΟΝ ΙΩ ΑΒΡΟΤΟΝ ΙΩ ΙΑΩ. ΧΑΙΡΕ ΦΑΛΛΗ ΧΑΙΡΕ ΠΑΝΦΑΓΗ ΧΑΙΡΕ ΠΑΝΓΕΝΕΤΟΡ. ΑΓΙΟΣ, ΑΓΙΟΣ, ΑΓΙΟΣ ΙΑΩ.[190]

---

189. "Mas desvela o Um exterior! De Teu sopro, adoro o poder; Ó Deus terrível e superior, A fazer de deuses e do morrer, Diante de Ti, seres em tremor. Eu te adoro, com muito amor!"
190. IO IO IO IAO SABAO, Senhor ABRASAX, Senhor MITHRAS, Senhor PHALLUS. IO PAN. IO PAN PAN, IO poderoso, IO imortal, IO imaculado, IO IAO. Salve PHALLUS, salve devorador do todo, salve pai de tudo. Santo, Santo, Santo, IAO.

A SACERDOTISA se encontra sentada, com a Pátena em sua mão direita e a Taça na esquerda. O SACERDOTE lhe apresenta a Lança, que ela beija 11 vezes. Ela então a segura contra seu peito enquanto o SACERDOTE, caindo aos joelhos dela, beija-os, mantendo seus braços ao longo das coxas dela. Ele fica nessa adoração enquanto o DIÁCONO recita as coletas. Todos se levantam em *Dieu Gard*, ou seja, com os pés juntos formando um ângulo reto, as mãos com polegares unidos, presos sem muita força. Essa é a posição universal quando se está de pé, a menos que outra orientação seja dada.

V
DO OFÍCIO DAS COLETAS, AS QUAIS SÃO EM NÚMERO DE ONZE

O Sol

O DIÁCONO: Senhor visível e sensível, de quem esta terra nada é senão uma partícula congelada girando sobre ti, em um impulso anual e diurno, fonte de luz, fonte de vida, que teu brilho perene nos encoraje ao contínuo trabalho e divertimento; de modo que continuemos como participantes da tua generosidade, e que possamos em nossa órbita particular conceder luz e vida, sustento e gozo àqueles que se encontram ao nosso redor, sem diminuição de substância ou esplendor, para todo o sempre.
AS **PESSOAS: Que assim o seja.**

O Senhor

O DIÁCONO: Senhor secreto e mais santo, fonte de vida, fonte de luz, fonte de amor, fonte de liberdade, sê sempre constante e poderoso em nós, força de energia, fogo de impulso; que nós sempre trabalhemos contigo com diligência e que possamos permanecer em teu gozo abundante.
AS **PESSOAS: Que assim o seja.**

A Lua

O DIÁCONO: Senhora da noite, que, girando sempre sobre nós, ora és visível e ora és invisível em tuas fases, sê favorável aos caçadores e amantes, e a todos os homens que duro trabalham sobre a terra, e a todos os marinheiros sobre o mar.
AS **PESSOAS: Que assim o seja.**

A Senhora

O DIÁCONO: Aquela que dá e recebe gozo, pórtico de vida e amor, sê sempre pronta, tu e tua criada, em teu ofício de satisfação.
AS PESSOAS: Que assim o seja.

Os Santos

O DIÁCONO: Senhor de Vida e Gozo, que és o poder do homem, que és a essência de todo deus verdadeiro que está sobre a superfície da Terra, conhecimento contínuo de geração a geração, adorado por nós nos charcos e nos bosques, nas montanhas e nas cavernas, abertamente nos mercados e secretamente nos recintos de nossos lares, em templos de ouro, marfim e mármore, assim como nos templos de nossos corpos, dignamente celebramos os ilustres que te adoraram na Antiguidade e manifestaram tua glória aos homens.

Para cada nome citado, o DIÁCONO faz uma + com o polegar no meio do indicador e do dedo médio. Em missas ordinárias, é necessário apenas celebrar aqueles cujos nomes estão em itálico, assim como mostrado.

Laotze e Siddartha e Krishna *e Tahuti,* Mosheh, *Dionysius, Mohammed e To Mega Therion, e também com esses* Hermes, *Pãn,* Priapus, Osíris e Melquisedeque, *Khem* e Amoun *e Mentu, Héracles,* Orpheus e Odisseus; com Virgilius, *Catullus,* Martialis, *Rabelais, Swinburne e um bardo muito santo - Apollonius Tyanaeus,* Simão Magus, Manes, Pitágoras, Basilides, Valentinus, *Bardesanes e Hippolytus, que transmitiu a luz da gnose a nós, seus sucessores e seus herdeiros*; com Merlin, Arthur, Kamuret, Parzival, e muitos outros, profetas, sacerdotes e reis, todos que usaram Lança e Taça, Espada e Disco, contra os gentios; *e também estes,* Carolus Magnus e seus paladinos, com William of Schyren, Frederick de Hohenstaufen, Roger Bacon, *Jacobus Burgundus Molensis, o Mártir, Christian Rosencrentz,* Ulrich von Hutten, Paracelsus, Michael Maier, Roderic Borgia Papa Alexandre, o Sexto, Jacob Boehme, Francis Bacon Lord Verulam, Andrea, Robertus de Fluctibus, Johannes Dee, *Sir Edward Kelly,* Thomas Vaughan, Elias Ashmole, Molinos, Adam Weishaupt, Wolfgang von Goethe, Ludovicus Rex Bavariae, Richard Wagner, *Alphonse Louis Constant,* Friedrich Nietzsche, Hargrave Jennings, Karl Kellner, Forlong dux, *Sir* Richard Payne Knight, Paul Gaugin, *Sir* Richard Francis Burton, Doutor Gérard Encausse, *Doutor Theodor Reuss e Sir Aleister Crowley* – Ó Filhos do Leão e da Cobra! Com todos os teus Santos, dignamente nós os celebramos, ilustres que foram, e são e que virão.

Possam estar suas Essências presentes aqui, potentes, fortes e paternais à perfeição desta festa!

AS PESSOAS: Que assim o seja.

A Terra

O DIÁCONO: Mãe de fertilidade, cujo seio a água guarda, cujo rosto é acariciado pelo ar, e em cujo coração se encontra o fogo do Sol, útero de toda a vida, bênção periódica das estações, resposta benigna da oração de labor; aos pastores e esposos, sê tu favorável.
AS PESSOAS: Que assim o seja.

Os Princípios

O DIÁCONO: Misteriosa Energia, triforme, Matéria misteriosa, em quatro e sete divisões, a mútua influência na qual todas as coisas se contorcem na dança do Véu da Vida sobre a Face do Espírito, que exista Harmonia e Beleza em teus amores místicos, que em nós possam estar a saúde, a riqueza, a força e o prazer divinos, conforme a Lei de Liberdade; que cada um aspire por sua Vontade, como um forte viril que se regozija em sua senda; da mesma forma como a rota de uma Estrela para sempre inflamada entre a jubilosa companhia do Céu.
AS PESSOAS: Que assim o seja.

Nascimento

O DIÁCONO: Seja a promissora hora, o pórtico de vida aberto em paz e bem-estar, de modo que assim ela dê à luz crianças que possam se regozijar, e que o bebê agarre a vida com ambas as mãos.
AS PESSOAS: Que assim o seja.

Matrimônio

O DIÁCONO: Que o sucesso recaia sobre tudo aquilo que este dia unir com amor sob vontade; e que vigor e destreza possam se unir para trazer êxtase, e que beleza resulte em beleza.
AS PESSOAS: Que assim o seja.

Morte[191]

O DIÁCONO: Termo de tudo que vive, cujo nome é inescrutável, sê favorável a nós em tua hora.
AS PESSOAS: Que assim o seja.

O Fim

O DIÁCONO: Àqueles sobre cujos olhos o véu da vida caiu, que lhes seja garantida a consumação das Vontades verdadeiras deles; queiram

---

191. "De pé, cabeça ereta, olhos abertos." *Magick in Theory and Practice*.

eles absorção pelo Infinito, ou se unirem com os escolhidos e preferidos deles, ou permanecerem em contemplação, ou estarem em paz, ou mesmo a conquista do labor e heroísmo de uma encarnação neste ou em outro planeta, ou em qualquer Estrela, ou algo mais, que lhes seja sempre garantida a consumação de suas Vontades; sim, a consumação de suas Vontades. AUMGN. AUMGN. AUMGN.

AS PESSOAS: Que assim o seja.

VI
DA CONSAGRAÇÃO DOS ELEMENTOS

O SACERDOTE faz cinco cruzes, $+3\ ^{+1}+2$ sobre a Pátena e a Taça; $+4$ apenas sobre a Pátena e $+5$ apenas sobre a Taça.

O SACERDOTE: Vida do homem sobre a terra, fruto do labor, apoio do empenho, sê tu assim a nutrição do Espírito!

Ele toca a Hóstia com a Lança.

Que pela virtude desse Bastão
Faça-se Corpo de Deus deste pão!

Ele pega a Hóstia.

ΤΟΥΤΟ ΕΣΤΙ ΤΟ ΣΟΜΑ ΜΟΥ[192]

O SACERDOTE se ajoelha, adora, ergue-se e vira, mostrando a Hóstia para as PESSOAS, vira-se e repõe a Hóstia e a adora. Música. Ele pega a Taça.

Veículo de gozo do Homem sobre a Terra, consolação do labor, inspiração do empenho, sê tu assim o êxtase do Espírito.

Ele toca a Taça com a Lança.

Que pela virtude do Bastão
Faça-se Sangue de Deus este vinho!

Ele pega a Taça.

ΤΟΥΤΟ ΕΣΤΙ ΤΟ ΠΟΤΗΡΙΟΝ ΤΟΥ ΑΙΜΑΤΟΣ ΜΟΥ.[193]

Ele se ajoelha, adora, ergue-se e vira, mostrando a Taça para as PESSOAS, vira-se e repõe a Taça e a adora. Música.

Pois essa é a Declaração de Ressurreição.

Ele faz cinco cruzes sobre a SACERDOTISA.

Ó SENHOR, aceita esse sacrifício de vida e gozo, justificativas verdadeiras da Declaração de Ressurreição.

O SACERDOTE oferece a Lança para a SACERDOTISA, que a beija; então, ele a toca entre seus seios e sobre o corpo dela. Então, ele lança seus braços para o alto, como se abarcasse todo o santuário.

---

192. Este é o meu corpo.
193. Este é o cálice de meu sangue.

Que essa oferenda seja levada sobre as ondas do Aethyr até o nosso Senhor e Pai, o Sol, que viajou pelos Céus em seu nome ON.

Ele cerra suas mãos, beija a SACERDOTISA entre os seios, faz três grandes cruzes sobre a Pátena, a Taça e sobre si. Ele bate em seu peito. Todos repetem a ação.

Escutai todos vós, santos da igreja verdadeira de antigamente, agora essencialmente presente, de vós reivindicamos herança, convosco reivindicamos comunhão, de vós reivindicamos bênção, pelo nome de IAΩ.

Ele faz três cruzes sobre a Pátena e a Taça juntos. Descobre a Taça, ajoelha-se, pega a Taça com a mão esquerda e a Hóstia com a direita. Com a Hóstia, faz cinco cruzes sobre a Taça.

$$+1$$
$$+3 \quad +2$$
$$+5 \quad +4$$

Ele ergue junto a Hóstia e a Taça. O Sino toca.
ΑΓΙΟΣ ΑΓΙΟΣ ΑΓΙΟΣ ΙΑΩ.[194]
Ele recoloca a Hóstia e a Taça, e adora.

VII
DO OFÍCIO DO HINO

O SACERDOTE:

    Tu que és eu, tudo que sou e além,
    Que nem natureza nem nome tem.
    Que ainda és, quando todos se vão.
    Tu que és, do Sol, arcano e centro,
    Tu, de tudo, o oculto rebento
    Distante e só, escondido botão
    Tu, real fogo interno ao bastão
    Que fecunda e que procria sempre,
    Tu és a fonte e és a semente
    De vida, amor, luz e liberdade,
    Tu além da palavra e da visão
    Que és como os meus intentos, jade.
    A Ti, eu invoco, ó meu fogo são
    A Ti, do Sol, arcano e coração
    A Ti eu invoco, ó tu, constante
    Dos segredos o mais santo infante

---
194. "Santo, Santo, Santo, IAO."

Meio do qual sou eu o celebrante.
Surge, doce e cruel esperança,
Assim como lei, em tua criança!
O CORO:
É para o Pai e também é para o Filho
E para o Espírito Santo, é a norma;
Quintessência, Macho-Fêmea, uno brilho,
O Homem-ser está velado em Mulher-forma.
Glória e adoração, ao mais alto sejam,
Tu és a Pomba que tanto os homens endeusam,
Sendo a raça, de ascendência mais que real
Traz a luz do Sol, em plena tormenta invernal.
Honra e adoração para Ti glorioso,
Vigor do mundo e árvore do majestoso!
Primeiro Semicoro, HOMENS:
Glória a Ti, do jazigo dourado!
Segundo Semicoro, MULHERES:
Glória a Ti, do ventre ordenado!
HOMENS:
Glória a Ti, da terra não arada!
MULHERES:
Glória a Ti, da virgem aguardada!
HOMENS:
Glória a Ti, exata Unidade
Da Eterna Trindade!
MULHERES:
Glória a Ti, Tu és senhor e quem represou
O ser de quem eu sou o que sou!
HOMENS:
Glória a Ti, em todos os termos e além
Fonte de esperma, semente e germe também!
MULHERES:
Glória a Ti, Sol eterno,
Tu, Um em Três; Tu, Trino Uno!
CORO:
Honra e adoração para Ti glorioso,
Vigor do mundo e árvore do majestoso!

Essas palavras são para constituir a substância do hino, porém, seja em todas, seja em qualquer parte delas, o hino poderá ser recitado com música, a qual deverá ser preparada como se prepara um instrumento de arte. Ainda que o Patriarca da Igreja autorize outros hinos, a posição deste deve ser mantida como a primeira de seu tipo, o pai de todos os demais.

VIII
DO MATRIMÔNIO MÍSTICO E DO CONSUMO
DOS ELEMENTOS

O SACERDOTE segura a Pátena entre os dedos indicador e médio da mão direita.

A SACERDOTISA segura a Taça em sua mão direita.

O SACERDOTE: Senhor mais secreto, abençoa estes víveres espirituais em nossos corpos, provém sobre nós saúde e riqueza, e vigor, e gozo, e paz, e a consumação da vontade e do amor sob vontade, que é a felicidade perpétua.

Ele faz + com a Pátena e a beija. Descobre a Taça, ajoelha-se, ergue-se. Música. Ele pega a Hóstia e a quebra sobre a Taça. Repõe a porção da mão direita sobre a Pátena. Quebra um pequeno pedaço da parte que está na mão esquerda.

ΤΟΥΤΟ ΕΣΤΙ ΤΟ ΣΠΕΡΜΑ ΜΟΥ. Ο ΠΑΤΗΡ ΕΣΤΙΝ Ο ΗΥΙΟΣ ΔΙΑ ΤΟ ΠΝΕΥΜΑ ΑΓΙΟΝ. ΑΥΜΓΝ. ΑΥΜΓΝ. ΑΥΜΓΝ.[195]

Ele repõe a parte da Hóstia que está na mão esquerda. Com a mão esquerda, a SACERDOTISA estende a ponta da lança para receber o pedaço. O SACERDOTE pega a Taça com sua mão esquerda e juntos eles abaixam a ponta da lança para dentro da Taça.

O SACERDOTE e a SACERDOTISA: ΗΡΙΛΙΥ.[196]

O SACERDOTE[197] segura a Lança. A SACERDOTISA cobre a Taça. O SACERDOTE se ajoelha e se ergue, curva-se e junta suas mãos. Ele bate em seu peito.

O SACERDOTE:

Ó Leão e Ó Serpente que destroem o destruidor, sede poderosos dentro de nós.

Ó Leão e Ó Serpente que destroem o destruidor, sede poderosos dentro de nós.

Ó Leão e Ó Serpente que destroem o destruidor, sede poderosos dentro de nós.

O SACERDOTE une as mãos sobre o peito da SACERDOTISA e pega de volta sua lança. Ele se volta às Pessoas, abaixa e levanta sua Lança, fazendo + sobre eles.

Faze o que tu queres, há de ser o todo da Lei.

***As* PESSOAS: Amor é a lei, amor sob vontade.**

---

195. Esta é minha semente. O Pai é o Filho como o Espírito Santo. AUMGN, AUMGN, AUMGN.
196 HRILIU. O som da corte de pombos. O grito do êxtase. – Ed.
197. Acredito que deveria ser: "A SACERDOTISA segura a Lança." – *Ed.*

Ele abaixa a lança e volta para o Leste. Com a mão direita, a SACERDOTISA pega a lança. Com sua mão esquerda oferece a Pátena. O sacerdote se ajoelha.

O SACERDOTE: Em minha boca está a essência da vida do Sol!

Ele pega a Hóstia com a mão direita, faz + com ela sobre a Pátena e a consome. Silêncio. A SACERDOTISA pega a Taça, descobre-a e a oferece, como feito anteriormente.

O SACERDOTE: Em minha boca está a essência do gozo da terra!

Ele pega a Taça, faz + sobre a SACERDOTISA, esvazia a Taça e a devolve. Silêncio. Ele se ergue. Pega a lança e se volta às PESSOAS.

O SACERDOTE: Não existe parte de mim que não seja dos Deuses.

Para as PESSOAS que pretenderem comungar, e nenhuma outra deveria estar presente, uma vez que suas intenções foram anunciadas, um Bolo de Luz inteiro e uma taça cheia de vinho são preparados para cada um. O DIÁCONO os orientará; individualmente, eles avançam para o altar. As crianças pegam e oferecem os Elementos. Assim como fez o SACERDOTE, as PESSOAS comungam, dizendo as mesmas palavras: "Não existe parte de mim que não seja dos Deuses", em uma atitude de Ressurreição. As exceções dessa parte da cerimônia ocorrem quando sua natureza é uma celebração, nesse caso ninguém comunga, a não ser o SACERDOTE; quando é parte de uma cerimônia de casamento, em que nenhum outro participa, a não ser os dois que vão se casar; quando é parte de uma cerimônia de batismo, apenas a criança batizada participará; quando da Confirmação na puberdade, apenas a pessoa confirmada participa. O Sacramento pode ser guardado pelo SACERDOTE, para ser ministrado aos doentes em suas casas.

O SACERDOTE fecha tudo com o véu. Com a Lança, ele faz três + nas pessoas, do seguinte modo:

O SACERDOTE:
+ Que o SENHOR vos abençoe.
+ **Que o SENHOR ilumine vossas mentes, conforte vossos corações e sustente vossos corpos.**
+ **Que O SENHOR vos conduza à consumação de vossas Vontades verdadeiras, a Grande Obra, o *Summum Bonum*, a Sabedoria Verdadeira e a Felicidade Perfeita.**

Ele sai, O DIÁCONO e as crianças o seguem, para a tumba localizada no Oeste.

Música. (Voluntária.)

NOTA: tanto a SACERDOTISA quanto os demais oficiais jamais participam do Sacramento, pois eles são como parte do próprio SACERDOTE.

NOTA: certa Fórmula secreta dessa Missa é ensinada ao SACERDOTE, quando de sua Ordenação.

BIBLIOGRAFIA

BUDGE, E. A. Wallis. *The Book of the Dead*. Nova York: Dover, 1967.
_____. *Osíris, The Egyptian Religion of Resurrection*. New Hyde Park, NY: University Books, 1961.
CAMPBELL, Charles Richard. *Aleister Crowley – The Man: The Mage: The Poet*. New Hyde Park, NY: University Books, 1962
CAMPBELL, Joseph. *The Power of Myth*. Nova York: Doubleday, 1988.
_____. *The Hero with a Thousand Faces*. Nova York: Meridian, 1956.
CASSAUBON, Meric. *A True and Faithful Relation of What Passed For Many Years Between Dr. John Dee and Some Spirits*. Londres, 1659. Reimpressão. Londres: Askin, 1974. Reimpressão com introdução por Lon Milo DuQuette. Nova York: Magickal Childe Publishing Inc., 1992.
CROWLEY, Aleister. *Book Four, Parts I, II, III, IV*. Ed. Hymenaeus Beta. York Beach, ME: Samuel Weiser, 1993.
_____. *The Book of Lies*. York Beach, ME: Samuel Weiser, 1992.
_____. *The Book of Thoth: a Short Essay on the Tarot of the Egyptians*. The Master Therion. Londres: O.T.O., 1944. *The Equinox* III (5). Edição em fac-símile. York Beach, ME: Samuel Weiser, 1991.
_____. *The Complete Astrological Writings*. Ed. John Symonds and Kenneth Grant. Londres: Gerald Duckworth & Co., 1974.
_____. *The Confessions of Aleister Crowley*. Londres: Penguin/Arkana, 1989.
_____. *Crowley On Christ*. Publicado primeiro de forma datilografada como edição limitada de 200 cópias como *The Gospel According to St. Bernard Shaw*, 1953. Segunda edição revisada, Ed. Francis King. Londres: C. W. Daniel Co., 1972.
_____. *Eight Lectures on Yoga*. Mahatma Guru Sri Paramahansa Shivaji. Londres: O.T.O., 1939. *The Equinox* III (4). Segunda edição revisada. Ed. Hymenaeus Beta. Scottsdale, AZ: New Falcon Publications, 1991; Nova York: 93 Publishing, 1992.

_____. *The Equinox*. (Series Editor, 1909-1944) O volume I teve publicação semestral desde a primavera de 1909 até o outono de 1913. O volume II não foi publicado. O volume III (1), primavera 1919, Detroit foi o último número da série regularmente publicado. O volume III (2) não foi publicado, mas, como o volume II todo, ele está incluído na numeração serial como se tivesse sido lançado. Os números subsequentes ao volume III (5) foram editados e lançados postumamente. O último número lançado foi o volume III (10). Enquanto os números do volume V e VII tinham sido lançados, eles foram considerados continuações apócrifas da série original.

The Equinox I(1). Londres, primavera 1909. Reimpressão York Beach, ME: Samuel Weiser, 1992.

The Equinox I(2). Londres, outono 1909. Reimpressão York Beach, ME: Samuel Weiser, 1992.

The Equinox 1(3). Londres, primavera 1910. Reimpressão York Beach, ME: Samuel Weiser, 1992.

The Equinox I(4). Londres, outono 1910. Reimpressão York Beach, ME: Samuel Weiser, 1992.

The Equinox I(5). Londres, primavera 1911. Reimpressão York Beach, ME: Samuel Weiser, 1992.

The Equinox I(6). Londres, outono 1911. Reimpressão York Beach, ME: Samuel Weiser, 1992.

The Equinox I(7). Londres, primavera 1912. Ed. Mary d'Este Sturges. Reimpressão York Beach, ME: Samuel Weiser, 1992.

The Equinox I(8). Londres, outono 1912. Ed. Soror Virakam. Reimpressão York Beach, ME: Samuel Weiser, 1992.

The Equinox I(9). Londres, primavera 1913. Reimpressão York Beach, ME: Samuel Weiser, 1992.

The Equinox I(10). Londres, outono 1913. Reimpressão York Beach, ME: Samuel Weiser, 1992.

The Equinox III(1) (*The Blue Equinox*). Detroit, primavera 1919. Reimpressão York Beach, ME: Samuel Weiser, 1992.

The Equinox III (3). Outono 1936, *The Equinox of the Gods*. Ver entrada no título do livro.

The Equinox III(4). Primavera 1939, *Eight Lectures on Yoga*. Ver entrada no título do livro.

The Equinox III(5). Primavera 1944, *The Book of Thoth*. Ver entrada no título do livro.

The Equinox III(6). Outono 1961, *Liber Aleph*. Ver entrada no título do livro.

The Equinox III(7). Outono 1971, *Shih Yi*. Ver entrada no título do livro.

The Equinox III(8). Primavera 1975, *The Tao Teh Ching*. Ver entrada no título do livro.

The Equinox III(9). Primavera 1983, [Thelema] ΘΕΛΗΜΑ: *The Holy*

Books of Thelema. Ver entrada no título do livro.
The Equinox III(10). Nova York, primavera 1986. Reimpressão York Beach, ME: Samuel Weiser, 1990.
_____. *The Equinox of the Gods.* Londres: O.T.O.; 1936. *The Equinox* III(3).
Edições em fac-símile corrigidas. Scottsdale, AZ: New Falcon Publications, 1991, e Nova York, 93 Publishing, 1992. Embora não esteja identificado neste título, Crowley identificou sua obra como *Book Four, Part IV.* Não há menção de autor na página de rosto.
_____. *The Goetia of Solomon the King.* Ed. Aleister Crowley. Foyers, Inglaterra: Society for the Propagation of Religious Truth, 1904. Reimpressão. Nova York: Magickal Childe Publications, 1992.
_____. *The Heart of the Master.* Londres: O.T.O., 1938. Reimpressão. Scottsdale, AZ: New Falcon Publications, 1992.
_____. *Konx Om Pax.* Foyers, Inglaterra: Society for the Propagation of Religious Truth, 1907. Reimpressão, com introdução por Martin P. Starr. Chicago: The Teitan Press, 1990.
_____. *Liber Aleph vel CXI. The Book of Wisdom or Folly.* Eds. Karl Germer e Marcelo Motta. Barstow, CA: Thelema Publishing, 1961. *The Equinox* III(6) Segunda edição revisada. Ed. Hymenaeus Beta. York Beach, ME: Samuel Weiser, 1991, e Nova York: 93 Publishing, 1991.
_____. *Little Essays Toward Truth.* Londres: O.T.O., 1936. Reimpressão. Scottsdale, AZ: New Falcon Publications, 1991.
_____. *Magick.* Eds. John Symonds e Kenneth Grant. Londres: Routledge e Kegan Paul, 1973; e York Beach, ME: Samuel Weiser, 1974.
_____. *Magick In Theory and Practice.* Paris: Lecram Press, 1929. Reimpressão. Nova York: Magickal Childe Publications, 1990.
_____. *Magical and Philosophical Commentaries of THE BOOK OF THE LAW.* Ed. John Symonds e Kenneth Grant. Quebec: 93 Publishing, 1974.
_____. *Magick Without Tears.* Ed. Israel Regardie. Scottsdale, AZ: New Falcon Publications, 1991.
_____. *The Qabalah of Aleister Crowley.* York Beach, ME: Samuel Weiser, 1973.
_____. *Shih Yi.* Ed. H. Parsons Smith. Oceanside, CA: Thelema Publications, 1971. *The Equinox* III(7).
_____. *The Tao Teh King.* Ed. H. Parsons Smith. Oceanside, CA: Thelema Publications, 1971. *The Equinox* III(8).
_____. [Thelema] ΘΕΛΗΜΑ: *The Holy Books of Thelema.* Eds. Hymenaeus Alpha e Hymenaeus Beta. York Beach, ME: Samuel Weiser, 1983. *The Equinox* III(9). Segunda impressão corrigida por Samuel Weiser, 1990, e Nova York: 93 Publishing, 1990.
_____. *The Works of Aleister Crowley.* Ed. I. Back. Foyers, Inglaterra: Society for the Propagation of Religious Truth, 1905-7. Reimpressão. Homewood, IL: Yogi Publications Society [*c.* 1978].
DOUGLAS, Nick (com Penny Slinger). *Sexual Secrets.* Rochester, VT:

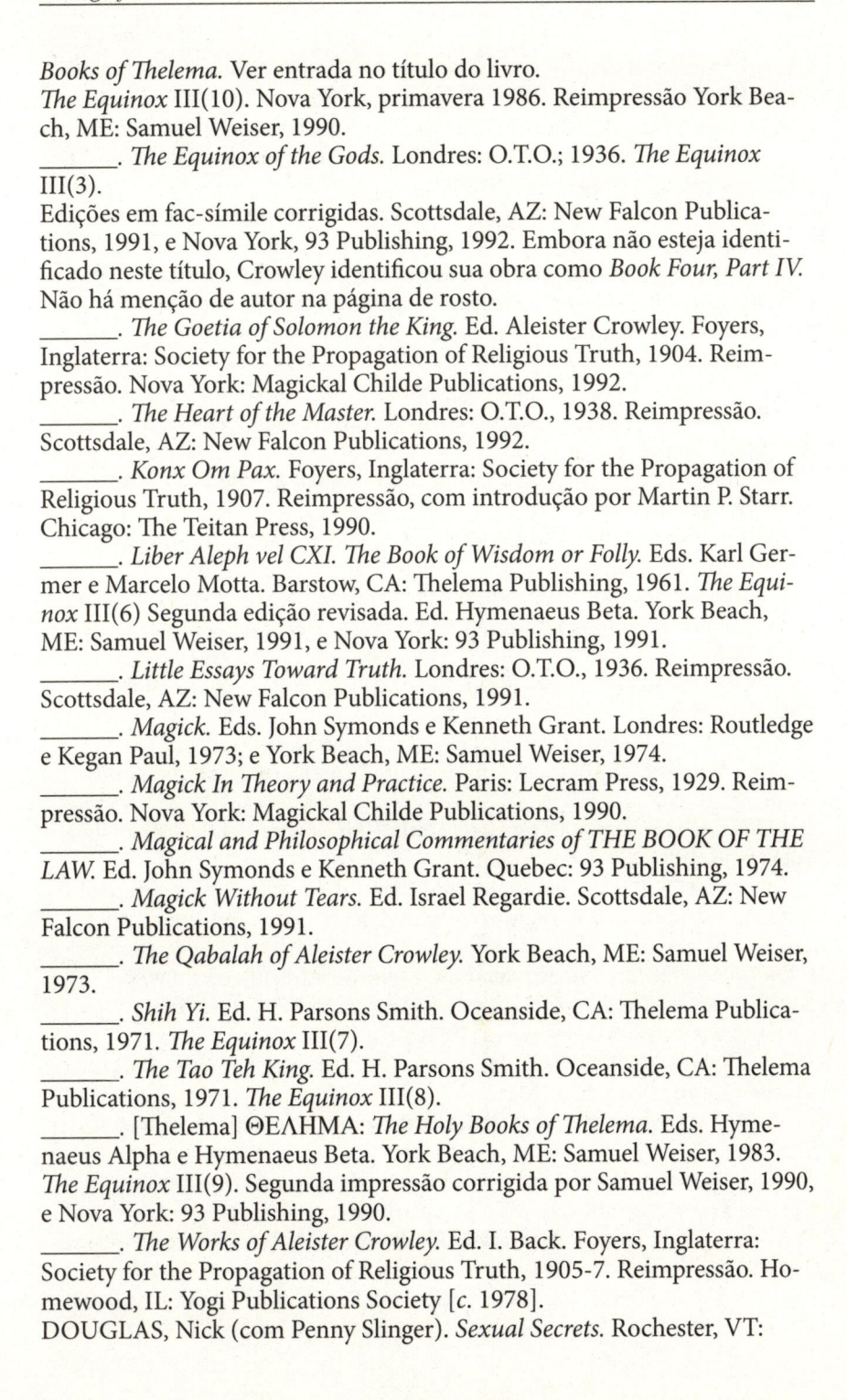

Destiny Books, 1989.
DUQUETTE, Lon Milo (com C. S. Hyatt). *Aleister Crowley's Illustrated Goetia*. Scottsdale, AZ: New Falcon Publications, 1992.

_____. (com C. S. Hyatt). *Enochian World of Aleister Crowley*. Scottsdale, AZ: New Falcon Publications, 1991.

ELIADE, Mircea. *A History of Religious Ideas, 3 volumes*. Chicago: University of Chicago Press, 1984.

FORLONG, James George Roche, Maj.-Gen. *Rivers of Life, or, Sources and streams of the faiths of man in all lands; showing the evolution of faiths from the rudest symbolisms to the latest spiritual developments*. Londres: B. Quaritch, 1883.

FULLER, J.F.C. *The Star in the West*. Nova York: The Walter Scott Publishing Co. Ltd., 1907. Reimpressão Mokelumne Hill, CA: Health Research, 1969.

GODWIN, Joscelyn. *Mystery Religions in the Ancient World*. Londres: Thames and Hudson, 1981.

GRAVES, Robert. *The White Goddess*. Nova York: Farrar, Straus and Giroux, 1978.

HERMES, Trismegisto. *The Pymander of Hermes*. Ed. W. Wynn Westcott. Collectanea Hermetica, Londres e Nova York: Theosophical Pub. Society, 1894. VoI. lI.

HUYSMANS, Joris-KarI. *En Route*. Trad. David Blow. Sawtry, Inglaterra: Dedalus, 1989.

_____. *La Bas (Lower Depths)*. Londres: Dedalus, 1986.

JAMES, William. *The Varieties of Religious Experience*. Londres: Longmans, 1910.

JULIANUS. *The Chaldean Oracles*. Trad. Ruth Majereik. Londres e Nova York: Brill, 1989.

_____. *The Chaldean Oracles of Zoroaster*. Ed. W. Wynn Westcott. Collectanea Hermetica, Wellingborough, Inglaterra: Aquarian Press, 1983. Vol. 6.

JUNG, Carl G. *Man and His Symbols*. Londres: Aldus Books, 1964.

KING, Francis. *The Magical World of Aleister Crowley*. Nova York: Coward, McCann & Geoghegan, 1978.

LEVI, Eliphas. *The Key of the Mysteries*. Trad. Aleister Crowley. York Beach, ME: Samuel Weiser, 1973.

_____. *The History of Magic*. Trad. Arthur Edward Waite. Londres: Rider, 1957.

_____. *Transcendental Magic: Its Doctrine and Ritual*. Trad. Arthur Edward Waite. York Beach, ME: Samuel Weiser, 1970.

MATHERS, S.L. MacGregor. Trad. *The Book of The Sacred Magic Of Abra-Melin, The Mage*. Nova York: Dover Publications, 1975.

_____. *The Kabbalah Unveiled*. Trad. York Beach, ME: Samuel Weiser, 1974.

REGARDIE, Israel. *The Eye in the Triangle.* Phoenix: Falcon Press, 1989.
_____. *The Golden Dawn.* 6ª. ed. St. Paul: Llewellyn Publications, 1992.
_____. P. R. Stephensen. *The Legend of Aleister Crowley.* Phoenix: Falcon Press, 1986.
SECKLER, Phyllis. *In the Continuum.* Oroville, CA: Seckler, 1973-1993. V. 1-5
STIRLING, William. *The Canon.* Londres: R.I.L.K.O., 1974.
SUARÈS, Carlo. *The Sepher Yetsira.* Trad. Micheline & Vincent Stuart. Boulder, CO & Londres: Shambhala, 1976.
SUSTER, Gerald. *The Legacy of the Beast.* York Beach, ME: Samuel Weiser, 1989.
TURNER, Robert. *Elizabethan Magic.* Longmead, Shaftesbury, Dorset, Inglaterra: Element Books Ltd., 1989.
VON ECKARTSHAUSEN, Karl. *The Cloud Upon the Sanctuary.* Kingston, NY: Societas Rosicruciana In America, 1952.
WILHELM, Richard. The Secret of the Golden Flower. Trad. Cary F. Baynes. Nova York: Wehmn, 1955.
YUTESWAR Gurum (Sri) Jnanavatar Swami. The Holy Science. Ranchi, Bihar, Índia: Yogoda Satsanga Society of India, 1963.

MADRAS® Editora

Para mais informações sobre a Madras Editora,
sua história no mercado editorial
e seu catálogo de títulos publicados:

Entre e cadastre-se no site:

www.madras.com.br

Para mensagens, parcerias, sugestões e dúvidas, mande-nos um e-mail:

@ **marketing@madras.com.br**

SAIBA MAIS

Saiba mais sobre nossos lançamentos,
autores e eventos seguindo-nos no facebook e twitter:

@madrased

/madraseditora